21 世纪全国高职高专通识课规划教材

应用写作教程

何小海　主　编

高少月　周传寿　副主编

内 容 简 介

本书以培养学生的应用写作能力为主要目标，注重基本理论知识与写作实践技能的结合，并注意反映应用写作学科的最新延伸与发展，对申论作了适度的介绍。全书共分 10 章，具体内容包括：应用文基础知识、行政公文、事务文书、财经文书、生活文书、传播文书、规章制度、诉讼文书、科技文书和申论等。

本书既可作为高等职业学院、高等专科学校、成人高校及本科院校举办的二级职业技术学院和民办高校等学校的应用写作课程的教学用书，也可作为社会各种应用写作自学者的辅导书。

图书在版编目（CIP）数据

应用写作教程/何小海主编．—北京：北京大学出版社，2007.8
（21 世纪全国高职高专通识课规划教材）
ISBN 978-7-301-12519-9

Ⅰ. 应… Ⅱ. 何… Ⅲ. 汉语—应用文—写作—高等学校：技术学校—教材 Ⅳ. D924.01

中国版本图书馆 CIP 数据核字（2007）第 104135 号

书　　　名：	应用写作教程
著作责任者：	何小海　主编
责 任 编 辑：	袁玉明
标 准 书 号：	ISBN 978-7-301-12519-9/H·1802
出 　版 　者：	北京大学出版社
地　　　址：	北京市海淀区成府路 205 号　100871
电　　　话：	邮购部 62752015　发行部 62750672　编辑部 62765126　出版部 62754962
网　　　址：	http://www.pup.cn
电 子 信 箱：	xxjs@pup.pku.edu.cn
印 　刷 　者：	三河市博文印刷有限公司
发 　行 　者：	北京大学出版社
经 　销 　者：	新华书店

787 毫米×980 毫米　16 开本　20 印张　395 千字
2007 年 8 月第 1 版　2018 年 7 月第 8 次印刷

定　　价：34.00 元

未经许可，不得以任何方式复制或抄袭本书之部分或全部内容。
版权所有，侵权必究
举报电话：010－62752024；电子信箱：fd@pup.pku.edu.cn

前　言

应用文写作是高等职业教育中各专业通用的文化素质课。本书根据教育部《关于加强高职高专教育教材建设的若干意见》的要求，以"必需、够用"的标准安排基础写作理论和写作技能训练。全书立足高职高专学校教育实际，将写作基础知识和人文素质、技能训练与社会实际结合起来，在阐明各章节内容与知识点的基础上，将思考与练习分配在各章节中，有效提高了学生的应用文写作能力。

本教材充分吸收当前现有的高等院校应用写作教材的长处，密切结合当前高职高专教学改革的实际，面向高职学生的实际水平，努力编出具有应用性的、高职特色的教材。

1. 以"基础够用、强化能力、立足应用"为纲，本教材深入浅出地为学生讲授必要的写作基础知识，通过大量的例文评析和有效的习题训练，把应用写作的知识转化为具体的写作能力。

2. 以例文解构抽象的理论。根据高职高专学生的特点和应用型人才的培养需要，本书力求突出对学生应用写作能力的培养。在对基础理论的介绍中，通过穿插例文评析来化解抽象的写作理论，便于组织课内讨论，帮助学生认知写作规律，快速掌握写作方法。

3. 力求一节一练。在全书的编排上，基本做到一节一练，在每节之后均有对应的思考与练习，可边讲边练，帮助学生及时巩固所学的理论知识和提高具体文种的写作能力。

4. 以"立足学校、立足生产实际、立足管理需要"为标准选用例文。本书例文力求以学生熟悉的内容作为遴选标准，结合社会生产实际，紧贴校园学习生活，把素质教育通过例文散落在学习中，实现培养综合素质的目的。

5. 为适应部分学生毕业后报考公务员的需要，本书对申论的有关应试知识做了一定的介绍。

本书由何小海组织策划与主编，并进行全书的统稿、统审。参加本书编写的有（按章节顺序）：

第一章　应用文基础知识　蔡绿茹
第二章　行政公文　　　　林慧燕
第三章　事务文书　　　　高少月
第四章　财经文书　　　　黄贞贞
第五章　生活文书　　　　高少月
第六章　传播文书　　　　何小海　黄贞贞
第七章　规章制度　　　　黄明华

第八章　诉讼文书　　　周传寿
第九章　科技文书　　　周传寿　黄贞贞　吴育清
第十章　申论　　　　　何小海

  本书在编写过程中得到了许多学校领导和教师的大力支持与帮助，在此一并致谢。由于时间紧，任务重，加之研究能力和写作水平有限，书中缺点与疏漏在所难免，恳请广大读者提出宝贵的意见和建议，以便再版时进一步修改与完善。

  联系方式：hxh6356311@yahoo.com.cn，QQ：443101868。

编　者

2007年6月

目　　录

第一章　应用文基础知识 ... 1
第一节　主题 ... 2
一、什么是主题 ... 2
二、主题的特征 ... 2
三、主题的要求 ... 3
第二节　材料 ... 4
一、什么是材料 ... 4
二、材料与主题的关系 ... 4
三、材料的收集 ... 4
四、材料的选择和使用 ... 5
第三节　结构 ... 6
一、什么是结构 ... 6
二、应用文结构的特点 ... 6
三、应用文结构安排的原则 ... 6
四、应用文结构的基本要求 ... 7
五、应用文结构的内容 ... 7
第四节　语言 ... 13
一、应用文的语言 ... 13
二、应用文语言表述的要求 ... 14
第五节　表达方式 ... 19
一、记叙 ... 19
二、议论 ... 19
三、说明 ... 22

第二章　行政公文 ... 24
第一节　行政公文概述 ... 24
一、行政公文的概念 ... 24
二、行政公文的特点 ... 24
三、行政公文的种类 ... 25
四、行政公文的行文规则 ... 26

第二节　行政公文格式 27
　　一、眉首 29
　　二、主体 30
　　三、版记 31
　　四、公文的排版规格与印制装订要求 32
第三节　决定 32
　　一、决定的适用范围及特点 32
　　二、决定的主要类型 33
　　三、决定的结构和写法 33
　　四、决定写作的注意事项 34
第四节　通告 38
　　一、通告的适用范围及特点 38
　　二、通告的主要类型 38
　　三、通告的结构和写法 40
　　四、通告与公告的区别 40
第五节　通知 42
　　一、通知的适用范围及特点 42
　　二、通知的主要类型 42
　　三、通知的结构和写法 43
第六节　通报 48
　　一、通报的适用范围及特点 48
　　二、通报的主要类型 48
　　三、通报的结构与写法 48
　　四、通报写作的注意事项 51
第七节　报告 52
　　一、报告的适用范围及特点 52
　　二、报告的主要类型 53
　　三、报告的结构及写法 53
　　四、报告写作的注意事项 56
第八节　请示 57
　　一、请示的适用范围及特点 57
　　二、请示的主要类型 57
　　三、请示的结构及写法 58
　　四、请示与报告的区别 58
第九节　批复 60

一、批复的适用范围及特点 ... 60
　　二、批复的类型 ... 61
　　三、批复的结构和写法 ... 61
　　四、批复写作的注意事项 ... 61
　第十节　函 ... 63
　　一、函的适用范围及特点 ... 63
　　二、函的主要类型 ... 64
　　三、函的结构和写法 ... 64
　　四、函的写作注意事项 ... 65
第三章　事务文书 ... 68
　第一节　计划 ... 68
　　一、计划概述 ... 68
　　二、计划的写法 ... 69
　　三、注意事项 ... 74
　第二节　总结 ... 75
　　一、总结的性质 ... 75
　　二、总结的特点 ... 75
　　三、总结的作用 ... 76
　　四、总结的分类 ... 77
　　五、总结的写作 ... 77
　　六、总结的写作要求 ... 80
　第三节　调查报告 ... 84
　　一、调查报告的性质 ... 84
　　二、调查报告的特点 ... 85
　　二、调查报告的种类 ... 85
　　三、调查报告的作用 ... 86
　　四、调查研究的艺术 ... 86
　　五、调查报告的基本格式和写法 ... 88
　　五、调查报告的写作要求 ... 89
　第四节　简报 ... 96
　　一、简报的性质及特点 ... 96
　　二、简报的作用 ... 97
　　三、简报的类型 ... 97
　　四、简报的写法 ... 98
　　五、简报的写作要求 ... 100

第四章　财经文书

第一节　经济合同 103
一、合同的概念 103
二、合同的特点 103
三、种类与形式 104
四、文体结构与写法 107
五、撰写合同应注意的问题 109

第二节　经济活动分析报告 115
一、经济活动分析报告的概念和特点 115
二、经济活动分析报告的分类 116
三、经济活动分析报告的作用 117
四、经济活动分析报告的结构与写法 117
五、经济活动分析报告的写作要求 125

第五章　生活文书

第一节　便条与单据 126
一、便条 126
二、单据 127
三、写作注意事项 129

第二节　启事与海报 129
一、启事 129
二、海报 133

第三节　介绍信与证明信 135
一、介绍信 135
二、证明信 137

第四节　表扬信与感谢信 139
一、表扬信 139
二、感谢信 141

第五节　慰问信 143
一、慰问信的分类 143
二、慰问信的写法 143

第六节　建议书与倡议书 147
一、建议书 147
二、倡议书 149

第七节　贺信、贺电、祝辞 151
一、贺信 151

二、贺电 153
　　三、祝词 154
第八节　求职信与应聘信 158
　　一、格式 158
　　二、写作要求 158
第九节　申请书 161
　　一、格式和写作 161
　　二、写作注意事项 161
第十节　请柬与邀请信 163
　　一、请柬 163
　　二、邀请信 165
第十一节　欢迎词、欢送词、答谢词 166
　　一、欢迎词 166
　　二、欢送词 169
　　三、答谢词 170

第六章　传播文书
第一节　新闻 173
　　一、新闻概述 173
　　二、新闻的写法 176
　　三、新闻的写作要求 184
第二节　商业广告 185
　　一、广告的概念 185
　　二、商业广告的特点 185
　　三、商业广告的种类 186
　　四、商业广告的作用 186
　　五、商业文字广告的结构与写法 187
　　六、写作广告文稿时应注意的问题 192

第七章　规章制度
第一节　概述 193
　　一、规章制度的含义及其作用 193
　　二、规章制度的种类和内容 193
　　三、规章制度的特点 194
第二节　规章制度的结构和写法 195
　　一、规章制度的结构体例 195
　　二、规章制度的格式构成 198

三、制定规章制度的要求 199

第八章　诉讼文书 219

第一节　诉讼文书概述 219
一、诉讼文书的定义及种类 219
二、诉讼文书的功能与特点 219
三、诉讼文书的格式及结构 220

第二节　起诉状 221
一、民事起诉状 221
二、刑事自诉状 223
三、行政起诉状 224

第三节　上诉状 226
一、上诉状概述 226
二、上诉状的结构 227

第四节　申诉状、答辩状 231
一、申诉状 231
二、答辩状 232

第五节　判决书或裁定书、公证书 234
一、判决书或裁定书 234
二、公证书 236

第九章　科技文书 238

第一节　学术论文 238
一、学术论文概述 238
二、学术论文的撰写 239

第二节　毕业论文 242
一、毕业论文的定义 242
二、毕业论文的特点 242
三、毕业论文的选题 243
四、资料的搜集 243
五、论文的撰写 243
六、论文的修改 244
七、毕业论文写作的基本要求 244

第三节　工科毕业设计 252
一、工科毕业设计 252
二、工科毕业设计的考查功用 252
三、毕业设计的选题 253

四、毕业设计的要求 253
　　五、毕业设计的表述方法 254
　　六、毕业设计的写作 254
 第四节　产品说明书 264
　　一、产品说明书 264
　　二、产品说明书的作用 265
　　三、结构与写法 265
　　四、写作要求 268
第十章　申论 270
 第一节　申论概述 270
　　一、什么是申论 270
　　二、申论的特点 271
　　三、申论试题的结构 273
 第二节　申论考试测试的主要能力 274
　　一、阅读理解能力 274
　　二、综合分析能力 275
　　三、提出和解决问题能力 275
　　四、文字表达能力 275
 第三节　申论应试的环节 276
　　一、阅读材料 276
　　二、概括内容（问题） 277
　　三、提出对策 278
　　四、进行论证 279
 第四节　申论应试的注意事项 279
　　一、题目出好文成半 279
　　二、考生身份的"虚拟性" 280
　　三、结构层次要分明 280
　　四、合理分配时间 281
　　五、注意表达方式和语体的运用 281
　　六、字数要符合要求 281
附录一：国家行政机关公文处理办法 295
附录二：国家行政机关公文格式 301
参考文献 306

第一章 应用文基础知识

【知识与技能】
1. 学习和掌握应用文的主题、材料、结构、语言和表达方式的基本要求。
2. 通过学习,能够区分应用文主题、表达方式等内容、形式,掌握文学作品的内容、形式的区别。
3. 进一步体会应用文文体所固有的程式性特点。

应用文是日常生活和工作中经常使用的,为某种具体的实用目的而写的文体,它是完成具体工作或办事的一种工具。应用文与我们日常生活和工作有密切的关系。我们要了解天下大事,就要阅读报刊、收听广播、收看电视;依法治国,要有各种法规文件;召开会议,要有会议文件;党政机关指导工作,要有许多公文;机关、企事业单位要正常运转,要有计划、总结、报告等事务文书;人们礼尚往来常常借助于请柬、贺卡,等等。这诸多的文字材料,大部分都是应用文。特别是我国加入WTO后,八方宾客纷至沓来,公共关系空前活跃,写好应用文不论是对个人还是对单位及社团塑造形象来讲,处理好各种关系,都起着重要作用。

可见,大到整个国家,小到某一个单位,甚至个人,要进行正常的活动,都离不开应用文。正如叶圣陶先生说的:"大学毕业生不一定要能写小说、诗歌,但是一定要能写工作和生活中的实用的文章,而且非写得既通顺又扎实不可。"因此,在学习专业知识的同时,也应该通过学习应用写作,训练思维,开发智力,提高写作水平,能够写出"工作和生活中实用的"、"既通顺又扎实"的应用文,为成为应用型人才打下良好的基础。

我们知道,应用文和文学作品是文章的两大类。所以从形式上讲,应用文与文学作品是相对而言的见表1-1。

表1-1 文章分类

文章	文学作品			小说 散文 诗歌 剧本等
	应用文	公务文书	行政公文	如通知(13种)
			事务文书	如计划、总结、调查报告
			专用文书	财经文书:如经济合同
				司法文书:如起诉书
				外事文书:如照会
		生活文书		请假条、借条、申请书等
		新闻文书		消息、通讯等
		科技文书		学术论文

另外，从内容上看，应用文是人们在工作、学习和生活中经常广泛使用的，内容简洁，直言表意，格式固定，多数文种篇幅短小的一类实用性的文字材料。总之，与文学作品比较，应用文具有较强的实用价值，而文学作品则具有较强的审美价值。

那么，什么是应用文？应用文是国家机关、社会团体、企事业单位和个人，在日常工作、生产、学习或生活中，传递信息、协调关系、处理事务和解决问题，经常而广泛使用的，具有一定惯用格式的文体。它具有广泛性、实用性和程式性特点。

1. 广泛性。应用文是人类社会赖以处理事务、沟通关系的书面工具。在现代社会中，人与人之间的联系日益密切，交往日益频繁，在日常工作、生活、学习中，几乎随时随地都要应用到它。在各种文体中，应用文可以说是使用范围最广，使用频率最高的文体。

2. 实用性。应用文是为了处理事务、解决实际问题而写的。它内容务实，对象具体，要求明确，旨在应用。比如，条据、合同是双方约定的凭证；书信、广告用来传递信息；规章制度，用以规范人们的行为，维护正常秩序；调查报告、总结，既反映情况，又交流经验；公文则是传达政策法令、处理公务的依据。

3. 程式性。各类应用文一般都有惯用的格式，这种比较固定的格式，有的是约定俗成的，即人们在长期的实际使用中形成的，比如信封的写法，就有惯用的格式。有的应用文格式，则是有关部门为了实际需要而统一规定的，如公文的格式，就是由国家行政机关统一制定的。

在了解应用文的内涵、分类及其特点的基础上，我们有必要掌握应用文写作的基础知识，即应用文的"五要素"——主题、材料、结构、语言和表达方式。

第一节 主 题

一、什么是主题

主题，是作者通过文章的内容所表达出来的基本观点或中心思想。主题是文章的灵魂，决定着文章的质量。

文学作品的主题，都来源于社会生活，来源于实践。正如高尔基所说，"主题是从作者的经验中产生，由生活暗示给他的一种思想"，即主题是写作主体对客观社会的感应。而应用文主题的产生与确立，与文学作品有着明显的区别。应用文体中的大部分文种，尤其是公务文书，其主题主要是通过上级领导部门布置下来的。因此，应用文主题的确立有着较强的客体意识。

二、主题的特征

1. 直露性。这是由应用文的实用性决定的，它与文学作品的含蓄性是截然不同的。

文学作品的主题是从生活中、从已获取的材料中提炼出来的，往往反对主题先行。而应用文主题的确立与文学作品主题的确立不同，其主题确立在全文写作之前，"意在笔先"。因为应用文总是先产生了具体问题而后产生写作的需求，而解决这一问题的方法、结论往往也产生在文章写作之前；同时执笔者的写作行为往往也是被动的，是应解决问题而动笔，写作的过程更是确切地体现主题。如《国务院关于同意黑龙江省调整哈尔滨市部分行政区划的批复》一文就是为答复《调整哈尔滨市部分行政区划的请示》而写的文章，表示同意请示所提出的请求事项而作，主题一定是确立在写作之前。另外，文学作品的主题要求含蓄、曲折、令人回味。而应用文写作就不同，要求直截了当地点明主题，表明态度，提出解决问题的措施和办法，对文章所涉及的各类问题，必须有明确的观点立场，应该怎么做，解决什么问题，达到什么目的，都要明确地表达出来。

2. 完整性。所谓完整，就是具有完整地提出问题、分析问题和解决问题几个环节。而文学作品的主题可以是不完整的，它的不完整表现在，常常给读者留下想象的空间。这往往是艺术作品成功的一种手段，但在应用文中却是大忌。

三、主题的要求

撰写应用文应力图使其主题正确、明确、集中。

（一）主题正确

主题正确是撰写应用文的基本要求。它主要表现在以下三个方面。

1. 符合党和国家的方针、政策、法规。
2. 符合本地区、本单位、本部门领导的意图。
3. 要切实可行。

由此可见，应用文主题的正确标准与文学作品相比，后者更为宽泛。

（二）主题明确

主题明确是指主题的表达应该表达明白、确切。提倡什么，反对什么，应该怎么做，不应该怎么做，都要态度鲜明，决不模棱两可、含糊其辞。如：《关于当代青年消费问题的调查报告》一文就消费观念、消费现状、消费趋势和消费结构等4个方面展开调查，尽管涉及面广，材料较丰富，但文章紧紧围绕"当代青年消费"这一中心，内容集中，一题一议，主题单一、明确。

（三）主题集中

主题集中是指应用文只能表达一个主要意图、一个基本观点，否则就会头绪繁杂，让人难以把握。如有些综合性的工作报告，虽然要写几件事情，但也要求抓住事物的主要矛盾，抓住共性，做到重点突出，主题集中。

那么，如何才能做到主题的集中？首先，动笔之前，要选好主题；其次，安排材料时要紧紧围绕主题；最后，表述时要详略得当，重点突出。

【思考与练习】

一、填空题

1. 主题是文章的_____，决定着文章的_____。
2. 题正确主要表现在_____；_____；_____。
3. 主题集中要做到_____；_____；_____。

二、简答题

1. 应用文主题的特征是什么？与文学作品有何区别？
2. 撰写应用文对主题有哪些要求？

第二节 材　　料

一、什么是材料

所谓材料，指作者为了撰写目的而搜集或积累的能够表现文章主题的事实或论据。

应用文的材料主要来自有关的工作、业务和社交活动，如上级的精神、下面的实际情况和各方信息。这些材料具有客观性、准确性和概括性的特点。

二、材料与主题的关系

1. 材料是形成主题的基础，是表现主题的支柱。正确的主题，不是作者冥思苦想出来的，而是从客观实际出发，大量而详细地占有材料，科学地分析材料而提炼出来的。没有材料这一雄厚的物质基础，主题就根本无法确立。材料充实有力，可以支撑主题，使主题得到深刻的表现，鲜明而集中，否则主题就是一句空话，是无源之水、无本之木。

2. 主题是材料的统帅。主题对材料，具有决定性的主导、支配与控制作用。主题是从大量而详细的材料中提炼出来的，但在表现主题时，却不能不加选择地把所有材料全部用上，而必须根据表现主题的需要，选择材料，处理材料。

因此，撰写应用文必须妥善处理二者之间的关系，做到材料和主题完美、和谐的统一。

三、材料的收集

应用文与文学作品在材料收集上的侧重点不同。应用文着重收集以下六个方面的材料。

1. 党和国家的方针、政策、法规；
2. 上级下达的指示、任务等；
3. 本单位、本部门的各种文件，如计划、总结、统计报表等；
4. 本单位、本部门群众的反映；
5. 有关行业和单位的情况；
6. 新闻媒介传播的信息。

四、材料的选择和使用

材料是撰写应用文的基础，材料的选择和使用是为表现主题服务的。材料选择和使用的前提是占有材料。有了材料，并不是要把所有的材料都写到文章里去，只有那些能够证明或说明主题的材料才是撰写者所需要的，其他的都应该舍弃。

（一）选择材料

要紧扣主题选择真实、典型、新颖的材料。

1. 材料必须真实，是指应用文的材料在选用过程中不准改变材料本身性质，必须保持材料的真实性，对材料的时间、地点、数据、事实过程及结果都不能任意改动，否则就会使材料本身的价值发生变异，导致歪曲事实的真相，弄虚作假的后果，失去应用文主题应有的价值，不仅不能解决问题，反而于事无补。应用文要求的真实是"绝对的真实"，也就是说所有材料要确凿无误、持之有据。不仅对搜集到的材料要反复核实，在材料的解释上，也要有科学的态度，实事求是。

2. 材料要有典型性。所谓典型性是指那些最能支持主题和说明问题的材料。典型材料可以是一个具体的事例，一些有说服力的数据和一些带有普遍性的现象。

3. 材料应新颖，是指材料本身是新近产生的，如新事物、新思想、新政策、新的统计数据、新发现的问题等，更符合时代的特点，容易引起人们的共鸣，给读者以思想上的启示。

（二）使用材料

决定了材料的取舍之后，就要安排材料了，这就是材料的使用。使用材料应注意以下两个问题。

1. 条理性强。安排材料要有条理，要考虑到材料之间的逻辑关系。
2. 详略得当。详略得当的原则是，能有力说明主题的材料应该详写，次要材料应该从略。如果一篇文章主次不分，就会造成重点不突出，主题不鲜明，使读者难以把握。

【思考与练习】

一、填空题

1. 所谓材料，指_____。
2. 应用文材料具有_____、_____、_____的特点。

3. 材料选择和使用的前提是_____。
4. 使用材料要做到_____、_____。

二、简答题
1. 应用文材料与主题的关系如何？
2. 应用文应着重收集哪些材料？
3. 应用文材料的选择应注意什么？

第三节 结 构

一、什么是结构

如果说主题是文章的灵魂，材料是文章的血肉，结构就是文章的骨骼了。确立了主题，选择好真实而典型的材料，就该"谋篇布局"了，即把材料组织起来，安排文章的结构。

那么，什么是应用文的结构？它是文章内部的组织构造，是对其内容进行组织安排，构建出观点与材料、内容与形式有机组合的骨架。有了严密的结构，才能形成一篇完整的文章。

二、应用文结构的特点

应用文结构的特点是模式性。所谓模式性，是指应用文的结构或是有其规定，或是约定俗成。在应用文中，行政公文和事务文书、专用文书、生活文书的模式有所不同。主要区别在于以下几个方面。

1. 行政公文的模式性，表现在两个方面：一是它具有规范的格式。这是由国务院规定的，任何人不得改变。二是抛开行政公文的眉首、版记部分，其正文的结构也有一定的惯例。有的是一段式，既无开头，又无结尾；有的是两段式，即只有开头和主体，或只有主体和结尾；有的则是三段式，即由开头、主体、结尾组成。

2. 事务文书、专用文书、生活文书的模式性，与行政公文略有不同。国务院对这类文书没有进行规范，它们也没有眉首、版记部分，只有正文，而正文部分的模式，是约定俗成的。比如，事务文书中的总结、调查报告往往采用总分总的结构方式；简报一般采用消息的结构方法。

就是由于应用文结构的这种模式性特点，使之不能像文学作品的结构那样灵活自由。

三、应用文结构安排的原则

应用文结构安排的原则与文学作品类似。

1．服从表现主题的需要。比如年终总结，如果按时间顺序来安排材料，这份总结很可能就是在记流水账。因为一年的工作头绪很多，如果不按材料之间的逻辑关系来安排文章结构，就不能较好地突出主题。

2．要适应不同文体的特点。文体不同，结构也不一样。就应用文与文学作品相比较而言，结构差异很大；就应用文本身而言，各类文体在结构上也有所区别。如写市场调查报告，要写基本情况、分析评价和建议。如写规章制度，则一般要用条款式来写。我们在学习中要善于掌握应用文各类文体的结构特征，这样才能做到写什么文体像什么文体。

四、应用文结构的基本要求

应用文的结构，要求完整、严谨，纲目清楚，层次分明，段落清晰，言之有序，避免松散与重复。一般来讲，应用文的正文都具有开头、主体和结尾几个部分，但在具体安排时，还有根据不同文体特点安排不同的结构形态。

五、应用文结构的内容

结构的内容包括文章的标题、开头、结尾、层次、段落、过渡和照应。应用文的各文种，在结构形式上各有自己的特殊性，但从整体看，其结构形式仍然具有普遍性。

（一）标题

应用文写作的标题，要求充分体现主题，有的标题还有规范要求。这与文学作品形式多样、灵活多变的标题有着明显的不同。应用文的标题通常有三种形式。

1．公文式标题。这类标题程式性强，表达直接而少变化，主要用于公文。

2．新闻式标题。新闻式标题通常又称文章式标题，又可分为单标题和双标题两种形式。单标题有的直接提出文章主题，如"小商品也要高质量"、"做好纪检信息工作实践与体会"；有的概述主要内容，如"积极财政政策仍将持续至少两到三年的时间"；有的在标题中提出问题，如"美国经济何时走出低谷"。

双标题是有正题和副题的双行标题，其中正题符合单标题的要求，更多地突出文章主题，副题则对正题起补充作用，常常说明应用文的内容范围和文种，如 "靠名牌赢得市场——关于深圳市飞亚达（集团）股份有限公司的调查"、"繁重·活跃·稳定·上升——2002年国内市场发展趋势"。

3．论文式标题。这类标题或表达文章的观点和内容或点明所论述范围。如 "核心竞争力——企业制胜的根本"、"双峰县农村劳动力转移的调查与思考"。

（二）开头与结尾

1．开头。应用文的开头虽然没有统一的格式，但却有规律可循。对开头有两个基本要求：一要"开门见山"，直接触及主题或主要内容，不要绕圈子，不要设置悬念；二是要简洁，即要求文章在开头就要把问题明确、集中地提出来，这样使读者很快能够理解文章的意图。应用文的开头，一般常用的形式有以下几种。

（1）以揭示主题的方式开头。就是在文章开头，以简要的文字揭示应用文的主题，唤起读者注意，引导读者继续阅读。

（2）以撰文的缘由或目的开头。就是对撰写应用文的理由、目的和根据作简明的交代，以帮助读者理解应用文的内容。如《国务院关于成立经济贸易办公室的通知》一文开头写道："为适应加快改革开放和经济建设的新形势，加强宏观调控和协调日常经济工作，国务院第 100 次常务会议决定，……"一般来讲，请示、报告以写明理由为开头；指示、决定、批复以说明根据为开头；规章制度以说明目的为开头。

（3）以陈述概况的方式开头。这种方式要求用简明扼要的语言，围绕主题介绍有关情况或背景。如一篇题为《加强民族团结，繁荣民族事业》的总结开头："山东省青州市是少数民族居住比较集中的地区之一，有回、满、蒙古、朝鲜、土家等 27 个民族，2.6 万余人，占全市人口的 2.5%。近年来，青州市积极加强民族团结，繁荣民族事业，有力地推动了全市经济和社会各项事业全面发展。"就是用了这一开头方式。总结报告、综合报告、会议纪要、调查报告等文种就常用此开头方式。

（4）以阐明论点的方式开头，就是在开头亮明观点。如《现代化企业需要什么样的复合型会计人才》的开头："随着社会主义市场经济的不断深入发展，会计工作也不断拓宽，过去那种单一的会计知识结构已远远不能适应会计管理工作的需要，会计人员作为企业经济管理的重要的专门人才，必须相应地提高自身的专业素质，改变原来那种单一的知识结构，以适应市场经济发展的需要。因此，培养造就一批复合型会计人才是当前会计工作的一项重要任务，也是企业发展向现代化迈进的关键所在。"

（5）以提问的方式开头。就是将应用文要回答的问题，在开头以提问的方式一针见血地提出来，可以收到开门见山的效果。如《核心竞争力——企业制胜的根本》的开头："在激烈的市场竞争中，一个企业制胜的根本是什么？为什么有的企业能长盛不衰，有的企业只能成功一时，而有的企业却连一点成功的机会都没有？笔者一直为这些问题所困惑。"这种开头方式能引起读者的注意和思考，常见于调查报告、学术论文的写作。

（6）以致意的方式开头。贺信、感谢信和讲话稿多以这种方式开头，目的是给人以亲切感。

（7）以表明态度的方式开头。如："国务院同意××部《关于××××的报告》，现转发给你们……"。这类开头，一般用于批转或转发通知以及对请示或来函的批复。

2. 结尾。应用文的结尾讲究言尽意尽，要简洁，不拖沓，不留"余味"，不添"蛇足"，更不能草率。其结尾一般要与开头相呼应，常用形式如下。

（1）专用词语式。适用于部分公文，如"特此报告"、"特此通报"、"此复"等。

（2）强调式。就是以简要文字对行文的具体要求做强调说明，以引起重视。适用于部分公文，如"妥否，请批复"、"请尽快函复为盼"等。

（3）点题式。在结尾点明主题或深化全文主题，可使读者加深对文章的理解。适用于讲话稿、论文等大量使用议论手法的文章。

（4）号召式。提出希望，发出号召，展望未来。如公文中的部分下行文、某些重要会议上的讲话、市场预测、计划等常用这种结尾形式。

（5）结论式。对文中的主要观点或问题，加以归纳总结或略作重申，以加深印象。

（6）说明式。对与主体内容有关但性质不同的问题或事项作补充交代、说明，以保证内容的完整性，如公文结尾交代施行日期、执行范围、传达对象、与该文规定不符的原有规定如何处置等；论文结尾处说明尚未解决而应另做讨论的问题。

（7）建议式。针对设定的施行目标、产生的问题提出意见和建议。

除了上述几种结尾方式，还有请求式、责令式、表态式等，在此不一一列举，有的则没有结尾，自然收尾。

总而言之，应用文的开头与结尾，要注意根据应用文表达的内容与文种特点采取不同的表达方式，要有具体的针对性。

（三）层次

1. 层次的概念。层次是应用文思想内容表现的次序。为了说明应用文的主题，需要设若干分观点，用一个层次来表述一个分观点，而后安排好文中的各个层次，各层次所表述的分观点的总和，就是应用文的主题。每个层次表述的分观点，要具有相对的完整性，对层次的划分，要前后有序，条理清楚。为此，要求撰写者对所写的事物进行深入的分析，以使自己具有清晰的思路。

2. 层次的形式。关于层次的划分，在同一篇文章中要采用同一标准。一般有以下几种形式。

（1）以事件的时间、地点为序。就是依事件发生的时间或地点来划分层次，工作报告、通报、调查报告等多用此形式。

（2）以管理活动的发展阶段为序。就是依一项工作或工程、一个事件、一次会议、一个人物的发展阶段为序划分层次。综合性工作报告、专题性工作报告、调查报告等常用此形式。

（3）以逐层论证为序。就是应用文中各个层次的意思一层进一层，是逐层深入的关系。一般是首先提出一个中心论点，而后逐层由浅入深地论述。这种结构适用于工作决定、讲话稿等文种。

（4）以问题为序。就是按应用文中所反映的问题来安排层次，这些层次可以反映主次、并列、因果关系或正反对照的关系。适用于工作报告、总结报告、调查报告、会议纪要等文种。

（5）以空间为序。就是把所表现的事物划分为若干部分，然后按它们自然连接的顺序，即从左到右、从上到下、从前到后、从里到外等按空间相连的顺序一层一层写出来。

（6）综合式。就是综合运用几种形式来安排层次结构，如先以时间为序划分大的层次，再以其中的问题为序划分第二级层次。

3．层次的表述方法。

（1）用小标题表示。如《靠名牌赢得市场——关于深圳市飞亚达（集团）股份有限公司的调查》一文在"启示：现代企业必须重视实施名牌战略"的小标题下，再分三个层次来阐述这一问题，在每个层次开头又用小标题点明主旨：1、实施名牌战略是提高产品质量、提升企业品味的内在要求；2、实施名牌战略是企业参与市场竞争尤其是国际市场竞争的客观需要。3、实施名牌战略是增强国家经济实力的重要手段。

（2）用数量词表示。规范的数量词标法，是依层次条款的大小，从大到小分别用"一、二、三"；"（一）（二）（三）"；"1、2、3、"；"（1）（2）（3）"来表示。也有用"第一条"、"第一款"来标明的。

（3）用词、词组表示。如"首先……其次……"、"关于×××问题……"或"会议认为……"等。

（四）段落

1．段落的概念。段落指的是自然段，即应用文中能够表达一个完整意思而又相对独立的基本构成单位，是在行文中由于转折、间歇、强调等情况而自然形成的分隔、停顿。

2．段落安排的原则。一是注意段与段之间的联系；二是每段要相对完整地表达出一个中心意思，不能把一个完整的意思分成几段来写，也不能把不相关的意思硬放在一段之内，要注意段落的完整性与单一性；三是段落要长短适度。

3．段落的展开方式。段落的展开主要围绕"主句"进行。叶黔达教授说："主句是段落中概括或提示本段中心、内容范围的句子。它起提携全段的作用。好的主句总能服从于并说明文章题目（或主旨），能揭示段落中心或揭示段落的内容范围。"围绕主句展开段落，是写好应用文书段落的关键。

一般而言，围绕主句展开段落的方式，通常有下列11种。

（1）通过解释、说明和阐述主句展开段落。即具体对主句提出的概念、定义、主张或观点进行解释和阐述，以展开段落。例如：

办学要体现改革的精神。增设学院，不增加编制。要充分挖掘党校现有的师资、场地、设施等方面的潜力。还要充分利用各种社会智力资源，聘请有实践经验、有理论素养的干部和企业家讲课，当客座教授。在生产（经营）、教学、科研相结合上下工夫，努力探索一条有特色的党校办学的新路子。

段中展开部分概说了如何体现办学改革精神的措施。

（2）以实例说明主句展开段落。就是用举例来陈述、证实、说明主句以展开段落，有的用具体事例，有的用概括性例子。例如：

纵观整个上世纪末，"珠江三角"的辉煌有目共睹。15年间，"珠江三角"以国内生产总值年均递增18%的速度，将人均国民生产总值推上了1.1万元的高峰，成了中国最早跨入小康社会的地区之一。"珠江水"、"广东饼"，还有数不清的家用电器，几乎渗透到中国市场的每一个角落。

列举几个例子时，则要注意叙述、说明的先后顺序。

（3）通过递进展开段落。即由浅入深层层推进，逐步深入说明事物本质属性或事理，以展开段落。例如：

目前养猪业已形成三种经营形式或称养猪的三个层次，即千家万户养猪、专业户养猪和工业化（工厂化）养猪。前两者数量大，存栏和出栏总量约占全省95%以上，占有举足轻重的地位。但这两个层次规模小、分散，限制了高科技的应用，因而难于进一步提高繁殖率、产肉率、商品率和经济效益，属于低层次养猪。要把这两个层次从数量增长型变为质量效益型，当务之急是集中精力发展第三个层次，才能达到启动前两个低层次类型。这是我省养猪业跃上新台阶的必由之路。

这个段落在层层递进时，还适当运用了一些关联词语，使层次的递进关系更为清晰。

（4）通过数字说明展开段落。即通过数字说明主句以展开段落。这种方法，利于具体、准确地说明客观事物的现状及其变化。例如：

四川已成为全国最大的商品猪基地。改革开放以来，川猪以年递增12%的速度稳定增长。出栏率达91%，瘦肉率大面积达48%以上，均达历史最高水平，数量上也保持着绝对优势，全省生猪存栏数已达6400万头，数量已超过美国，仅次于苏联。全省养猪产值占农业产值40%以上。全省人均吃肉已近20千克/年，距本世纪末我国人均吃肉25千克/年的奋斗目标不远。

（5）通过比较展开段落。即通过比较事物的差异或说明事物的相同点，来展开段落。例如：

对技术人员的引进态度不一样。发展快的张村，光从京、津等地请进的技术人才就有近百名，并采取师傅带徒弟的办法，为本地培养技术人员326名。靠这些人，办企业87个，今年新增产值960元；发展慢的王村，只引进外地人才11名。

（6）通过分类展开段落。即依据同一标准对事物分类，以展开段落。例如：

这次检查的内容为今年6月份以来发生的各种乱涨价，乱收费行为。(1)违反国家规定，擅自涨价和扩大进销差率、批零差率、最高限价、指导价，提高商品价格及收费标准的行为；(2)违反国家规定的调价备案、申报制度与监审品种的差率、利润率、临时性限价以及不实行明码标价的行为；(3)违反国家规定，擅自提高化肥、农膜、农用柴油等农业生产资料最高限价的行为；(4)擅自扩大收费范围，随意提高收费标准以及自立名目乱收费的行为。

这个段落中4类行为皆是符合"乱涨价，乱收费"的行为。

（7）通过总说与分述展开段落。即先综述后分说，综述要概括、准确，分说要善于敷陈，必要时可用序号，使分说条理更清楚。例如：

县委、县政府把加快乡镇企业发展步伐作为全县经济上台阶、农民奔小康的突破口，领导重视，工作抓得实在。县委、县政府把乡镇企业工作列入重要工作日程，县委常委会、政府常务会多次专题研究乡镇企业工作，先后4次召开大型乡镇企业会安排部署、检查指导。县委书记、县长蹲在基层调查研究，协调解决问题；主管领导集中精力抓住不放。为各乡（镇）配备了抓乡镇企业的专职副乡（镇）长；充实和加强了县乡企局和乡（镇）企业办的工作力量。明确提出，不抓乡镇企业的领导不是称职的领导，要解放思想换脑筋，不换脑筋就换人，不上台阶就下台。

这个段落中，分述从4个方面对总说的"领导重视，工作抓得实在"加了具体陈述。

（8）通过转折展开段落。即通过前后意思的转变以展开段落。例如：

我省生猪经营放开后，多渠道流通发展迅速，市场繁荣。但是也出现了一些值得重视的问题，突出的是生猪屠宰管理失控，流通秩序混乱，国家税收流失严重，肉品质量下降影响人民健康，群众反映强烈。

（9）通过排比句展开段落。排比句由三个以上结构相同或相似的、语气一致、意义相关的短语或句子连续排列构成。例如：

只有不断巩固和扩大团结，才能维护稳定的社会局面，保持和谐的人际关系；才能挖掘蕴藏的潜力，充分发挥中国人民的聪明才智；才能振奋民族精神，凝聚海内外各方面的力量。

（10）通过时空的变化展开段落。即以时间先后为序展开段落，来表述同一时间里不同地域、方位的情况。例如：

我国经济体制的改革，已经经过了几年的酝酿和实践。十一届三中全会在决定把全党工作重点转移到经济建设上来的同时就着重指出，为了实现社会主义现代化，必须对经济体制进行改革。那次会议以后，全党在拨乱反正和调整国民经济方面进行了大量工作，改革主要在农村进行。在完成指导思想上的拨乱反正、实现历史性伟大转折的基础上，党的十二大明确提出了有系统地进行经济体制改革的任务，并且指出这是坚持社会主义道路、实现社会主义现代化的重要保证。近两年来特别是今年以来，党中央、国务院又作出了一系列重要决策和指示，推动了各项改革的广泛深入发展。

这是《中共中央关于经济体制改革的决定》中的一段话，展开部分以时间为序，分为4个阶段，十分精要地阐明了主句的意思。这种展开段落的方法类似于中国画中的"移步换形"技法。

（11）通过因果关系的表述展开段落。采用这种方式展开段落，既可由因及果，又可由果溯因。例如：

实行承包经营制后，该厂生产仍然上不去。其主要原因有以下几点。一、承包机制不健全，厂长的权、责、利没有紧密配合。二、上级主管部门的干预过多，厂里的自主权不够。三、技术力量薄弱，没有能力搞技术改造和开展新产品，以致产品在市场上缺乏竞争力。四、全厂职工当家做主的主人翁积极性也没有调动起来。

上述方式常常是几种方法综合运用。有些方式，还可能与其他方式有交叉。

（五）过渡和照应

应用文的撰写，同样要安排好各层次、段落之间的过渡与照应，使层次、段落之间前后连接、转折自然,从而使文章成为一个有机的整体。

1. 过渡。就是指上下两个段落或层次之间需要设关联词语、词组、句子甚至自然段,以连接文意,使文章脉络通畅、结构紧凑。一般常用"综上所述"、"总之"、"为此"等承接词来实现过渡效果。

2. 照应。就是指上下文之间相互关照、呼应,即前面提示的内容,后面要有连续、回应,后面表述的内容,在前面要有提示;内容与标题、开头与结尾以及行文各层次之间都要有相互呼应,以使全文前后连贯、自然。

【思考与练习】

一、填空题

1. 如果说主题是文章的_____,材料是文章的_____,结构就是文章的_____了。
2. 应用文结构的内容包括文章的_____、_____、_____、_____、_____、_____和_____。
3. 应用文开头的两个基本要求是_____;_____。其常用的形式有____种,分别是:_____、_____、以陈述概况的方式、_____、_____、_____、以表明态度的方式开头。
4. 应用文的结尾讲究_____。其常用形式有_____、_____、_____、_____、_____、_____。
5. 层次一般用_____、_____、_____来表述。

二、简答题

1. 应用文的结构有什么特点?
2. 安排应用文的结构应遵循什么原则?
3. 应用文写作的标题有哪三种形式,试出三个与之相对应的标题。
4. 简述应用文段落安排的原则及其展开方式。

第四节 语 言

一、应用文的语言

说到应用文的语言,我们有必要了解语体。语体是适应题旨和语境的需要为实现交际功能而形成的语言运用体式。一般情况下,根据交际方式和功能,人们把语体分为口头语体和书面语体两大类。口头语体又分为谈话语体和演讲语体。书面语体又分为文艺性语体，用于小说等文学作品；议论性语体，用于议论文；科技语体，用于科学小品文；事务性语体，用于应用文。

可见，应用文的语体风格与文学作品不一样，它体现的是事务性语体的特点，即平直、朴实、庄重。由于应用文包括的文种繁多，具体的使用范围、写作目的及作用有所不同，因此各种文种在写作要求、格式和语言运用上自然也有所差异。事务语体大致可分为两类：一般事务语体和公文事务语体。

1．一般事务语体。单位、个人常用一般事务语体，内容广泛，适用于应用文中的日用文类和一些机关事务文书类，如调查报告、广告等。它的格式比公文事务语体灵活，表达方式以叙述、说明为主，但不排除必要的议论和抒情。在语言运用上，除了少数体式讲求朴实，不尚文采外，大都比公文事务语体显得生动。

2．公文事务语体。公文事务语体是公文、规章制度、计划、声明、合同等应用文的语言体式，它是机关单位处理公务的依据。这种语体只对客观情况作如实说明，表明作者意图，不追求表达的艺术化，排斥想象夸张，也无需激发人们的感情；力求平实，质朴无华，言意尽而言止意尽。

二、应用文语言表述的要求

（一）准确、通顺

正确、顺畅地记载与传递信息是撰写应用文的基本要求，遵循这一要求，应用文的语言表述必须符合客观实际，符合逻辑，即概念准确而恰当，还要符合语法修辞的规范。这样，我们就要注意下列4种将造成语言的不准确通顺的毛病。

1．用词不当。用词不当主要表现在以下几个方面。

（1）生造词语。比如一份调查报告，描述大学校园里的化妆情况时写到：许多女大学生更喜欢素面朝天（本意为不喜欢化妆）。

（2）词义不清。汉语中有大量的同义词和近义词，褒义词和贬义词，如果用错，就会影响意思的表达。如这样一篇消息，在表现"小吃节"热闹场面时写到：人群蠕动。

（3）搭配不当。搭配不当主要表现为：主语和谓语搭配不当，谓语和宾语搭配不当，修饰语和中心语搭配不当。如"他的工作态度一向认真努力"。

2．句子残缺。句子残缺往表现为主语残缺、宾语残缺、状语残缺。例如：同志们出色地完成了去年没有完成的。

3．语序紊乱。比如：隐形眼镜已经走进了大学生活，但是大学生对它的了解还不够，佩带者也是有限的。那么隐形眼镜在校园中的发展如何？广大学生对它的态度如何？

4．不合逻辑。比如：教学楼的灯全都熄灭了，漆黑一片，只有值班室的灯还亮着，闪闪发光。

（二）简洁、明了

为了加快阅文办事的节奏，应用文用语必须简明精练，即用尽可能少的文字，浓缩大量的信息，做到言简意赅。那么，应用文的表述怎样做到简洁明了？

1. 从特定目的、特定对象出发，根据工作需要，写最重要的内容。即与主旨无直接关系的内容不写；众所周知的大道理不写；对方不需要了解或已知道或无异议的内容不写。

2. 运用各种简省的表述方法。应用文在语言的长期使用中，形成了一套简省的表述方法，主要有7种。

（1）适当使用单音节的文言词。例如：兹、悉、妥、拟、系、鉴等。

（2）常使用介宾短语，使表述简洁、严密。例如表目的、原因的：为、为了、由于、以此、以免、以期等；表对象的：对、对于、将、关于等；表根据方式的：根据、遵照、依照、按照、通过、在、随着等。

（3）常用事务性的词汇。应用文的语言模式中，有一套约定俗成的事务性词汇，主要应用于公务文书中，其他应用文也根据实际情况灵活运用。这些事务性词汇，归纳见表1-2。

表1-2 应用文常用事务性词汇

词汇名称	作用	常用词汇	例句
开端用语	主要用作发语词。用于表示行文目的、依据、原因、伴随情况等的用语。常见于全篇或段落的开头	根据、按照、遵照、依照、为了、鉴于、关于、由于、随着、随、据、查、奉、兹等	1. 随着社会主义市场经济的形成…… 2. 兹收到××农业开发公司预付红萝卜生产定金×××元整
称谓用语	表示对单位、个人不同人称的称呼用语根据不同对象的不同关系，分别采用	分两个类型： 1. 一般性称谓用语。第一人称用本（局）、我（局），第二人称用你（局），第三人称用该（局） 2. 表示尊重对方的称谓用语。第一人称用卑（职）、敝（公司），第二人称用贵（公司）	1. 随着我市经济的发展，社会对××人才的需求不断增加……。因此，我校拟增设××专业。 2. 你校《关于增设××专业的请示》已收悉
经办用语	说明公务处理情况时的用语	经、业已、现将、已经、兹经、均经、责成、试行、执行、办理、贯彻执行、研究执行、参照执行、切实执行等	1. 上述各项措施，均经各有关单位协商取得一致意见 2. 贵府指示，我司当贯彻执行
引叙用语	引叙来文或信息时的用语，常用于公文中的批复，复函等复文	前接、近接、现接、惊悉、欣悉、得悉、收悉、悉、谨悉等	1. 你厅《……请示》已收悉。 2. 惊悉××同志因公于中山市仙逝
递送用语	用于递送公文、规章制度、材料物品等。行文关系不同，用语不同	平行文：送上、送发 上行文：上报、呈报 下行文：印发、发布、颁发、颁布	1. 现将材料送上 2. 关于上报2007年财务计划的报告

(续表)

词汇名称	作 用	常 用 词 汇	例 句
表态用语	表明发文机关（作者）意见、态度的词语。表态用语要讲究分寸，根据程度不同分别采用	根据程度分为两种： 1. 明确无疑地表态：应、应该、同意、批准、遵照执行、不同意、不宜、未可等 2. 留有余地地表态：似应、拟同意、原则同意、原则批准、基本同意、基本可行等	1. 当前条件尚不充分，未可付诸实施，更不宜即行下发传达 2. 你司关于体制改革方案我局原则同意，望根据实际情况，组织实施
综合承启用语	叙述情况以后，用以连接下文的分述、承叙、承启用语	为此、据此、对此、鉴此、鉴于、有鉴于此、总之、综上所述等	1. 有鉴于此，各地商业部门，应从该事故中吸取教训 2. 综上所述，各地教育行政部门，对拖欠教师工资现象，应予立即清理
期请用语	表示作者某种期望、请求的用语。	请、希、盼、望、即请、提请、希望、切望、切盼等。专用于上行文的则还有拟请、恳请	1. 必须尊重教师权益，切盼解决教师住房困难等问题 2. 恳请体察我校困难，给予支持
征询用语	表示征请、询问对有关事项的意见和态度的用语，多用于上行文请示、报告和平行文函的结尾	当否、可否、妥否、是否妥当、是否可行、是否同意、如无不当、如无不妥、如果可行、意见如何等	1. 以上意见，如无不当，请予批转各地参照执行 2. 意见如何，盼复
结尾用语	某些公文结束时的一种用语，根据行文关系分别采用	平行文：是荷、为荷（即甚为感谢之意）、请查照 上行文：如无不当，请批准、妥否，请批复、请审阅 下行文：为要、为宜、为妥、请办理	1. 专此函达，敬希查照为荷 2. 以上情况特报告贵局核备 3. 附上改建图示，请审阅

（4）普遍运用成分共用句及"的"字短语使句式简洁。

（5）使用插说，即用括号把需要说明的意思插在句子中，不构成独立成分，使行文紧凑、严谨，意思表述简明。

（6）常运用简称略语，使行文简洁、明了，内容概括鲜明。

（7）利用紧缩句，变繁就简。

（三）朴实、得体

应用文是处理事务的工具，又是沟通信息的基本方式，因此要强调用语的朴实与得体。朴实，就是指文风要朴实无华，语言实在，强调直接叙述，意尽而言止。不追求华丽词藻，不允许有虚构、夸张和想象，少用甚至不用描写、抒情等表达方式，力求朴素纯真、实事求是。

得体，就是指应用文语言应适应不同文体的需要，语言讲究分寸、适度。应用文书文种丰富，各类文种的用语风格也有明显的区别。如指挥性公文的命令、决议、决定注重庄重严肃；法规、规章和管理规章文书讲求严谨、确切、利落；计划性文书必须实在、周密、可行；会议报告应富于鼓动性等。又如，上行文的语言，应尊重而不阿谀讨好；下行文的语言，应谦和但又不失度；与平行机关往来函件的语言，则应以诚以礼相待，多商量，互相尊重。对上级的情况报告，不必有过多的宣传议论；对下级布置工作的通知，又不可过于原则、空洞，应实实在在，切实可行，有可操作性。惩戒坏人坏事的通报，语言应言之凿凿，义正词严；表彰好人好事的决定，语言则应热情、稳实。

（四）严谨、庄重

应用文中的公文代表机关发言，具有法定的权威性，其用语应当严谨、庄重，以体现出公文的严肃性。因此，既不宜用口语，也不宜用文学语言。具体要求如下。

1. 使用规范化的书面语言。规范化的书面语言词义严谨周密，正确使用它可以使作者准确理解公文、不产生歧义，从而能认真执行。

（1）注意词语的单义性。如"城市公有住宅"。

（2）不用叹词、儿化词、语气词。

（3）排斥方言、口语。如：在文件用语中，使用"商榷"、"面洽"、"诞辰"、"不日"、"拟"等书面语言，而不使用"商量"、"生日"、"不几天"、"早已经过"、"打算"等口语，以示庄重。又如不称"少女"为"细妹子"等。

（4）不滥用略语。如不称"打击经济犯罪办公室"为"经打办"，不称"爱国卫生运动"为"爱卫运动"等。

2. 使用专用词语。长期以来，人们在公文中沿用一些使用频率较高的专用词语。掌握这些词语，有助于文章表述的简练。常用的专用词语如下。

（1）称谓词。

第一人称：我、本（部、委、办、厅、局、院、厂、所等）。

第二人称：贵、你（部、委、办、厅、局、院、厂、所等）。

第三人称：该（厂、部、同志、产品等）。

（2）领叙词：根据、按照、为了、遵照、惊悉、敬悉、……收悉等。

（3）追叙词：业经、前经、均经、即经等。

（4）承转词：为此、据此、故此、鉴此、综上所述、总而言之、总之等。

（5）祈请词：希、即希、敬希、请、敬请、烦请、恳请、要求等。

（6）商洽词：妥否、当否、是否可行、是否妥当、是否可以、是否同意、意见如何（一般用于上行文、平行文）。

（7）受事词：蒙、承蒙等。

（8）命令词：着令、特命、责成、令其（表示命令语气）；切切、毋违、切实执行、不得有误、严格办理（表示告诫语气）。

（9）目的词：请批复、函复、批示、告知、批转、转发（用于上行文、平行文）；查照办理、遵照办理、参照执行（用于下行文）；周知、知照、备案、审阅（用于知照性文件）。

（10）表态词：应、应当、同意、不同意、准予备案、特此批准、请即试行、按照执行、可行、不可行、迅即办理等。

（11）结尾词：此复、谨此、特此报告、函复、此致、特予公布（用以结束上文）；……为要、……为盼、……为荷（明确行文目的与要求）；敬礼、致以谢意、谨致谢忱（表示敬意、谢意、希望）。

【思考与练习】

一、填空题

1．一般情况下，根据交际方式和功能，人们把语体分为_____和_____两大类。书面语体又分为_____、_____、_____、_____。
事务语体大致可分为_____和_____。

2．应用文的语体风格体现的是事务性语体的特点，即_____、_____、_____。

3．使用规范化的书面语言要注意做到_____；_____；_____；_____。

4．影响应用文语言准确、通顺的常见毛病有_____、_____、_____。

5．运用应用文专用词语填空。

（1）_____局《关于××的请示》（×字[2007]50号文）_____，经与××部研究_____如下：……

（2）_____部领导指示精神，我局会同××司××办公室抽调×名同志组成"××事件调查组"……

（3）……以上意见，如_____，_____批转各部属院校。

（4）_____贵局大力协助，我校××研究所各项筹建工作已基本告一段落。

（5）以上通令，应使全体公民_____，切实_____执行。

（6）_____省人民政府领导同志的指示，_____将国务院办公厅《关于公文处理等几个具体问题的通知》_____给你们。

二、简答题

1．应用文采用哪种语体？如何理解这种语体？

2．应用文语言的表述要注意哪些问题？

3．应用文的表述怎样做到简洁明了？

第五节 表达方式

表达方式,指撰写文章所采用的具体表述方法和形式。文章的表达方式有 5 种:记叙、描写、抒情、议论和说明。在文学作品中,以记叙、描写、抒情为主;而在应用文中,则以记叙、说明和议论为主。

一、记叙

记叙是以记述人物或事件的发展过程、变化过程来表达思想的一种表达方式。撰写应用文常用的叙述种类有顺叙、倒叙、概叙和夹叙夹议。

(一)记叙的作用

记叙是应用文书的基本表达方式。它可以作为以叙说情况为主的情况报告、表彰或处分通报、市场调查报告等文种的主要表达方式。交代背景,介绍文章涉及的人、单位或事件的基本概况,事物发展变化过程以及相互关系,都离不开叙述;为议论提供事实依据,也要用到记叙。

(二)应用文记叙的特点

应用文记叙的特点是与文学作品相比较而言的。应用文对人物活动和事件经过的叙述,不像文学作品那样细微,那样与描写紧密结合,而是较为概括、简明。

1. 以顺叙为主,讲求平铺直叙,注重叙述事件的过程。
2. 一般采用概括叙述,极少是具体、详细的叙述。

(三)记叙的要求

1. 记叙要素必须交代清楚。记叙的"六要素"包括时间、地点、人物、事情的起因、经过和结果。这些要素是把事实说清楚的最起码条件,是使读者认识事物、掌握内容的基本要点和线索,不能错漏。

2. 重点突出,层次清楚。即围绕文件的主题,有次序地安排叙述的层次、段落,并分清主次详略。凡与说明主题密切相关的部分是叙述的重点,应写深说透,使重点突出;与主题关系不大的部分,则概括叙述,无关的部分则予以省略,从而使全文层次清晰,主题明确、突出。

3. 记叙方法视文体表述需要而定。撰写应用文,一般采用顺叙的方法,使叙述的层次、段落与事件、管理活动的发展顺序等相一致。有的应用文,如调查报告也采取平叙、倒叙的方法。

二、议论

议论是运用概念、判断和推理的逻辑形式,结合有关材料来反映客观事物,揭示其内在联系、本质与规律，并阐明作者主张的一种表达方式。议论的表达方式多用于应用文中的论文，应用文中的某些事务文书和专用文书也使用，但在行政公文中用得较少。

议论由论点、论据和论证方法三个部分组成。所谓论点，即作者所要表达的观点；所谓论据，是作者为了证明自己的观点而引用的材料；所谓论证方法，是作者用论据证明论点的方法。

（一）议论的作用

应用文对人或事作出自己的评价、判断，阐明、处理某些公务活动或社会事务的立场观点、政策原则、决策主张，都离不开议论。议论在应用文书中是不可缺少的一种重要表达方式。

（二）应用文议论的特点

1. 以正面议论为主，旗帜鲜明地表明观点。
2. 多与其他表达方式结合使用，如夹叙夹议。

（三）应用文书常用的论证方法

1. 例证法，即用具体事例或统计数字作为论据来证明论点的方法。例如：

米糠和麸皮含有大量维生素。这个问题，我国古代著名的医学家孙思邈早就注意到了。曾经用米糠和麸皮治疗那些患有维生素缺乏症的病人。现代科学也证明了这一问题：经化学分析，米糠和麸皮中含有较高的维生素C、B和E。

用作论据的事实，既要典型，且量要适度。列举的事实过少显得单薄，过多又会淹没、冲淡论点。

2. 喻证法，即通过打比方讲道理来证明论点的方法。例如：

调查就像"十月怀胎"，解决问题就如"一朝分娩"。

3. 引证法，即引用权威性的论述，科学上的公理、定理，生活中的道理等作为论据来证明论点的方法。引用不能断章取义，更不能随意增删、妄加修改。若是引用原文，语句、标点都要绝对正确。例如：

在党的纲领中明确提出社会主义初级阶段的科学概念，这在马克思主义历史上是第一次。邓小平在谈到建设初级阶段的社会主义时特别强调："我们现在所干的事业，是一项新事业。马克思没有讲过，我们的前人没有做过，其他社会主义国家也没有干过，所以，没有现成的经验可学。我们只能在干中学，在实践中摸索。"这就是说，在中国，真要建设社会主义，那就只能一切从社会主义初级阶段的实际出发，而不能从主观愿望出发，不能从这样那样的外国模式出发，不能从对马克思主义著作中个别论断的教条式理解和附加到马克思主义名下的某些错误论点出发。

4. 反证法，即从待证明的论点反面假设，并通过推论否定假设，从而间接证明论点的方法。

5. 类比法，是根据两种事物某些特征上的相似，推出它们在其他特征上也可能相似的结论的论证方法。

6. 对比法，是将正反两方面的事实加以对照、比较，找出它们的差异，从而推出结论的论证方法。例如：

我们党执政以后，特别是在新的历史条件下，能不能成功地解决党内监督问题，尤其是对高中级干部的监督问题，是加强党的建设需要解决的一个重要问题。从党的建设的实践看，这方面既有经验也有教训。哪个地方、部门，什么时候党内监督工作抓得比较紧，民主集中制执行得比较好，个人专断、滥用职权和"有令不行、有禁不止"的情况就比较少，消极腐败现象也会受到抑制，出了问题一般也能得到及时解决。反之，监督工作薄弱，民主集中制受到破坏，权力被滥用而又得不到制止，往往就会出问题，甚至出大问题。

这里需要注意的是，对比法和类比法的区别在于，前者要找出事物之间的差异来，后者则要抓住事物之间本质上的相似点。

7. 因果法，即分析事物的前因后果，并以此证明论点的方法。例如：

使用有机肥料，是我国农业生产的优良传统。但近几年来，在农村出现了重化肥轻有机肥、重用地轻养地、重产出轻投入的倾向，不少地区农家肥的使用量减少，绿肥作物种植面积下降，大中城市的粪肥、垃圾也很少利用。出现这种情况的主要原因：一是普遍放松了对多用有机肥料的工作的领导，没有把它摆到应有的位置；二是积造有机肥料工作的劳动强度大，手段落后，加上农民对土地使用存在短期行为，不愿多投入有机肥；三是没有制定相应的政策，缺乏必要的经济扶持政策。实践证明，长期单一使用化肥，不能满足农作物对多种养分的需要。各地应十分重视有机肥资源的开发和利用，鼓励农民多施有机肥料，增加对土地的投入。

8. 归谬法，即将错误的观点进行合乎逻辑的推理，引出荒谬的结论，从而证明该观点错误的证明方法。例如：

阶级斗争不是推动历史的唯一动力，因为如果阶级斗争是推动历史的唯一动力，那么蒸汽机就一定是阶级斗争的产物，科学技术的进步也一定是阶级斗争的产物，而人类的发展史证明，并不是这样。

9. 归纳法，即从一系列事实中找出共性来证明论点的方法。

在论证过程中，人们常常根据实际需要选择运用论证方法，或综合运用多种方法进行论证。

（四）议论的要求

1. 论点正确、鲜明。所谓正确，是指作者提出的论点必须实事求是、客观；所谓鲜明，是指论点表述清楚明白，不含混。

2. 论据确凿、有力。论据分为事实论据和道理论据。事实论据，包括具体的事例和数据；道理论据，包括理论原理、科学定义、公理、名人名言和生活中的常识等。论据确凿、有力，是指论据必须确切并能充分证明论点。要做到这一点，需要下工夫去搜集、选择那些最能说明论点的典型材料。

3. 论证周到、严密。所谓论证，是指用论据阐明论点的工程。论证要做到周到、严密，应该注意论据和论点是否能严丝合缝地吻合在一起。

三、说明

说明，即以简明的文字，将被说明对象的形态、性质、特征、构造、成因、关系、功能等解说清楚的一种表达方式，在应用文中是与叙述相结合的。有很多文种都依赖这一表达方式，如说明书、报告、请示、经济活动分析、合同、自荐书等。

（一）说明的方法

1．定义说明。是用简洁的语言揭示事物或事理的本质特征，使人能够明确概念内涵的说明方法。它要求语言准确，有科学性，能把握住事物、事理的本质特征。例如：

连锁经营主要是指在零售业、饮食服务业中若干同行店铺，以共同进货、分散销售、统一管理等方式连接起来，共享规模效益的一种流通组织形式和经营方式。

定义说明"是"的前面和后面的内容可以互换。

2．诠释说明。是对被说明对象的性质、特点、规律、做法等所作的具体解释。要注意的是，定义说明是对事物本质特征的说明，但有时难免失之笼统，所以人们常用诠释说明加以补充，从而使人们对客观事物有一个全面的认识。

3．举例说明。是用典型的例子说明事物、事理的一般原则、原理和特征的方法。举例说明使通过个别认识一般的一种方法，它能把比较抽象的事物或事理的本质特征具体而浅显地表达出来，便于作者理解和接受。例如：

中年知识分子一般都是中坚力量，担负着较重的工作任务。他们平均每天工作和上下班路途时间为9小时20分，比同时调查的625名其他职工多4.8%。其中，大中小学教师工作时间比工人多11.1%，女教师达10小时30分钟。宁波市的调查，教师工作时间比工人多15.4%。他们在校加班加点；校外要辅导、访问学生；回家要备课、批改作业。

4．比较说明。是用相同事物、事理之间的异同，或不同事物、事理之间的异同来突出说明被说明对象的方法。例如：

世界上最深的淡水湖——俄国的贝加尔湖，由于污染，湖中的水生物至少比50年前灭绝了一半。

5．分类说明。即对事物或问题，按统一的标准，划分为不同的类别或不同的方面，逐一加以说明。例如：

营业税设置了三档税率。交通运输业、建筑业、邮电通信业、文化体育业税率为3%；金融保险业、服务业、转让无形资产、销售不动产税率为 5%；娱乐业多属于高消费的范围，因此规定了 5%至20%的税率。各省、自治区、直辖市人民政府所属税务机关可在税法规定的幅度内实行较高的税率。

6．数字说明。即是用数据来说明事物、事理的方法。例如：

在经济快速增长的基础上、城乡居民生活水平显著提高。城镇居民家庭人均生活费收入由 1 544.3 元提高至 4 377.2 元，扣除价格因素，年均实际增长 7.2%；农村居民家庭人均纯收入由 708.6 元提高到 1 926 元，扣除价格因素，平均实际增长 5.7%，是新中国成立以来城乡居民收入增长最快的时期之一。

除了上述几种说明方法外，还有比喻说明、引用说明、图表说明等方法。在写作中，应根据需要选用恰当的说明方法。

（二）说明的要求

1. 客观。即实事求是地进行说明。要求对被说明对象作出符合实际的介绍或解说，以反映事物的本来面目。

2. 准确。即要抓住被说明对象的特征，用语要恰当，归类要正确，能够将被说明对象与其他相似事物区别开来。

3. 科学。即内容上要求正确、选择的说明方法要得当。

【思考与练习】

一、填空题

1. 文章的表达方式有_____、_____、_____、_____、_____五种。
2. 撰写应用文，常用的叙述种类有_____、_____、_____和_____。
3. 记叙可以作为以叙说情况为主的_____、_____或_____、_____等文种的主要表达方式。
4. 应用文书常用的论证方法有_____、_____、_____、_____、_____、_____、_____等。
5. 说明的方法包括_____、_____、_____、_____、_____、_____、_____、_____等。

二、简答题

1. 应用文主要运用哪几种表达方式？
2. 应用文运用的几种表达方式在应用文写作中各有什么样的要求？

第二章 行政公文

【知识与技能】
1. 了解行政公文的概念，理解公文的特点。
2. 掌握行政公文的分类、行文规则、各文种的适用范围。
3. 重点掌握公文的格式。
4. 掌握各文种的结构、正文的写法和要求。
5. 能根据要求，写出事项明确、要求具体、格式规范的公文。

第一节 行政公文概述

一、行政公文的概念

1. 什么是行政公文。行政机关的公文，是行政机关在行政管理过程中形成的具有法定效力和规范体式的文书，是依法行政和进行公务活动的重要工具。它是传达贯彻党和国家的方针、政策，发布行政法规规章和行政措施，请示和答复问题，指导和商洽工作，报告情况，交流经验的重要工具。

2. 行政公文的起源。公文作为公务活动的工具，在我国有其久远的历史。它在古代有多种称谓：中、典、簿、书、版、籍、文案、牍、公牍等。

"公文"一词，最早见于西晋陈寿所著《三国志》，其中《魏书·赵俨传》说："公文下郡，绵绢悉以还民，上下欢喜，郡内遂安"。但作为公务文书，其实际应用要早得多。它的产生与文字的产生和国家的形成直接相联系，同时也伴随着生产的发展、社会的进步而不断发展。

二、行政公文的特点

公文作为治理社会、管理国家的重要工具，作为一种文章体裁，有自己独有的、鲜明的特点。

1. 具有法定的作者。这里所指的法定的作者是指依法成立并能以自己的名义行使权力和承担义务的组织或组织（单位）的负责人。单位负责人以个人名义制发公文，并非以私人的身份行事，而是以他所在单位法定的领导者的身份行使职权。

2．具有法定的权威性和行政的约束力。公文是法定机关制发的，因而，它代表机关发言，具有法定的权威性和行政的约束力，对于下行文来说尤其如此。公文的这一特点，是其他文字材料所不具备的。

3．具有规范的体式和制发程序。公文的规范体式，一是指公文所采用的语体，二是指文件的格式。制发公文是一件严肃的事情，必须按照规定的体式，不得随心所欲，独出心裁，另搞一套。公文由法定作者制发，在撰写和制发的过程中，它还要受公文处理程序的严格制约。

三、行政公文的种类

（一）行政公文从不同的角度来看，可以有多种分类方法

1．按行文方向来划分。可分为上行文、下行文和平行文。上行文是下级机关对上级领导机关的行文，如请示、报告等。下行文是上级机关向属下的机关行文，如命令（令）、决定、通报、批复等。平行文是同级机关或不相隶属机关之间的行文，如函、平行性通知、议案等。

2．按缓急程度来划分。可分为特急、急件、一般文件。特急件指内容特别紧急，应当在1天内办理完毕。急件指内容紧急，应当在接到来文后3天之内办理完毕。一般文件则无特殊的时间要求。

3．按保密级别来划分。可分为绝密、机密和秘密。绝密文件，指涉及党和国家最核心机密的文书。机密文件，指涉及党和国家重要机密的文书。秘密文件，指涉及党和国家一般秘密的文书。

4．按适用范围来划分。《国家行政机关公文处理办法》规定的公文有13种：命令（令）、决定、公告、通告、通知、通报、议案、报告、请示、批复、意见、函和会议纪要。

（二）文种

文种是公文特有概念，是公文的类名称。根据用途，公文分为若干种，每一种都有固定的名称。

1．文种划分的意义。首先，不同文种能够概括、明确地揭示出公文的用途和性质；其次，不同文种可以准确地表明行文关系，既方便写作也便于收文一方处理。如请示与报告，下级向上级请求批准事项时，用"请示"；向上级报告情况时，用"报告"。而上级收到请示时，需要作出非此即彼的答复；收到报告时却可以不作出答复。

2．如何正确选用文种。必须按照机关文件规定或约定俗成的要求使用文种，不能自立名目，自选文种；必须依照发文的具体目的和要求正确选用文种；必须按照本机关职能、权限正确选用文种，如高层机关嘉奖人员用"命令（令）"，而一般单位嘉奖人员用"决定"

或"通报"。

四、行政公文的行文规则

（一）下行文规则

1．政府各部门依据部门职权可以互相行文和向下一级政府的相关业务部门行文；除以函的形式商洽工作、询问和答复问题、审批事项外，一般不得向下一级政府正式行文。

2．部门之间对有关问题未经协商一致，不得各自向下行文。如擅自行文，上级机关应当责令纠正或撤销。

3．向下级机关或者本系统的重要行文，应当同时抄送直接上级机关。

4．上级机关向受双重领导的下级机关行文，必要时应当抄送其另一上级机关。

（二）上行文规则

1．一般不得越级请示和报告。

2．"请示"应当一文一事；一般只写一个主送机关，如需同时送其他机关的，应当用抄送形式，但不得抄送其下级机关。

3．"报告"不得夹带请示事项。

4．除上级机关负责人直接交办的事项外，不得以机关名义向上级机关负责人报送"请示"、"意见"和"报告"。

5．受双重领导的机关向上级机关行文，应当写明主送机关和抄送机关。

（三）联合行文规则

1．同级政府、同级政府各部门、上级政府部门与下一级政府可以联合行文。

2．政府与同级党委和军队机关可以联合行文。

3．政府部门与相应的党组织和军队机关可以联合行文。

4．政府部门与同级人民团体和具有行政职能的事业单位也可以联合行文。

（四）其他行文规则

1．属于部门职权范围内的事务，应当由部门自行行文或联合行文。联合行文应当明确主办部门。须经政府审批的事项，经政府同意也可以由部门行文，文中应当注明经政府同意。

2．属于主管部门职权范围内的具体问题，应当直接报送主管部门处理。

【思考与练习】

一、填空题

1．行政机关的公文,是行政机关在行政管理过程中形成的具有_____和_____的文书，是依法行政和进行公务活动的重要工具。

2．公文的法定作者是指_____成立并能以自己的名义行使_____和承担的组织或组织（单位）的负责人。

3. 报告不得夹带_____事项。

4. 一般不得越级_____和_____。

二、选择题

1. 下列哪个文种不属于《国家行政机关公文处理办法》中的规定文种？_____。
   A. 意见　　　B. 通报　　　C. 报告　　　D. 计划

2. 上行文的行文方向是指_____。
   A. 给比本机关级别高的单位发文
   B. 给比本机关级别低的单位发文
   C. 给具有隶属关系的上级单位发文

3. 标识"急件"的公文，应当在_____天之内办理完毕。
   A. 一　　　B. 二　　　C. 三　　　D. 四

4. 给下级机关或本系统的重要行文，应同时抄送_____。
   A. 上级机关
   B. 直接上级机关和直接各下级机关
   C. 直接上级机关
   D. 其他下级机关

三、简答题

联合行文规则有哪些具体规定？

第二节　行政公文格式

在应用文书中，公文是最讲程式化的文种。公文的程式化，在很大程度上通过书面文字材料形成的相对固定的格式加以表现。

一份完整的公文，由眉首、主体、版记三部分组成，公文格式主要是这几部分内容的组成与写作规定。公文格式如图2-1、图2-2所示。

001　　　　　　　　　　　　　　　　　　　　　机　密★3年

　　　　　　　　　　　　　　　　　　　　　　　特　急

×××[2007]××号

关于××××工作的通知

××××（主送机关）：

　（正文）×××。

　附件：1. ××××
　　　　2. ××××

××××（印）
二○○七年一月一日

主题词：××　××　××　通知

抄送：××××××，××××××，××××××。

××××（印发机关）　　　　2007年×月×日印发

图2-1　下行文格式

机　密
特　急

××××文件

×××[2007]××号　　　　　　　　签发人：××

关于××××工作的请示

××××（主送机关）：

　　（正文）×××××××××××××××××
××××××××××。

　　附件：1. ××××
　　　　　2. ××××

　　　　　　　　　　　　　　　××××（印）
　　　　　　　　　　　　　　　二〇〇七年一月一日

主题词：××　　××　　××　　请示

抄送：××××××，××××××，××××××。

××××（印发机关）　　　　　　2007年×月×日印发

图2-2　上行文格式

一、眉首

　　置于公文首页红色反线以上的各要素统称眉首，按排列顺序依次为：公文份数序号、秘密等级和保密期限、紧急程度、发文机关名称、发文字号、签发人、红色反线等部分。

　　1. 公文份数序号。公文份数序号，是指将同一文稿印制若干份时每份公文的顺序编号。如需标识公文份数序号，用阿拉伯数码顶格标识在版心左上角第1行。

　　2. 秘密等级和保密期限。秘密等级是指公文内容涉及秘密程度的等级。秘密等级分为"绝密"、"机密"、"秘密"三级。如需要标识秘密等级，使用3号黑体字，顶格标识在版心右上角第1行，两字之间空1字；如需要标识保密期限，使用3号黑体字，顶格标识在版心右上角第1行，秘密等级和保密期限之间用"★"隔开。

3. 紧急程度。紧急程度是指送达和办理公文的时限要求，分"特急"、"急件"。如需要标识紧急程度，使用 3 号黑体字，顶格标识在版心右上角第 1 行，两字之间空 1 字；如需要同时标识秘密等级和紧急程度，秘密等级顶格标识在版心右上角第 1 行，紧急程度顶格标识在版心右上角第 2 行。

4. 发文机关名称。由发文机关全称或规范化简称后加"文件"组成。发文机关标识上边缘至版心边缘一般为 25 毫米。发文机关标识推荐使用小标宋体字（红色）。如"××省人民政府文件"、"××公司文件"。联合行文时主办机关名称应当排列在前，上下居中排布；如联合行文机关过多，必须保证公文首页显示正文。

5. 发文字号。发文字号由发文机关代字、年份、序号三部分组成。发文机关名称下空 2 行，用 3 号仿宋体字，居中排布；年份和序号用阿拉伯数码标识；年份使用全称，用六角括号"〔 〕"括入；序号不编虚位（即 1 不编为 001），不加"第"字。如"闽科院〔2006〕16 号"，表示福建省科学院在 2006 年度所发的第 16 号公文。

6. 签发人。上报的公文应当标识签发人姓名，平行排列于发文字号右侧；发文字号居左空 1 字，签发人姓名居右空 1 字；"签发人"用 3 号仿宋体字，后标全角冒号，冒号后用 3 号楷体字标识签发人姓名，如图 2-2。

7. 红色反线。发文字号之下 4 毫米处印一条与版心等宽（156 毫米）的红色线。

二、主体

公文主体为公文首页红色反线以下到主题词以上部分，按排列顺序依次为：公文标题、主送机关、正文、附件、成文日期、机关印章、附注等部分。

1. 公文标题。完整的公文标题由发文机关名称、事由、文种三部分组成。一般位于红色反线下空 2 行，使用 2 号小标宋体字，居中排布。公文标题中除法规、规章名称加书名号外，一般不使用标点符号。公文标题的三个组成部分一般要写完整，也有部分省略的情况：一是单位内部使用的公文，标题中可省略发文机关；二是省略事由，如《新大地公司通告》。

2. 主送机关。主送机关，又叫做"抬头"、"受文机关"或"上款"，是指公文的主要受理机关。位于标题下空 1 行，左侧顶格用 3 号仿宋体字标识，回行时仍顶格；最后 1 个主送机关后标全角冒号。

3. 公文正文。正文是公文的核心部分，用来表述公文的具体内容，除个别极简短的公文外，正文内容分开头（又称原由或引据）、事项、结尾三个部分。主送机关下 1 行，每自然段左空 2 个字，回行顶格，使用 3 号仿宋体字；公文正文中小标题使用 3 号黑体字。

4. 附件。附件是公文正文附属材料的顺序和名称的标注。附件是公文的组成部分，指随文发送的文件、报表、材料等，作为正文的补充说明或参考材料。不是所有公文都需附件，根据需要而定。公文如有附件，在正文下空 1 行，左空 2 字，用 3 号仿宋体字标识"附件",其后标全角冒号和附件标题,附件标题后不加标点符号。如有序号,使用阿拉伯数码(如"附件:1.××××")。

5. 成文日期。一般文件,以领导人签发的日期为准,联合行文以最后签发机关领导人的签发日期为准;会议通过的公文,以通过日期为准;法规性公文,以批准日期为准,或以专门规定的具体生效、开始执行的日期为准。成文日期关系到公文的时效。成文日期要用小写汉字将年、月、日标全,不能用阿拉伯数字书写,"零"写为"〇"。成文日期,一般位于正文末发文机关名称下一行右侧位置,会议通过的文件,则标在公文标题下。

6. 机关印章。公文,除会议纪要和以电报形式发出的以外,都应加盖印章。印章要盖得端正、合乎规范。上不压正文,下要压年、月、日。联合上报的非法规性文件,由主办机关加盖印章。联合下发的公文,联合发文机关都应当加盖印章。

7. 附注。附注用于说明其他项目不便说明的事项,如说明有关引文的出处;解释有关名词术语;发至级限等。"请示"应当在附注处注明联系人姓名和电话。公文如有附注,居成文日期左下方,用3号仿宋体字,左空2个字加圆括号标识。

三、版记

公文版记为主题词及其以下部分,置于公文最后一页,按排列顺序依次为:主题词、分栏线、抄送单位、印发机关、印发日期等部分。

1. 主题词。主题词,是指标识公文主题、文件类别的并经过规范化处理的名词或名词性词组。标引主题词必须使用有关主题词表(如《国务院主题词表》、《教育类公文主题词表》等)。主题词的位置在附注下方、文尾横线上端。一份文件选用3-5个主题词。 主题词使用3号黑体字,居左顶格标识,后标全角冒号;词目使用3号小标宋体字,接排于冒号之后;词与词之间,不写标点,空1个字的间距。

2. 分栏线。主题词以下,每栏均用分栏线隔开,首线与底线用反线,中间为正线,宽度同版心(156毫米)。

3. 抄送单位。指除主送机关外需要执行或知晓公文内容的其他机关。应当使用全称或规范化简称、统称。公文如需抄送,则在主题词下1行,左右各空1个字,使用3号仿宋体字标识,"抄送"后标全角冒号;抄送机关名称排于冒号之后,抄送机关名称之间用逗号隔开。

4. 印发机关、印发日期。印发机关,即印发公文的机关,要写全称。印发日期,以公文付印的日期为准。

印发机关和印发日期位于末页页码上端,同置一行,使用3号仿宋体字。前面左空1字写印发机关,最后写印发日期,印发日期右空1字。

四、公文的排版规格与印制装订要求

1. 排版规格：正文一般每面排 22 行，每行排 28 个字。
2. 用纸要求：公文用纸采用 A4 型，幅面尺寸为 210mm×297mm。
3. 装订要求：公文应左侧装订，不掉页。包本公文的封面与书芯不脱落，后背平整. 不空。两页页码之间误差不超过 4mm。

【思考与练习】

一、填空题
1. 一份完整的公文，由_____、_____、_____三部分组成。
2. 发文字号由_____、_____、_____三部分组成。

二、选择题
1. 落款发文机关应使用_____。
   A．全称或规范化简称　　　　　　B．规范化简称或规范化统称
   C．全称或规范化统称　　　　　　D．非规范简称
2. 公文用纸应采用_____。
   A．16 开型　　　B．A3 型　　　C．B5 型　　　D．A4 型

三、简答题
公文的成文日期应该如何确定？

四、修改题
1. 标题：机构调整问题的请示
2. 发文字号：×府办字[06]第 17 号
   　　　　　　[2007]×府办字 05 号
3. 成文时间：2007 年 10 月 16 日
   　　　　　　二〇〇七年五月廿三日

第三节　决　　定

一、决定的适用范围及特点

决定适用于对重要事项或者重大行动做出安排，奖惩有关单位及人员，变更或者撤销下级机关不适当的决定事项。

决定是一种重要的规范性公文，具有法规性和指令性。决定的使用范围很广，国家党

政机关、群众团体、企事业单位都可以使用。

决定主要有以下两个特点。

1．制约性。决定是下行文，一般由领导机关制发，要求下级机关贯彻执行。比较起来，决定的制约性没有命令那么强硬，但比其他公文要强。

2．稳定性。决定的稳定性主要表现在内容上。某个问题一旦经党政领导机关做出决定，就要求相当长时期内贯彻执行。

二、决定的主要类型

1．指挥性决定。指对某个问题、某个事项、某种行动进行决策的指挥性公文。

2．法规性决定。指为规范人们的社会行为和国家某一方面的管理工作要求而制定的类似法规的重要决定。

3．知照性决定。用于知照重大事项，即不要求受文单位具体办什么事，只是需要受文单位知晓。

4．表彰与处理性决定。指对人或事进行表彰或处理的决定。

5．变更或撤销性决定。指对下级机关不适当的决定事项变更或撤销处理的决定。

三、决定的结构和写法

1．标题。决定的标题由制发机关、事由、文种三个部分组成。

有的决定标题下面标明"××××年×月×日×××会议通过"字样，并用圆括号括住。

2．正文。正文内容包括：做出决定的根据和缘由；决定的事项；执行决定的要求和提出号召。

指挥性决定的正文，开头简单写决定缘由，其决定事项往往采取分条列项式写法，把复杂的事情、众多的问题写得条理分明，眉目清楚，使下级机关易于把握，便于执行。

法规性决定的正文，开头一般写行文目的，其后以条款式逐条写出决定内容。

知照性决定的正文，多数一段到底，不分条目。

表彰与处理性决定实际上可分成两种：表彰性决定的正文，主要写被表彰者的身份、事迹，对被表彰者的评价，表彰的决定事项，希望与号召等；处理决定的正文，先要把错误的事实说明，并分析其性质、根源、责任及后果，再写处理决定，最后还要指出教训、提出希望。

变更或撤销性决定的正文，一般只要写明变更或撤销有关事项的依据、缘由和决定事项即可。

3．落款和日期。发文机关和日期一般标于正文后右下方。

四、决定写作的注意事项

1. 原因要写得简短明确。
2. 决定事项要写得准确具体,具有可行性。

例文 2-1

国务院关于大力发展职业教育的决定

各省、自治区、直辖市人民政府,国务院各部委、各直属机构:

2002年全国职业教育工作会议以来,各地区、各部门认真贯彻《国务院关于大力推进职业教育改革与发展的决定》(国发〔2002〕16号),加强了对职业教育工作的领导和支持,以就业为导向改革与发展职业教育逐步成为社会共识,职业教育规模进一步扩大,服务经济社会的能力明显增强。但从总体上看,职业教育仍然是我国教育事业的薄弱环节,发展不平衡,投入不足,办学条件比较差,办学机制以及人才培养的规模、结构、质量还不能适应经济社会发展的需要。为了进一步贯彻落实《中华人民共和国职业教育法》和《中华人民共和国劳动法》,适应全面建设小康社会对高素质劳动者和技能型人才的迫切要求,促进社会主义和谐社会建设,现就大力发展职业教育作出如下决定。

一、落实科学发展观,把发展职业教育作为经济社会发展的重要基础和教育工作的战略重点

(一)大力发展职业教育,加快人力资源开发,是落实科教兴国战略和人才强国战略,推进我国走新型工业化道路、解决"三农"问题、促进就业再就业的重大举措;是全面提高国民素质,把我国巨大人口压力转化为人力资源优势,提升我国综合国力、构建和谐社会的重要途径;是贯彻党的教育方针,遵循教育规律,实现教育事业全面协调可持续发展的必然要求。在新形势下,各级人民政府要以邓小平理论和"三个代表"重要思想为指导,落实科学发展观,把加快职业教育、特别是加快中等职业教育发展与繁荣经济、促进就业、消除贫困、维护稳定、建设先进文化紧密结合起来,增强紧迫感和使命感,采取强有力措施,大力推动职业教育快速健康发展。

(二)明确职业教育改革发展的目标。(略)

二、以服务社会主义现代化建设为宗旨,培养数以亿计的高素质劳动者和数以千万计的高技能专门人才

(三)职业教育要为我国走新型工业化道路,调整经济结构和转变增长方式服务。(略)

(四)职业教育要为农村劳动力转移服务。(略)

(五)职业教育要为建设社会主义新农村服务。(略)

(六)职业教育要为提高劳动者素质特别是职业能力服务。(略)

三、坚持以就业为导向,深化职业教育教学改革

(七)推进职业教育办学思想的转变。(略)

（八）进一步深化教育教学改革。（略）

（九）加强职业院校学生实践能力和职业技能的培养。（略）

（十）大力推行工学结合、校企合作的培养模式。（略）

（十一）积极开展城市对农村、东部对西部职业教育对口支援工作。（略）

（十二）把德育工作放在首位，全面推进素质教育。（略）

四、加强基础能力建设，努力提高职业院校的办学水平和质量

（十三）建立和完善遍布城乡、灵活开放的职业教育和培训网络。（略）

（十四）加强县级职教中心建设。（略）

（十五）加强示范性职业院校建设。实施职业教育示范性院校建设计划，在整合资源、深化改革、创新机制的基础上，重点建设高水平的培养高素质技能型人才的 1000 所示范性中等职业学校和 100 所示范性高等职业院校。大力提升这些学校培养高素质技能型人才的能力，促进他们在深化改革、创新体制和机制中起到示范作用，带动全国职业院校办出特色，提高水平。2010 年以前，原则上中等职业学校不升格为高等职业院校或并入高等学校，专科层次的职业院校不升格为本科院校。

（十六）加强师资队伍建设。实施职业院校教师素质提高计划，地方各级财政要继续支持职业教育师资培养培训基地建设和师资培训工作。建立职业教育教师到企业实践制度，专业教师每两年必须有两个月到企业或生产服务一线实践。制定和完善职业教育兼职教师聘用政策，支持职业院校面向社会聘用工程技术人员、高技能人才担任专业课教师或实习指导教师。加强"双师型"教师队伍建设，职业院校中实践性较强的专业教师，可按照相应专业技术职务试行条例的规定，申请评定第二个专业技术资格，也可根据有关规定申请取得相应的职业资格证书。

五、积极推进体制改革与创新，增强职业教育发展活力

（十七）推动公办职业学校办学体制改革与创新。（略）

（十八）深化公办职业学校以人事分配制度改革为重点的内部管理体制改革。（略）

（十九）大力发展民办职业教育。（略）

六、依靠行业企业发展职业教育，推动职业院校与企业的密切结合

（二十）企业要强化职工培训，提高职工素质。（略）

（二十一）要认真落实"一般企业按照职工工资总额的 1.5%足额提取教育培训经费，从业人员技术要求高、培训任务重、经济效益较好的企业，可按 2.5%提取的规定，足额提取教育培训经费，主要用于企业职工特别是一线职工的教育和培训。企业新上项目都要安排员工技术培训经费。"

（二十二）行业主管部门和行业协会要在国家教育方针和政策指导下，开展本行业人才需求预测，制定教育培训规划，组织和指导行业职业教育与培训工作；参与制定本行业特有工种职业资格标准、职业技能鉴定和证书颁发工作；参与制定培训机构资质标准和从业人员资格标准；参与国家对职业院校的教育教学评估和相关管理工作。

七、严格实行就业准入制度，完善职业资格证书制度

（二十三）用人单位招录职工必须严格执行"先培训、后就业"、"先培训、后上岗"的规定，从取得职业学校学历证书、职业资格证书和职业培训合格证书的人员中优先录用。（略）

（二十四）全面推进和规范职业资格证书制度。加强对职业技能鉴定、专业技术人员职业资格评价、职业资格证书颁发工作的指导与管理，要尽快建立能够反映经济发展和劳动力市场需要的职业资格标准体系。

八、多渠道增加经费投入，建立职业教育学生资助制度

（二十五）各级政府要加大对职业教育的支持力度，逐步增加公共财政对职业教育的投入。（略）

（二十六）要进一步落实城市教育费附加用于职业教育的政策。（略）

（二十七）建立职业教育贫困家庭学生助学制度。（略）

九、切实加强领导，动员全社会关心支持职业教育发展

（二十八）各级人民政府要加强对职业教育发展规划、资源配置、条件保障、政策措施的统筹管理，为职业教育提供强有力的公共服务和良好的发展环境。（略）

（二十九）各级人民政府要切实加强对职业教育工作的领导，把职业教育工作纳入目标管理，作为对主要领导干部进行政绩考核的重要指标，并接受人大、政协的检查和指导。（略）

（三十）逐步提高生产服务一线技能人才、特别是高技能人才的社会地位和经济收入，实行优秀技能人才特殊奖励政策和激励办法。（略）

中华人民共和国国务院（印）
二〇〇五年十月二十八日

这是一则指挥性决定。该决定的开头先写决定的根据，然后对大力发展职业教育制定了9条事项。这9条事项包括了发展职业教育的方方面面措施，事项具体，利于执行。

例文 2-2

教育部关于授予王涛"舍己救人英雄少年"荣誉称号的决定

宁夏回族自治区永宁县望洪中学初三（2）班学生王涛于2000年1月19日，为抢救落水儿童不幸光荣牺牲，年仅16岁。

王涛同学是品学兼优的好少年，他见义勇为、舍己救人的崇高精神，是他良好品行的集中表现，他用青春和热血谱写了一曲新时代青少年舍己救人的动人赞歌。王涛的动人事迹在宁夏回族自治区全社会引起强烈反响，自治区教委号召全区教育战线全体师生向王涛同学学习。

为表彰王涛同学舍己救人的英雄事迹，教育部决定授予王涛同学"舍己救人英雄少年"的荣誉称号，并号召全国各地青少年学生广泛开展向王涛同学学习的活动。各地教育行政部门和学校要认真组织，把学习王涛同学的活动与学习贯彻江泽民总书记关于教育问题的重要谈话有机结合，把王涛同学的英雄事迹作为进行思想政治教育和加强德育工作的生动教材，在广大青少年学生中大力宣传，形成一种弘扬正气的良好的社会氛围，促进青少年学生健康成长。

附件：宁夏回族自治区教委关于王涛同学英雄事迹介绍

中华人民共和国教育部（印）
二〇〇〇年五月十六日

这是一则表彰性决定。文章开头，简述决定的根据，即与决定有关的人物的英雄壮举，对王涛同学英雄壮举的评价及当地人民群众、政府部门所做出的反映。以上内容是下文形成决定的事实根据。事实准确，评价恰当。主体在上文的基础上，做出决定并发出号召和提出了具体的要求。语言概括性强、准确；语句严谨、周密。附件，也是表彰决定的一个组成部分。

【思考与练习】

一、填空题

1. 决定具有_____和_____两个特点。
2. 决定包括指挥性、_____、_____、_____和变更或撤销性5种类型。

二、选择题

1. 撤销下级下发的不适当的文件应使用_____。
   A. 令　　　B. 决定　　　C. 通知　　　D. 意见
2. 给下面标题填写文种。
   ××公司关于开除××职工的_____。
   A. 通知　　　B. 决定　　　C. 公函　　　D. 通告

三、简答题

1. 指挥性决定正文一般写什么内容？
2. 表彰性决定正文一般写什么内容？

四、写作题

1. 下面是一篇病文，请指出其毛病并写出修改稿。

关于××违反劳动纪律的处分决定

李××，男，现年25岁，系机械有限公司装卸队工人。该同志自入公司以来，累犯劳动纪律，曾多次发生殴打事件，谩骂领导干部，辱骂老工人。特别是今年×月×日，伙同张××（已收审）、王××（已记大过）两次殴打陈××，影响极坏。为了维护公司的纪律规定，加强劳动纪律，经司务会议讨论通过，决定给予李××开除的处分。

××市机械有限公司

2．根据下面的材料，写一则决定。

××工业职业学院2005—2006年度在全院开展了"德、智、体全面发展，创先进班级，争当三好学生"为主要内容的"创先争优"活动，活动开展一年来，学院涌现出了一大批先进集体和先进个人。为了总结经验，表彰先进，使学院的"创先争优"活动深入、持久开展下去，引导学生全面发展，使学生成为社会主义建设事业合格的建设者和接班人，经全院各班级认真评选，学院有关部门研究批准，拟对本年度"创先争优"活动中成绩突出的8个先进班集体、50名"三好学生"、40名"优秀学生干部"予以表彰。

第四节 通 告

一、通告的适用范围及特点

通告适用于公布社会各有关方面应当遵守或者周知的事项。

通告的发布者通常是国家机关中的业务（职能）部门，也可以是基层单位、群众团体。

通告主要有三个特点。

1．内容的业务性。通告发布的内容多是局部性的、业务性的，针对性强。

2．行文对象的有限性。通告告知事项的范围是辖区内的单位和人们。

3．发文单位的广泛性。通告的内容属一般事项，所以发文单位比较广泛。党政机关、企事业单位、人民团体都可发布通告。

二、通告的主要类型

1．知照性通告。即告知应当知道或需要遵守事项的通告。如通告停电、停水、电话升位等。

例文2-3

教育部、公安部关于网上出现贩卖所谓"高考试题"有关情况的通告

一年一度的高考即将来临，有关部门正按照相关工作规程和纪律要求，严密进行各项准备工作。近日，一些不法分子通过互联网、手机短信息，发布并传播所谓"高考试题"的信息。对此，教育部、公安部特通告如下：

一、根据国家有关规定，高考试题、答案在启用前属于国家绝密材料，国家采用有效措施，进行严格管理和监督。

二、广大考生及家长对于发布并传播出售所谓"高考试题"的信息，要提高警惕，谨防上当受骗，避免受到误导，蒙受不必要的经济损失，影响考生的正常发挥。

三、凡在高考前盗窃、泄露、出售高考试题及答案，或以此名义从事诈骗活动，扰乱社会秩序和高考的正常进行，均属违法犯罪行为，有关部门将坚决依法打击。

教育部（印）　公安部（印）
二〇〇五年五月二十三日

这是一则知照性通告。先写通告的缘由和依据，再写通告事项。

2. 办理性通告。即公布要求有关单位和人员需要办理事项的通告，如例文2-4。

例文2-4

××市建设局

关于对建筑企业进行资格年审的通告

根据《深圳市施工企业管理暂行办法》等有关文件规定，我局决定自2006年11月15日起对我市建筑安装企业、装饰施工企业、建设监理单位、工程总承包单位进行2007年度企业年审工作。

凡在我局注册的上述有关单位，请于见报后5天内前来我局领取有关文件，办理年审手续。逾期不办，责任自负。

特此通告。

联系人：李××

联系地址：中山路6号××大厦九楼

联系电话：32341023 23410532 34132
　　　　　32340162 223211－4596

××市建设局（印）
二〇〇六年十一月十日

这是一则办理性通告，文字简练，事项清楚。正文先写了通告的根据和事项，接着写通告要求，最后还写了联系人、联系地址和联系电话，以方便联系和办理。

3. 禁止性通告。即公布一些令行禁止类事项的通告，如《××市公安局关于查禁赌博的通告》。

例文2-5

关于查禁赌博的通告

为了搞好我市的精神文明建设，维护良好的社会治安秩序，根据国家有关法令，特通告如下：

一、赌博腐蚀思想，诱发犯罪，影响生产，危害治安。任何形式的赌博都是违法行为，必须坚决取缔。

二、凡在近一年内参与赌博的人，要在本《通告》公布之日起十五日内进行登记。街道居民到当地派出所登记，干部职工到本单位保卫部门登记，讲清何时、何地与何人赌博、输赢情况以及赌资、赌具的来源和去向，保证今后不再犯，并检举赌头、赌棍、设赌抽头的窝主、教唆犯。

三、赌头、赌棍、设赌抽头的窝头、教唆犯，必须在本《通告》公布之日起十五日内向公安机关彻底坦白交代，交出非法所得，揭发同伙，争取从宽处理，逾期拒不坦白交代的依法惩处。

四、因赌博输赢形成的债务，经公安机关核实认定后，一律废除。赌博所赢的财物应交出。

五、任何公民发现赌博活动，应予以制止，向公安机关报告或将赌博者扭送公安机关。

×× 市公安局（印）
二〇〇六年八月一日

这是一则禁止性通告。先写通告的缘由和依据，再写通告事项。

三、通告的结构和写法

1．标题。标题的写法有四种：
（1）发文机关＋事由＋文种。
（2）发文机关＋文种。
（3）事由＋文种。
（4）只写文种。
2．正文。通告的正文包括缘由、事项、结尾三个部分。
缘由，是发布通告的原因、目的、法律依据。
事项，是正文的主体，要写明在一定范围内群众应当遵守或周知的事项。
结尾，一般为"特此通告"之类的用语，以示强调，提起注意。
3．落款和日期。发文机关和日期一般标于正文后右下方。

四、通告与公告的区别

1．发文内容不同。公告旨在宣布重要事项或法定事项；通告的内容则是公布应当遵守或周知的事项，而且业务性较强。
2．告知对象、范围不同。公告是对国内外人士而发，有的专为国外而发；通告则是对一定范围内有关单位或人员而发。

3. 发文机关的级别不同。公告多数由级别较高的领导机关制发，或由法定职能部门制发，也可以由中央各部委或由新华社受权制发；通告则是任何机关都可以制发。

4. 发布方式不同。公告多用登报、广播的方式发布；通告可用文件形式印发，也可登报、广播或张贴。

【思考与练习】

一、填空题

1. 通告具有_____、_____和_____三个特点。
2. 通告的类型有_____、_____和_____。

二、选择题

1. 通告面对的是公众，一般不必写_____。
   A. 标题　　B. 抬头　　C. 署名　　D. 日期
2. 给下面标题填写文种
   ××市供电局关于停电的_____。
   A. 通知　　B. 决定　　C. 公函　　D. 通告

三、简答题

试述通告与公告的区别

四、写作题

1. 下面是一篇病文，请指出其主要毛病。

关于加强交通管理的通告

为整顿治安秩序，加强交通管理，经市政府批准，对市区车辆行驶实行统一管理，特通告如下：

1. 除公交车及小轿车外，其他机动车辆白天一律不得驶入市区。
2. 轻骑、摩托车行驶一律要有安全措施，严禁自行车带人。
3. 非残疾人不得骑乘残疾车。
4. 凡在市区行驶的车辆一定按交通部门规定的时速行驶；严禁酒后驾车或无证驾驶。
5. 严禁在道路两侧摆摊设点，不得在道路上晒谷扬场，不准设置路障。
6. 车辆停放一定要在指定地点，途中临时停车不得超过5分钟。
7. 服从交通值勤人员管理。

以上通告望遵照执行，对违反上述通告者由公安、交通部门依照有关规定进行处理。

××市公安局
××交通局
2006年8月20日

2. 根据下面的材料，以海州市人民政府的名义拟一份通告。

海州市人民政府经邮电部批准，定于 2006 年 9 月 1 日北京时间零时起全市电话号码启用八位制，即由现在的 7 位数升为 8 位数。升位办法：原"8"字头的电话号码首位后加"1"；原"2"至"7"字头的电话号码在首位前加"8"。电话号码升位后，所有 7 位电话号码无效。

第五节 通 知

一、通知的适用范围及特点

通知适用于批转下级机关的公文，转发上级机关和不相隶属机关的公文，传达要求下级机关办理和需要有关单位周知或者执行的事项，任免人员。

通知是一种使用范围相当广泛的公文。

通知具有三个特点。

1. 使用范围具有广泛性。通知不受发文单位级别、性质的限制。无论国家大事或是单位内部的具体事务，都可以通知的形式发布；无论是国家最高领导机关还是基层单位，都可使用通知。

2. 文体功用的晓谕性。通知总是有所告晓，有所要求，即包括"晓"和"谕"两重功用，或告诉人们有关事项，或要求办理，遵守执行。

3. 有明显的时效性。在所有的公文中，通知的时间性最强，通知的事项一般是要求立即办理、执行或知晓的，不容拖延。有的通知（如会议通知），只在规定的一段时间内有效。

二、通知的主要类型

1. 指示性通知。用于上级机关对下级机关就某一项工作有所指示和安排。

2. 批示性通知（颁布、批转、转发性通知）。用于发布某些行政法规，转发上级、同级或不相隶属机关的公文以及批转下级机关的公文。这类通知包括颁布性、批转性和转发性通知。颁布性通知，适用于发布本机关起草的文件，起公布、通告的作用。发布对象大多是行政法规和规章，也有少数是计划、方案等。批转性通知，适用于上级机关转发下级的文件，需在标题中加"批转"两字；转发性通知，适用于下级机关转发上级、同级或不相隶属机关的文件，需在标题中注明"转发"字样。

3. 事项性通知（工作通知）。用于要求下级机关办理有关事务性事宜，具有强制性和行政约束力。

4. 知照性通知。用于告知有关单位或个人某些事项的通知。如迁移办公地点、调整办公时间等事项。

5. 会议通知。即告知有关单位或个人参加会议的通知。

6. 任免通知。即告知有关单位或个人人事任免的通知。

三、通知的结构和写法

（一）标题

通知的标题一般由发文机关、事由、文种三个部分组成。非正式文件处理的一般性通知，标题可直接标出文种。

（二）正文

通知的正文主要包括缘由、事项、要求三个部分。

1. 指示性通知的写法。指示性通知的正文，开头部分写明通知的缘由，可以写当前存在的问题，发本通知的意义，也可以写发本通知的依据和任务。通知的内容大多采用分条列项法，具体地提出要求和措施、方法。

例文 2-6

财政部　国家税务总局关于企业支付学生实习报酬有关所得税政策问题的通知

各省、自治区、直辖市、计划单列市财政厅（局）、国家税务局、地产税务局、新疆生产建设兵团财务局：

根据《国务院关于大力发展职业教育的决定》（国发[2005]35号）有关要求，为促进教育事业发展，现对企业支付中等职业学校和高等院校实习生报酬有关所得税政策问题明确如下：

一、凡与中等职业学校和高等院校签订三年以上期限合作协议的企业，支付给学生实习期间的报酬，准予在计算缴纳企业所得税税前扣除。具体征管办法由国家税务总局另行制定。

二、本通知所称中等职业学校包括普通中等专业学校、成人中等专业学校、职业高中（职教中心）和技工学校；高等院校包括高等职业院校、普通高等院校和全日制成人高等院校。

三、本通知2006年1月1日起执行。

请遵照执行。

中华人民共和国财政部（印）　　国家税务总局（印）

二○○六年十一月七日

这是一则指示性通知。正文第1段写通知缘由，其后3段写通知事项，写得具体明确，语气肯定，条理清晰。因为是两个机关联合发文，因此落款单位要分列，日期要居中。

2. 批示性通知（批转、转发性通知）的写法。一般包括发文的缘由，对批转、转发文件的评价，执行要求等部分。

例文 2-7

国务院关于发布《国家行政机关公文处理办法》的通知

各省、自治区、直辖市人民政府，国务院各部委、各直属机构：

现发布《国家行政机关公文处理办法》，自 2001 年 1 月 1 日起施行。1993 年 11 月 21 日国务院办公厅发布，1994 年 1 月 1 日起施行的《国家行政机关公文处理办法》同时废止。

中华人民共和国国务院（印）
二〇〇〇年八月二十四日

这是一则国务院"国发[2000]23 号"的颁布性通知，全文只有一段，先说明发布什么文件；再说明废止什么法规性文件，施行与废止的时间明确。

例文 2-8

国务院办公厅转发教育部等部门
关于教育部直属师范大学师范生免费教育实施办法（试行）的通知

各省、自治区、直辖市人民政府，国务院各部委、各直属机构：

教育部、财政部、中央编办、人事部关于《教育部直属师范大学师范生免费教育实施办法（试行）》已经国务院同意，现转发给你们，请认真贯彻执行。

国务院办公厅（印）
二〇〇七年五月九日

这是一则转发性通知。正文首先说明转发公文的名称，接着提出执行要求。内容简略、明确。"请认真贯彻执行"是下行文常用的习惯用语。

3. 事项性通知（工作通知）的写法。开头一般是说明为什么要发此通知，目的是什么。其次主体，即事项部分，将通知的具体内容一一列出，把布置的工作或需周知的事项，阐述清楚，并讲清要求、措施、办法等。最后是结尾，一般提出贯彻执行要求，如"请遵照执行"，"请认真贯彻执行"等习惯用语。

例文 2-9

教育部办公厅关于做好预防中小学生溺水事故工作的通知

各省、自治区、直辖市教育厅（教委），新疆生产建设兵团教育局：

在每年发生的中小学生安全事故中，溺水是造成广大中小学生，尤其是农村中小学生非正常死亡的主要杀手之一。随着夏季的来临，中小学生发生溺水事故又进入了高发期，近期已陆续发生多起中小学（幼儿园）学生溺水身亡的事故，有的是学生在上学途中到池塘边捉鱼虾时失足溺水，有的是在双休日学生到桥上玩时不慎掉入水中溺死，有的是学生在放学路上到池塘游泳时溺水。这些溺水事故的发生，给死亡学生的家庭带来了巨大的精神伤害和无法弥补的损失。

各地要切实提高加强对中小学生游泳安全教育重要性的认识，将安全工作重心切实转移到预防上来，采取有效措施，强化学生安全教育和日常管理工作，坚决防止此类事故的再度发生。现将有关事项通知如下：

一、各级教育行政部门和学校要进一步加强对学生的安全教育和日常管理工作。（略）

二、要进一步加强学校与家长、社区（村）的联系，共同做好中小学生校外游泳安全工作。（略）

三、各级教育行政部门和学校要严格贯彻执行《中小学幼儿园安全管理办法》和《中小学公共安全教育指导纲要》的规定和要求，结合当地实际情况，根据中小学生的生理特点，依法开展安全教育及管理工作，增强广大中小学生的安全意识和自救自护能力，切实降低溺水死亡事故的发生率。

教育部办公厅（印）
二〇〇七年五月十一日

这是一则事项性通知。正文部分先写发文的缘由、目的和依据，承启语后写具体的事项和要求，直截了当，具体明确。

4. 知照性通知的写法。知照性通知的正文，只要写清楚行文的依据、目的和事项即可。

例文 2-10

关于 2007 年寒假放假的通知

学院各部门：

根据 2006—2007 学年校历安排，结合学院实际工作，经研究，现将 2007 年寒假放假的有关事项通知如下：

一、教职工放假时间为 2007 年 1 月 27 日至 2 月 25 日，2 月 26 日正式上班。

教师需按照教务处要求完成阅卷、成绩登陆和上报、本学期教学总结和下学期教学准备等工作后方可离校。

二、各部门要高度重视并做好安全工作，放假前要以放火、防盗为重点，认真做好自查工作，对重点部位和安全管理情况进行检查，发现问题及时落实整改。

三、放假期间相关部门及值班人员要认真落实值班的各项制度，严格岗位责任制。

节假日期间注意人身和财物安全，注意防火、防盗，节日聚会注意饮食卫生。

××职业技术学院（印）
二〇〇六年十二月二十八日

这是一则放假时间的知照性通知，开头先写放假的缘由，接着从三个方面对放假的时间和注意事项作了较为周密的部署。

5．会议通知的写法。一般应写明召开会议的名称、目的、议题、时间、地点、对参加会议人员的要求（如准备发言、文件、论文、生活用品等）、注意事项以及筹办会议单位名称、联系人、联系地址、电话号码、会议食宿安排、去会址路线、接洽标志等。通常采用条文式写法，要求内容周密、语言清楚、表述准确，不致产生歧义。

例文 2-11

关于召开 2007 年招生工作会议的通知

各地、市、县招生办，省属各大、中专学校：

为进一步贯彻和执行中央、省招生工作会议精神，做好今年我省的招生录取工作，经研究决定召开 2007 年招生工作会议。现将会议的有关事项通知如下：

一、会议内容

介绍和分析近年来我省的招生情况；着重讨论和分析今年的招生情况和招生工作安排等事宜。

二、会议时间、地址

定于 2007 年 6 月 17 日上午 8：30 在省教育厅大会议室召开，会期两天。

二、参加人员

各地市、县、招生办主要负责人，省属各大、中专学校有关负责人。

三、报到时间

请参加会议的同志于 6 月 16 日下午 5：30 前到省教育厅招待所报到。

四、其他事项

1．食宿由大会统一安排，费用由各单位自支。

2．联系人：×××；联系电话：××××××××。

福建省教育厅（印）
二〇〇五年六月十一日

这是一份会议通知。开头说明召开会议的原因、目的、议题，"现将……通知如下"是会议通知常用的过渡句。主体部分说明会议的有关事项：时间、地点、参加人员、报到时间和地点及其他事项。写法上采用条文式，即将会议的有关事项一一作说明，清楚明白。

6．任免通知的写法。一般在写完任免决定的依据之后，写上任免人员的姓名及职务。

例文 2-12

海州市人民政府关于李××等同志的职务任免通知

各县（市）、区，市政府各局（办），各开发区管委会：

经 2007 年 5 月 9 日海州市第九届人民代表大会常务委员会第四次会议决定：

任命李××为××开发区管委会主任。

任命张××为高新技术产业开发区管委会副主任，免去其高科（集团）总公司副总经理职务。

（印）
二○○七年五月十日

这是一则任免通知，开头先写任免根据，后写任免名单。

【思考与练习】

一、填空题

1. 通知的特点有_____、_____和_____。

2. 通知的常见种类有指示性通知、_____、事项性通知、_____、会议和任免通知。

二、选择题

1. 要求下级机关办理有关事项，应使用_____。

  A．函　　　　　B．通知　　　　　C．通报　　　　　D．意见

2. 给下面标题填写文种。

  ××研究所关于召开××科研项目的规划会议的_____。

  A．通知　　　　　B．通报　　　　　C．请示　　　　　D．报告

三、简答题

1. 工作通知正文一般包括哪些内容？

2. 会议通知正文一般写什么内容？

四、写作题

1. 下面是一篇存在毛病的会议通知，试指出其存在的问题。

关于石化总公司召开
开展增产节约、劳动竞赛会议的通知

各分公司、分厂、各车间党支部、总公司各直属部门：

为贯彻上级精神，提高总公司的工作效率和经济效益，培养广大职工的主人翁精神，经总公司董事会研究决定，在全公司范围内广泛开展增产节约、劳动竞赛活动。请各单位

准备好本单位开展劳动竞赛活动的经验材料,限 5000 字,报到时交给会务组。并请与会人员于 10 月 4 日前来报到。

××石化总公司
二〇〇六年六月八日

2. 根据下面材料拟写一份通知。

海州市教育局决定于 2006 年 12 月 5 日召开一次全市中小学教育工作会议,传达、贯彻省教育厅对当前学生安全工作的指示,同时布置明年教育常规工作。通知的发文字号为海教字[2006]45 号;主送机关:各区、县教育局、市直各中小学;抄送:省教育厅、市府办公厅。

第六节 通 报

一、通报的适用范围及特点

通报适用于表彰先进,批评错误,传达重要精神或者情况。

通报有三个特点。

1. 内容的真实性。通报的任何情况、事实都必须是真实的,不能有差错,更不能编造假情况。

2. 具有教育性。通报运用具有代表性、倾向性的事例、新颖的典型材料以及对重大情况的表扬、批评、倡导或强调,以引起人们的警觉与注意,在干部职工中发挥宣传教育、启发引导、沟通情况和交流经验的作用。

3. 行文的时效性。通报具有指导现实的作用,要求时间性很强,尤其是对具有借鉴作用的典型事例,通报发得越及时,对现实工作的指导作用就越大。

二、通报的主要类型

1. 表彰通报。用于表扬先进人物和先进集体的事迹,树立榜样,宣传典型,总结成功经验。

2. 批评通报。用于批评错误,通报事故或反面典型,总结教训。

3. 情况通报。用于传达重要情况、沟通信息。

三、通报的结构与写法

(一) 标题

通报的标题通常由发文机关、事由和文种三个要素构成。

(二) 正文
1. 表彰通报正文的一般写法。
(1) 叙述先进事迹，包括时间、地点、人物、事件、起因、结果。
(2) 对上述事件进行分析、评议，指出其典型意义，或概括其主要经验。
(3) 提出表彰或发出号召。

例文 2-13

北京市人民政府关于表彰 2000 年度政绩突出单位的通报

各区、县人民政府，市政府各委、办、局，各市属机构：

2000 年是"九五"计划的最后一年，也是北京乘势前进的一年。在市委、市政府的领导下，市政府各工作部门坚持以邓小平理论和党的"十五"大精神为指导，认真贯彻江泽民总书记"三个代表"的重要思想和党中央、国务院的一系列重大决策，坚持依法行政，依法治市，团结进取，扎实工作，胜利完成了"九五"计划的各项工作。为全面总结工作经验，表彰先进，加强政府自身建设，市政府决定评选 2000 年度政绩突出单位。

根据《北京市市级国家行政机关从严治政实施工作目标督查考核暂行办法》，经全面检查考核，市政府办公厅、市发展计划委员会、市经济委员会、市科学技术委员会、市财政局、市劳动和社会保障局、市规划委员会、市农村工作委员会、市文化局、市地方税务局、市环境保护局、市旅游局、市园林局、首都绿化委员会办公室（市林业局）等市政府工作部门被评为 2000 年度政绩突出单位。经第 97 次市长办公会议通过，市政府决定，对上述 14 个市政府工作部门通报表彰。

2001 年是进入新世纪、实施"十五"计划的第一年，也是加快首都现代化进程的关键一年。做好今年的工作，实现首都新世纪发展的良好开局，意义重大。市政府各工作部门要再接再厉，乘势而上，开拓创新，从严治政，努力提高管理水平和服务质量，力争取得更优异的成绩。

（印）

二〇〇一年二月五日

这是一则表彰通报。先讲通报的缘由和根据，然后写表彰单位的名单，最后写号召和希望。

2. 批评通报正文的一般写法。
(1) 通报缘由，即将事故或错误事实的经过情况、时间、地点、事故、后果等交代清楚。
(2) 对事故进行分析评议，重点分析事故发生的原因，指出事故的性质及其危害，并提出处分决定。

(3) 写明防止此类事故的措施，或重申某一方面的纪律。

例文 2-14

**国务院办公厅关于××省××市××县
擅自停课组织中小学生参加迎送活动的通报**

1999 年 12 月 5 日，××省××市××县举行××高速公路在本县通车仪式，××县主要领导擅自决定，让本县部分中、小学校停课参加通车仪式，近千名中小学生在风雪天等候长达两小时，致使部分中小学生生病，学生家长和群众极为愤慨，致信中央要求坚决制止此类现象。

中小学校依照国家规定建立有严格的教育教学秩序，这是教育教学质量的保证，任何单位和个人都不能随意破坏。现在一些地方的个别领导利用自己的权力，动辄调用中小学生为各种会议、考察、参观、访问甚至商业性典礼搞迎送或礼仪活动，有些地方还因此发生了严重的安全事故，造成极恶劣的社会影响。××县发生的问题，已不只是一般的形式主义，而是官僚主义，严重脱离群众，此类不良风气必须坚决予以制止。各地区、各部门以及各级领导干部，要高度重视这一问题并从中吸取深刻的教训，切实增强群众观念，杜绝此类事件再度发生。

中小学生是祖国的未来，他们的学习和活动安排，要有利他们的学习和身心健康。今后各地区、各部门都必须严格执行国家的有关法规和规定，不得擅自停课或随意组织中小学生参加各种迎送或"礼仪"活动，如确有必要组织的，须报经省级教育行政部门批准。

国务院办公厅（盖章）
一九九九年十二月二十日

这是一则批评性通报，开头叙述事件的主要事实，接着指出事件的性质和危害，最后提出要求。

3. 情况通报正文的一般写法。
（1）叙述情况。
（2）分析情况，阐明意义。
（3）提出指导性意见。

例文 2-15

**××省人民政府办公厅
关于今年一至九月全省物价情况的通报**

各市人民政府，省政府各部门：

今年以来，我省物价在较高水平上保持了相对平稳，物价指数上涨幅度逐月有所下降，但物价涨幅仍然较大。据统计，一至九月份全省零售物价指数比去年同期上升 24.3%，其中，城镇上升 23.7%，农村上升 24.8%。与去年物价总水平上涨 20%比较，今后一至九月高出 4.3 个百分点。有些地方今年八月的蔬菜价格还比去年高出 30%～40%，这不能不说确有工作问题。现将各地一至九月物价指数上升情况随文附发，请对照检查。

实现今年物价控制目标任务仍十分艰巨，需要进一步加强物价管理，特别对物价上涨较多的农村，要采取切实有力的措施，坚决控制物价上涨；在物价上涨幅度回落较多、完成物价控制目标把握较大的地方，工作也不能有丝毫懈怠。绝不允许擅自出台任何涨价措施，各地要为实现全省物价控制目标作出贡献。

今年初，省政府确定的各地和省级有关部门控制物价的目标，是考核政绩的主要指标之一。今年后几个月，各地和各有关部门都要加强物价控制。一至九月物价上涨幅度已经低于去年全年上涨幅度的地方，要力争今年物价指数上比去年低五个百分点；一至九月与去年持平或略高的地方，要保证今年物价上涨比去年降低三个百分点；一至九月物价上涨幅度较高的地方，要确保今年物价指数上涨低于去年。省级有关部门，要按省政府的要求，抓紧最后一个季度的时间，从严控制物价，做好工作，确保全省物价控制目标的实现。

附：二〇〇六年一至九月份全省及部分市、县乡零售物价指数表（略）

（印）

二〇〇六年十月二十日

这是一则情况通报，开头先以翔实的数据介绍全省各地 1 至 9 月的物价情况，接着对稳定物价提出了指导性的意见。

四、通报写作的注意事项

1. 行文要及时。
2. 事例要真实、典型。
3. 详略要得当。
4. 要突出教育性，注意掌握政策。

【思考与练习】

一、填空题

1. 通报的特点有_____、_____和_____。
2. 通报的类型有_____、_____和_____。

二、选择题

1. 传达重要精神或情况，应使用_____。
    A. 函　　B. 通知　　C. 通报　　D. 意见

2. 给下面标题填写文种。
××市关于几起重大交通事故的_____。
　　A．通知　　　B．通报　　　C．通告　　　D．公告
三、简答题
1. 表彰通报正文一般写什么内容？
2. 批评通报正文一般写什么内容？
四、写作题
1. 下面是一篇病文，请指出其毛病并写出修改稿。

××县人民政府关于表扬营业员×××同志的通报

各乡镇人民政府：

　　2006年×月××日中午十二时左右，××百货商店钟表柜台前来了一个青年顾客，提出要买一块"瑞士"牌手表。青年营业员×××同志将手表拿出递给这个顾客，又忙着接待别的顾客。一种强烈的责任感促使他随时盯着买表人的动作。忽然，发现那人侧过身子挡住营业员的视线，把表放在耳边装作听表样。这种行为引起了×××同志的警觉，他心想：挑表为什么要侧过身子背对着营业员呢?当他把表交回来的时候，×××同志立即进行了检查，发现弦是满的，表面上有两道划纹。他马上认定新表已被换走，于是当机立断，喊了一声："你停一下!"那人听到喊声，慌忙向店外跑去。见此情景，×××同志一跃跳到货圈外，用尽力气拼命追赶。霎时间，那家伙穿过胡同，跑出数百米。营业员边追边喊："抓住他!抓住他!"终于在××分局同志的协助下，将罪犯逮住扭送公安派出所，从其衣袋里搜出换去的新表。

　　×××同志机智果断，不顾个人安危与坏人坏事作斗争，保住了国家财产，精神可嘉。决定给予通报表扬，并颁发奖金，以资鼓励。

　　2. 请根据下列材料，以××职业技术学院××系的名义拟一份批评性通报。

　　5月29日，××系李某为了赶在"五·一"长假前回到家，未经请假，就购票返乡，导致旷课12节。5月8日返校后，辅导员找其谈话，李某却错误地认为旷课几节，没什么大不了的事。而《××职业技术学院学生管理规定》第五十三条第二款的规定"旷课11～15节进行系级通报批评"，因此，××系决定对李某进行全系通报批评。

第七节　报　　告

一、报告的适用范围及特点

报告适用于向上级机关汇报工作，反映情况，答复上级机关的询问。

报告主要有两个特点。

1．内容的实践性。报告汇报的工作，是对本单位工作的回顾或总结。所反映的情况，只能是本单位在工作实践中所碰到的情况或问题。答复上级机关的询问，也只能依据本单位的实际情况。

2．表述的概括性。报告是以叙述和说明为主要表达方式的文种，但它的叙述和说明是概括性的，要求作粗线条的勾勒，而不必详述过程，更不要求铺排大量的细节。

二、报告的主要类型

1．工作报告。指定期向上级领导机关汇报本单位的全面工作情况而写的报告。

2．情况报告。指向上级机关汇报出现的新情况、新问题，特别是突发事件、特殊情况、意外事故及处理情况的报告。

3．答复报告。答复报告是指答复上级询问事项，汇报有关情况的报告。

4．报送报告。指向上级机关报送物件或有关材料的报告。

三、报告的结构及写法

（一）标题

报告的标题，通常只写事由和文种。

（二）正文

1．工作报告的写法。开头写前一阶段工作情况，包括取得的成绩和存在的问题，主体部分写基本经验和教训，最后写今后的工作打算。如各级人民政府向本级人大所作的《政府工作报告》。

2．情况报告的写法。正文围绕主旨，实事求是地概括叙述事件发生的原因、经过、性质，同时，还要写出处理意见、处理情况或处理建议。

例文 2-16

关于国庆黄金周稽查工作情况的报告

市交通局：

　　为净化道路运输市场环境，维护良好的客运秩序，确保广大市民和旅客出行方便、快捷、安全，在上级领导的指挥和有关部门的密切配合下，在全体队员的共同努力下，我队坚持点、面结合，实行 24 小时监控，严厉打击违章违法经营行为，圆满完成了今年"十一"国庆黄金周的各项稽查工作任务。现将有关情况报告如下。

　　一、基本情况

　　本次黄金周期间，共出动稽查人员 462 人次，检查车辆 782 辆，查处违章案件 107 宗。

其中非法营运 2 宗、不按批准的客运站点停靠 11 宗、查处黑站点 3 个、出租车违章 13 宗，教育纠正公交车违规行为 41 辆次，车辆证据保存 3 辆，暂扣牌证 31 个。另发放临时客运证 89 个。

二、主要做法

（一）节前净化道路客运环境。

节前，为了净化客运环境，确保节日期间旅客及时疏运，在局、处领导的亲自指挥下，我队于 28、29、30 日连续三天组织了客运秩序的专项整治行动。本次行动由稽查大队 5 个大队和部分科室人员共 130 人组成，重点对流花地区、新白云国际机场、沙太路、窖口站、芳村站、天河站周边等地区实施监控，查处各类违章；重点打击"黑站、票点"、"野鸡车"、克隆出租车，并对不进站、兜圈拉客等违章经营行为进行整治。在行动中，共查处各类违章 88 宗，其中客车非法营运 1 宗，不按批准的客运站点停靠 23 宗，出租车违章 16 宗，摩托车非法营运 47 宗，并接处"110"转案 9 宗。对违章经营者起到了一定的震慑作用，确保了"十一"期间道路运输市场秩序。

（二）任务明确，各负其责，全力做好节日客运保障工作。

1. 为保证节日期间市区的城市公共客运秩序，运政一大队加大了对火车站东广场、天河城、石牌等公交、出租车相对密集地段的巡查，重点打击损害乘客利益的违章营运车辆。另外，为了满足市民节日出行的要求，对于轻微违规的车辆则予以警告和教育，确保运力及时疏导乘客。

2. 客运站周边是非法营运车辆较为集中的地方，部分车辆经常在客运站周边兜圈拉客，其中以芳村、窖口和天河客运站附近最为严重，不仅扰乱了正常的营运秩序，而且造成交通堵塞。为此，运政稽查二、三大队、公交一、二大队在节日期间加强了对各自管辖的客运站周边路段的监控工作，有力地打击兜圈拉客行为。在我运政稽查人员的监控和引导下，确保了各客运站及周边的良好运输秩序。

3. 节日期间，新白云国际机场的客流、车流比平日明显增多。根据这一特点，运政稽查三大队加强了与机场交巡警的协调联动，按各自的职能监控出入机场的车辆，保证道路畅通无阻；对出租车上客区进行严格监管，重点打击拒载、议价等违章行为。

4. 流花地区是我市公路客运站场最集中的地区，也是日常工作的重点地段。在节日期间，公交一大队根据其职责分工，对该地区实施严密监控，重点打击"黑站、票点"和"野鸡车"，并对火车站东广场的公交、出租车辆进行监控，保障换乘旅客的及时疏导，确保了流花地区的良好客运秩序。

（三）做好旅客运输保障工作。

为了让旅客走得了、走得及时，节前各大队主动联系各自管辖区域站场的主管领导，召开会议，及时了解各站场客运疏导的情况和需要。在节日期间，我队针对清远、肇庆、江门等地出现的客流高峰和运力紧张等情况，严格按照相关规定，及时发放了临时客运证 89 个，确保了旅客疏运的畅通无阻。

（四）全力以赴、夜以继日投入"十一"黄金周工作。

……

三、存在问题

针对黄金周期间，客运高峰时间长，客流量大，客运市场情况复杂，稽查工作面广、散、多，监控的难度较大的特点，各稽查大队克服人手少、人员较分散等困难，采取加班和延长工作时间等方法克服人手紧张的困难，但在执法工作中仍存在以下主要问题：

（略）

（印）

二〇〇六年十月一十七日

这是一则情况报告。开头先写稽查的缘由和总体情况，接着从四个方面汇报主要做法，最后对安全工作提出相应的对策。这类报告主要是给上级机关提供第一手材料，或汇报情况，或提供参考。

3. 答复报告的写法。答复报告的内容要体现针对性，有问必答，答其所问，以示负责。答复报告的正文包括答复依据和答复事项两部分内容。答复依据即上级要求回答的问题。

例文 2-17

<h3 style="text-align:center">海州职业技术学院关于学生收费情况的报告</h3>

海州市人民政府：

前接海政字[2007]15号函，询问我校对学生收费的情况，现报告如下：

我院对学生收费的标准是根据省人民政府[2006] 8号文件精神，同时又针对我院所设专业的不同而制定，并报市物价局核准后执行的，不存在乱收费、多收费的情况。另一方面我院对部分特困生实行减免部分学费和不定期补助的作法，使部分特困生得以顺利完成学业。

今后，我院在收费方面将继续严格按上级有关文件精神和市物价部门核准的收费标准执行。

专此报告。

附件：1. 海州职业技术学院收费标准
   2. 海州市物价局关于海州职业技术学院收费标准的批复

海州职业技术学院(印)

二00七年四月十七日

这是一则答复报告。开头先写行文的缘由，引述上级来函文号及询问的问题，然后过渡到下文答复上级的询问。接着正文对上级的询问作具体的回答，同时还简要说明本校在收费方面对学生有益的其他做法及今后的做法,最后是答复报告的惯用语,此外还以附件证明本校的收费并未违规。

4. 报送报告的写法。报送报告的写作内容较简单,只要将报送的材料(文件、物件)的名称、数量写清楚就可以了。正文不用另注材料的名称,将材料直接附上就可以。结尾用"请收阅"、"请查收"等结束。

例文 2-18

关于报送 2006 年工作总结的报告

市外经贸委:

现送上我公司《2006年工作总结》,请审阅。

××展览有限公司(印)
二〇〇六年六月二十七日

(三)结尾

报告结尾一般都有提出要求的习惯用语,根据报告的不同内容使用不同的习惯用语。常以"特此报告"、"专此报告"、"请审阅"等用语作结尾。

四、报告写作的注意事项

1. 要正确使用文种。
2. 要实事求是,力戒片面。
3. 突出重点,详略得当,不要面面俱到。
4. 报告以叙述为主要表达方式。
5. 报告结束语的使用要注意分寸,要与报告的内容相适应。

【思考与练习】

一、填空题

1. 报告的特点有_____和_____。
2. 报告的主要类型有_____、情况报告、_____和_____。

二、选择题

1. 答复上级机关的询问,应使用_____。
   A. 报告   B. 通报   C. 意见   D. 请示
2. 给下面标题填写文种。
   ×××大学关于报送××省教育厅今年招生工作情况的_____。
   A. 通知   B. 通报   C. 报告   D. 公告

三、简答题
1．工作报告正文一般写什么内容？
2．答复报告正文一般写什么内容？
四、请合理扩充下面提供的材料，以××分公司的名义向总公司起草一份情况报告。
1．2006年6月4日凌晨2时40分，××分公司江南百货大楼发生火灾事故。
2．事故后果：未造成人员伤亡，但该大楼二楼商品被全部烧毁，直接经济损失350万元。
3．事故原因：二楼某个体裁缝经二楼经理同意从总闸自接线路，夜间没断电导致电线起火。
4．施救情况：事故发生后，分公司领导马上拨打火警，市消防队出动了8辆消防车，至清晨6点，火灾才被扑灭。
5．善后工作：分公司经理、副经理多次到现场调查，并对事故进行了认真处理。
五、请你代你校团委向市团委写一份关于开展"文明礼仪进万家"活动的报告，要求说明为什么开展这项活动，是如何开展的，有何收获。

第八节 请 示

一、请示的适用范围及特点

请示适用于向上级机关请求指示、批准。

请示主要有三个特点。

1．事前行文性。请示一定要在工作开始前行文，得到上级机关批准后才能付诸实施，不可"先斩后奏"或"边斩边奏"，甚至"斩而不奏"。

2．请求批复性。请示行文的目的非常明确，即要求上级机关对请示的事项作出明确的批复。

3．一文一事性。即一份请示只能请求指示、批准一件事或解决一个问题。

二、请示的主要类型

1．请求指示的请示。工作中发生的重大问题或原无规定难以处理的问题，涉及方针、政策等方面的重大问题，请求上级给予明确的指示。

2．请求批准的请示。本单位工作职权范围内不能解决的问题，请求上级批准。

3．请求帮助的请示。工作中遇到了困难，请求上级帮助解决。

三、请示的结构及写法

（一）标题

请示标题内容包括发文机关、事由和文种，发文机关有时可以省略。写标题要注意，不能将"请示"写成"报告"或"请示报告"。

（二）正文

请示的正文包括请示原由、请示事项、结束语三个部分。

1．原由。请示正文的开头，首先要写明提出请示事项的理由、背景及依据。请示的缘由是写作请示的关键，写得充不充分直接关系到请示事项能否成立，关系到上级机关审批请示的态度等。

2．事项。指请求上级机关批准、帮助、解答的具体事项。请示的事项要写得具体、明确。如果请示的事项内容比较复杂，则要分清主次，一条一条地写。

3．结束语。常用的请示结束语有"以上请示当否，请批示"，"妥否，请批复"，"以上请示，请审批"，等等，虽然是很简单的一句话，但却是请示必不可少的内容。

四、请示与报告的区别

1．行文目的不同。请示旨在请求上级指示、批准，需要上级批复，重在呈请；报告要向上级汇报工作、反映情况、提出意见或建议、答复上级询问，不需上级答复，重在呈报。

2．行文时间不同。请示需要事前行文；而报告在事前、事后及事中皆可行文。

3．涉及内容不同。请示用于向上级机关请求指示、批准，凡是下级机关、单位无权解决、无力解决以及按规定应经上级机关批准认定的问题，均可用请示行文；而报告用于向上级机关汇报工作、反映情况、答复询问。

4．写作事项要求不同。请示应一文一事；而综合报告则可一文数事。

例文 2-19

关于给予王××、张××自动退学处分的请示

学院：

王××，04电信5班学生，××人。该同学学习态度极不端正，纪律涣散。在校期间经常旷课，虽经班主任、辅导员多次教育，并请其家长到校帮助教育，但屡教不改，本学期截止到16周已累计旷课达60节；2005—2006学年共有4门课补考不及格，并无故不参加重修考试、课程设计、毕业设计。

张××，06电子1班学生，××人。该同学至入学以来，学习目的性不明确，纪律涣散。虽经多次教育，但屡教不改。12月12日，该同学未经请假离校出走，当天班主任马上与其家长取得联系通报情况，并向保卫科报告出走情况要求协查，虽经多方努力，并与其家长保持电话联系，现其父母均证实张××在福州，但无法与本人取得联系。截止到12

月 30 日，该学生已累计旷课达 60 节。

根据《××学院学分制学籍管理实施细则》第四十一条的规定，拟给予王××、张××自动退学处分。

妥否，请批复。

××学院××××系
二〇〇六年十二月三十日

这是一则请求指示的请示。该请示先阐明缘由和问题，然后提出处理意见，请求上级批复。

例文 2-20

北京市海淀区国有资产投资公司
关于将海淀区知春里 27 楼房产及土地抵押的请示

区财政局：

我公司按照海淀区政府规划，参与建设海淀金融街，目前工作正在进行，因资金周转出现问题，拟向中国工商银行贷款 1 500 万元。为完善贷款手续，现需将我公司所属海淀区知春里 27 楼房产 2 389.5mm（房屋所有权证号：海全移字第 05853 号）及土地 2 389.5mm（土地使用证号：海淀区国用〔1997〕字第 0653 号）作为贷款抵押物给中国工商银行北京中关村支行，抵押期 2 年。

妥否，请批复。

（印）
二〇〇二年八月三十一日

这是一则请求批准的请示。该请示阐述抵押房产和地产的理由，即"政府规划"、"参与建设……工作正在进行"两个理由，这两个理由使财政局难以拒绝批准。

【思考与练习】

一、填空题

1. 请示的特点有_____、_____和_____。
2. 请示的主要类型有_____、请求指示的请示和_____。

二、选择题

1. 撰写"请示"必须_____。
   A. 一文一事　　　　　　B. 与报告合用
   C. 用于汇报工作情况　　D. 用于通知事项
2. 给下面标题填写文种。
   ××大学关于向市高教局申请增加财政拨款的_____。

　　　　A. 报告　　　　B. 请示　　　C. 意见　　　　D. 函
三、简答题
1. 请示正文一般写什么内容？
2. 请示与报告的区别有哪些？
四、写作题
1. 请阅读下文，指出其毛病，并写出修改稿。

盛达公司关于盛达制衣厂翻建房屋的请示报告

总公司：

　　我公司下属盛达制衣厂于 2005 年 10 月开始翻建汽车库，且已经拆除了司机、装卸工宿舍、武装部办公室、基建科办公室等共计 510 平方米。因为以上办公用房的拆除，以致汽车无处停放，有关职工无处办公，严重影响正常工作。为缓和厂区占地紧张状况及结合全厂长远规划，故决定一层为汽车库，二层为办公用房。

　　为解决当前办公用房之急需，决定把已拆除的 510 平方米面积加在汽车库顶层，资金由本公司自行解决。

　　请迅速批示。

盛达公司（公章）

二〇〇五年十月三十日

2. 请以下述材料替福建省××职业技术学院向其上级主管部门写一份请示。

　　福建省××职业技术学院因资金缺乏，新开设的机械和自动化两个专业实习场地无法建设，影响了这两个专业学生操作技能的基本训练和教学计划的完成。据此，学院拟向其上级主管部门福建省××厅写一份请示，建议从厅设备处以无偿或缓期付款方式，调给学院部分机床，以解决教学上的燃眉之急。（附《调入机床明细表》一份）。

第九节　批　复

一、批复的适用范围及特点

批复适用于答复下级机关的请示事项。

批复具有三个特点。

1. 行文的被动性。它以下级请示为存在条件，先有请示后有批复。
2. 回复的针对性。批复内容有很强的针对性，请示什么事项，就批复什么事项。批复的内容是由请示的内容来决定的，而且批复的主送单位只能是请示的单位。

3．效用的权威性。上级机关的批复具有强制性和约束力，下级机关必须执行上级机关的批复意见。

二、批复的类型

1．肯定性批复。表明同意下级机关就某项工作提出的请求，认可下级的某种意见或做法。

2．否定性批复。不同意下级机关的要求，给下级机关否定的答复。

三、批复的结构和写法

（一）标题

批复的标题比较复杂，有的批复标题还比较长。通常有下列几种写法。

1．由发文机关、批复事项、行文对象和文种构成。如《××总公司关于扩建业务大楼给第三分公司的批复》。

2．由发文机关、事由和文种构成。如《国务院关于编纂中华大辞典问题的批复》。

3．由上级机关态度、事由和文种构成。如《关于同意人文社科系举办秘书培训班的批复》。

4．由发文机关、请示标题和文种构成。如《××市人民政府对〈关于处理沿江路3号商业大厦失火事故的请示〉的批复》。

（二）正文

正文一般包括批复引语、批复内容和结束语三个部分。

1．批复引语（引述来文）。批复在开首第一行写明所答复的请示的日期、标题或发文字号，如"你局××××年×月×日关于×××××问题的请示（××[200×]×号）收悉"，以便收文单位查找办理。引述来文是为了说明批复根据，点出批复对象，使请示机关一看批复的开头，就明确批复的针对性。

2．批复的事项。即针对请示中提出的问题，给予明确具体的答复。

如果完全同意，就写上肯定性意见；如果不同意，还要写明不同意的内容和理由。

3．结束语。可以用"此复"、"特此批复"等收束用语作结，也可略去不写。

四、批复写作的注意事项

1．收到请示必须及时予以答复。答复要简明扼要，观点明确，措词肯定，决不能模棱两可，含糊其辞。此外，批复的意见要具体可行，以便下级机关按照办理。

2．批复问题应持慎重态度，加强调查研究与磋商，而不宜轻率定夺。

例文 2-21

××省教育厅关于同意××××学院引进社会资金
创办应用技术学院××校区的批复

××××学院：

你校《关于引进社会资金创办应用技术学院××校区的请示》(××院[2005]6号)收悉，经研究同意你校请示，并提出如下具体要求：

一、同意你校应用技术学院（民办二级学院）和高等职业技术学院合并为应用技术学院，兼办国有民营教育和高等职业教育，以举办多层次、多类型的职业技术教育为主，充分发挥学院专业特色和办学优势，为××地区培养装备制造业人才。

二、你校应用技术学院规模暂定为×××人，200×年达到规模。

三、鉴于你校办学条件紧张，而且目前办学资金紧张，同意你校与××××有限公司合作，在××市开发区创办新型教学区。从200×年起招生，试办三年，规模暂定为××××人。

四、望你校加强教学管理工作。我厅将对你校的办学情况进行监督和检查，由此评估合作办学的情况和教学质量。

此复。

（印章）

二〇〇五年××月××日

这是一则肯定性批复，在同意下级单位请示事项的前提下，着重提出了具体的工作要求，体现了上级机关的领导意图和领导权威，文章思路清晰，主次分明，语言得体。

例文 2-22

××省教育厅关于不同意××××学院引进社会资金
创办应用技术学院××校区的批复

××××学院：

你校《关于引进社会资金创办应用技术学院××校区的请示》(××院[2005]6号)收悉，根据教育部《关于设立二级学院的意见》的有关精神，经研究：

不同意你校引进社会资金创办应用技术学院××校区。

此复。

（印章）

二〇〇五年×月×日

这是一则否定性批复。正文先说明批复的缘由和不同意的根据，文章层次分明，文字简洁。

【思考与练习】

一、填空题

1. 批复的特点是_____、_____和_____。
2. 批复的类型有_____和_____。

二、选择题

1. 答复下级机关的请示事项，应使用_____。
   A．通知　　　　　B．通报　　　　　C．意见　　　　　D．批复
2. 给下面标题填写文种。
   ××市高教局关于同意××大学增加财政拨款的_____。
   A．通知　　　　　B．意见　　　　　C．批复　　　　　D．函

三、简答题

（1）批复正文一般写什么内容？
（2）批复写作的注意事项有哪些？

四、写作题

1. 阅读下文，试分析其存在什么问题。

关于修建新办公大楼请示的批复

××厂：
　　有关请示已悉。关于修建新办公楼一事，经研究，还是以不建为宜。
　　此复。

××××有限公司
二〇〇六年五月五日

2. 福建省××厅收到××学院的请示（具体请示内容见"第八节写作题 2"）后，即做批复。请你替福建省××厅给请示的学院写一份同意请示的批复。

第十节　函

一、函的适用范围及特点

函，适用于不相隶属机关之间商洽工作，询问和答复问题，请求批准和答复审批事项。

函主要有三个特点。

1．适用范围广泛，使用灵活方便。函既可用于相互商洽工作，询问答复问题，又可用于向主管部门请求批准事项及主管部门审批或答复事项。

2．行文方向具有多向性。既可平行，又可以上行、下行，但大多作平行文。

3．用语谦敬性。不论什么类型的函，用语皆得注重谦恭有礼，尊重对方，力求得到对方更多的理解和支持。

二、函的主要类型

1．按照内容和用途，函可分成四种类型。

（1）商洽函。主要用于机关之间相互商量和接洽工作。

（2）询问性函。主要用于机关之间互相询问问题，征求意见。

（3）答复性函。主要用于机关之间答复问题。

（4）请求性函。主要用于机关之间请求配合，以及向有关主管部门请求批准。

2．按照文面规格，函可分为公函和便函。

3．按照行文方向，函可分为去函、来函和复函。去函即是主动发出的函；来函是本单位收到的函；复函则是针对来函所提出的问题或事情，被动答复的函。

三、函的结构和写法

（一）标题

一般由发文机关、事由、文种三要素组成。有的标题省去发文机关。

（二）正文

1．去函的正文开头，一般先写商洽、请求、询问或告知事项的依据、背景、原由。事项部分应采用叙述和说明的写作方法，是什么就写什么，要简明扼要，又要交代清楚。如果要求对方回复，则还要明确提出"请函复"、"请复"之类的结语。

例文 2-23

中国科学院××研究所关于建立全面协作关系的函

××大学：

近年来，我所与你校双方在一些科学研究项目上互相支持，取得了一定的成绩，建立了良好的协作基础。为了巩固成果，建议我们双方今后能进一步在学术思想、科学研究、人员培训、仪器设备等方面建立全面的交流协作关系，特提出如下意见：

一、定期举行所、校之间学术讨论与学术交流。（略）

二、根据所、校各自的科研发展方向和特点，对双方共同感兴趣的课题进行协作。（略）

三、根据所、校各自人员配备情况，校方在可能的条件下对所方研究生、科研人员的培训予以帮助。（略）

　　四、双方科研教学所需要高、精、尖仪器设备，在可能的条件下，予对方提供利用。（略）

　　五、加强图书资料和情报的交流。

　　以上各项，如蒙同意，建议互派科研主管人员就有关内容进一步磋商，达成协议，以利工作。

　　特此函达，希研究见复。

中国科学院××研究所（盖章）
二〇〇二年×月×日

　　这是一则商洽函。希望两家建立全面协作关系。为了实现协作，商洽函还就具体问题提出建议，使得商洽内容有针对性。

　　2. 复函的正文写法同批复正文写法基本一样，由引语和答复意见两部分组成。引语就是引述来函标题及来函发文字号。答复意见即针对来函所提出的商洽、询问或请求等问题予以答复，即表示同意或不同意，不同意还要写明原因。常用的结语有"特此函复"、"此复"，等等。

例文 2-24

关于××厂请求协助解决技术人员进修外语的复函

××公司：

　　贵公司××年×月×日函收悉。现答复如下：经与外语系研究，同意接受贵公司10名技术人员到我校英语强化班进修。关于经费、时间安排等具体事宜，请贵公司速派人到我校与外语系有关人员作具体商议。

　　此复。

××大学校长办公室（章）
一九九×年×月×日

　　这是一则答复性函。正文首句引述来函的日期，表明已知来函之意。这种开头是复函惯用的写法，其作用是开门见山，简洁明了。接着写答复事项，表明自己的意见。然后说明办理事项的要求。最后用"此复"惯用语作结。

四、函的写作注意事项

　　1. 正确使用文种。向平行和不相隶属机关行文请求或回复需要批准的事项，应该使用

"函",而不用"请示"或"批复"。

2. 一事一函。

3. 内容简洁。

4. 用语得体。公函的语言讲究规范、明了,语气要注意礼貌和尊重对方。

【思考与练习】

一、填空题

1. 函的主要特点是_____、_____和_____。

2. 按照内容和用途,函可分成以下四种类型:_____、询问性函、_____和_____。

二、选择题

1. 向无隶属关系机关请求批准事项,应使用_____。
　　A. 请示　　　　B. 意见　　　　C. 通知　　　　D. 函

2. 给下面标题填写文种。
××省财政厅关于同意拨款给人事厅新建办公楼的_____。
　　A. 通知　　　　B. 函　　　　C. 批复　　　　D. 请示

三、简答题

1. 复函正文一般包括哪些内容?

2. 函写作的注意事项有哪些?

四、写作题

1. 阅读下文,试分析其存在什么问题。

关于联系教师进修的函

××大学教务处:

　　首先让我们以××市公关学校的名义,向贵处表示衷心的感谢,过去为我校办学给予了很大的帮助。目前我校又面临一个很难解决的问题。

　　事情是这样的:我校开办不久,师资力量很差,决定派××位年轻教师到贵校旁听进修一年。我校与有关部门多次商量。但××位教师进修住宿问题,至今也没有得到解决。提高教学质量的关键是师资。为提高我校教育质量,恳请贵处设法在贵校给解决住宿问题。但不知贵处是否有什么困难。如果需要我校给贵处办什么事情,请尽管提出,我校会竭力去办。再说一句,贵处如能解决我校进修教师住宿问题,我们以我校领导的名义向贵校领导深深地表示谢意。

　　致以崇高的敬礼

××市公关学校(印章)
二〇〇六年×月×日

2. 请按下述的材料替东风机械有限公司和××大学管理学院办公室各写一份询问函

和复函。

东风机械有限公司缺乏得力的企业管理干部，拟从现有的技术人员中抽出四人送去培训。据悉××大学管理学院拟举办一个短期企业管理干部培训班，于是该公司向××大学管理学院办公室写了一则询问是否同意代培本公司管理干部的公函，××大学管理学院办公室收到函后即给东风机械有限公司回了函。

第三章 事务文书

【知识与技能】
1. 通过学习，了解各类事务文书的性质、特点、种类和作用。
2. 掌握各类事务文书的基本结构和写作方法，学会处理观点与材料的关系。
3. 能够撰写体例规范、语体准确的事务文书。

第一节 计　　划

一、计划概述

（一）计划的性质

计划是机关、单位、团体或个人对一定时间内的工作目标、完成任务的措施、办法和步骤等作出先导性部署的书面材料。

计划是一个统称，规划、纲要、要点、方案、设想、打算、安排等都属于计划的范畴。它们的区别如下。

1．"规划、纲要"是指适用时间较长、范围较广、内容比较概括的一种长远计划，其中纲要更原则、更概括，常常是对工作方向、目标提出纲领式的计划。如《2005—2006年全国干部教育培训规划》、《十年绿化广州城的规划》、《中国教育改革和发展纲要》等。

2．"安排"则适用于时间较短、范围较小、内容单一、比较具体的计划，如《迅达公司一季度工作安排》。

3．"方案"则适用于专项工作的、专业性比较强的、从目的到方式到具体进度均作周密详细具体的计划，如《漳州市旧城改造方案》、《福建省漳州市深化卫生改革方案》、《北京××大学2005年清产核资工作方案》。

4．"要点"适用于时间比较短、内容比较概括的一种粗线条、提纲式的计划，常用于领导机关，如《中共福建省委2007年工作要点》、《××职业技术学院2007年招生工作要点》。

5．"设想、打算"是对下阶段及未来发生的事情作粗线条的预测和打算，一般是初步的、预备性的或者非正式的计划。设想是一种初步的、意向性的、涉及比较长一段时期的非正式的计划,如《××县发展乡镇企业的初步设想》、《秦皇岛市关于设立高新技术产业开发区的设想》。打算则是时间比较短、内容比较具体的计划,如《人事局年终清查"小金库"的打算》。

(二)计划的特点

1. 预见性。计划总是为做好未来的工作、完成今后的任务而制订的,它要凭借超前思维预见到工作的发展趋势,以便做出正确的决策。制订计划既要看得远,又要想得实,尽可能对各种情况做出正确的预想,使计划顺利实施。

2. 可行性。计划是决策的载体之一,它要指导人们的行动,因此目标、任务必须实事求是,不能好高骛远,措施、办法应切实可行。

3. 可变性。计划是对未来工作的预想,而未来是动态不定的,因而计划不可能一成不变,它总是要随客观实际情况的变化而适时调整、修订。

(三)计划的作用

1. 计划是建立正常工作秩序,提高工作效率的重要前提。"凡事预则立,不预则废"。工作中有了计划,就可以使大家明确工作目标、任务,统一意志和行动,减少盲目性、随意性,充分发挥总系统中每个子系统和个体的作用,使工作协调、有序、顺利地进行。

2. 计划是领导指导工作的重要手段。在现代管理活动中,制订计划是重要环节,它使决策具体化。领导可以按照计划合理安排人力、物力、财力;可以根据计划的实施情况,及时对工作安排加以调整;还可以根据实际情况修订计划,减少决策和指挥的失误。

3. 计划是检查工作、总结经验的重要标准。制订计划总是在总结前段工作的基础上进行的,而计划又是衡量工作效果、总结工作成绩的标准之一。

(四)计划的分类

按不同的标准划分,计划可做如下分类:

1. 按内容分,有生产计划、工作计划、教学计划、财务计划、科研计划等。
2. 按范围分,有国家计划、部门计划、单位计划、科室计划、班组计划、个人计划等。
3. 按时间分,有年度计划、季度计划、月计划,或者长期计划、短期计划等。
4. 按性质分,有综合性计划和专题性计划等。
5. 按效力分,有指令性计划和指导性计划。
6. 按写作方式分,有文字式计划、表格式计划、文字表格结合式计划等。

二、计划的写法

(一)计划的主要内容

1. 目标。目标是计划所要达到的基本要求,即"做什么"。做任何事情都要有一定的目标。有了目标工作就有了方向,缺少目标工作就难免有盲目性。所以,在一篇计划里,应让人们看到制订计划者想要达到的目标,这个目标必须是切合实际,经科学分析,在自己力所能及范围内制订出来的。如果只是凭主观臆造的假、大、空的目标，只会引人笑话。

2．措施。措施是实施计划的具体做法，即"怎么做"。有了目标就需要有相应的措施和办法相配合，以保证目标的顺利实施。如果没有措施去推行计划，任何计划都只是空谈。措施应包括采取什么对策，安排多少人力、物力、财力，估计将来会遇到怎样的困难及采取相应的对策，找出存在的问题，怎样进行完善等内容。

3．步骤。步骤是实施计划过程中的时间安排，即"什么时候做"。有步骤能帮助人们有序地执行计划，反之则会引起混乱，造成无谓的损失。实施步骤应明确哪些先干，哪些后干，使执行过程有条不紊，按部就班。

以上三项即是计划内容必需的三个要素，即做什么、怎么做、什么时候做，也就是目标、措施、步骤三个方面内容。如果计划未经正式讨论通过，就要在计划标题后或标题下注明"（供讨论用）"、"（草案）"、"（征求意见稿）"等字样。

（二）文字式计划的写法

1．标题表明制订计划的单位、期限、事由和计划种类。如《××机械有限公司 2007 年工作计划》。也可省略为三项或两项，但都需有事由（事项）、计划种类。

2．正文一般包括下列内容。

（1）说明指导思想。这是制订计划的原因、依据和目的，也就是计划的总纲。指导思想要根据党和国家的路线、方针、政策和上级指示，结合本地区、本单位的实际情况来确定。这部分内容要写得简明扼要，不写空话、套话。有的计划不写前言，直接写计划的目标任务。

（2）分析基本情况。分析基本情况对制订计划很重要，它是制订计划的依据，是确保计划具有科学预测性和可行性的重要条件。分析时要细致周密，但写入计划时可尽量概括。有些计划，由于人们对本单位或本项工作经常分析，具体情况很熟悉，写计划时这部分可省略，或者概括地提一下。

（3）明确任务要求。它是计划应达到预期的目的，是我们制订计划的出发点，是计划的核心内容。它明确规定"做什么，做到什么程度"。在提出任务时，应确定重点，主次分明；在明确要求时，应写清数量、质量，注意需要与可能相结合，留有一定的余地。

（4）提出具体措施。所谓措施，是指实施计划的具体办法和力量部署。这部分要写清"怎么去做"，先做什么，后做什么，时间进程，什么时候完成，怎样分工，由谁负责等内容，对计划的具体检查、评比与奖惩办法，也应在这一部分写清。

常言说"十分计划，十二分措施"，措施务必具体有力、切实可行。

计划的正文除以上内容外，有的结尾处提出注意事项及检查修订办法，有的写完成计划的决心，有的提出号召和希望等。但这些不是正文的必备部分，如有必要，才加以简要说明。是否写结束语，应根据计划的实际需要灵活掌握。

3. 落款写明发文单位、成文时间。如标题处已写制订计划的单位名称，此处只要写上日期即可。

例文 3-1

××纸业有限公司 2006 年质量管理工作计划

随着我国加入 WTO，企业的外部环境发生了很大变化，进入国际市场的机遇越来越多，面对的竞争也越来越激烈。提高产品质量，降低产品成本，成为增强企业竞争能力的重要手段。2006 年是本公司产品质量升级、品种换代关键的一年，为进一步提高产品质量，特制订本计划。

一、质量工作目标

1. 一季度增加 2.5 米大烘缸两台，扩大批量，改变纸页温度。

2. 三季度增加大烘缸轧辊一根，进一步提高纸页的平整度、光滑度。此项指标要达到 QB 标准。

3. 四季度改变工艺流程，实现里浆分道上浆，使挂面纸板和水泥袋纸板达到省内同行业先进水平。

二、质量工作措施

1. 强化质量管理意识，进行全员质量意识教育，培养质量管理干部。

2. 成立以技术副总经理××为首的计改领导小组，主持为提高产品质量以及产品升级设备引进、技术改选工作，负责各项措施的落实和检查工作。

3. 由上而下建立好质量保证体系和质量管理制度，把提高产品质量列入主管总经理、部门经理及技术人员的工作责任，年终根据产品质量水平分配奖金，执行奖惩办法（奖惩办法由劳资部负责拟订，1 月 15 日前公布）。

4. 本计划纳入 2006 年全公司工作计划。公司行政部负责监督、指导实施。各部门要协同配合，确保本计划的完满实施。

××纸业有限公司
2006 年 1 月 15 日

（三）表格式计划的写法

表格式计划是用预先设计好的表格形式来体现计划的项目和内容的写法。它侧重于数字、数据，其内容基本上是固定的，直接依次填入表格内。这种写法使计划眉目清楚，直观性强，令人一目了然。这种形式的计划多见于经济领域中的各个部门。

例文 3-2

××公司利润计划

2007 年度 单位：元

项　　目	上年执行结果	本 年 计 划
主营业务收入	1 678 000	2 064 000
减：主营业务成本	865 000	1 096 000
主营业务费用	94 000	105 000
主营业务税金及附加	143 000	189 000
主营业务利润	576 000	674 000
加：其他业务利润	7 000	7 000
减：财务费用	28 000	32 000
管理费用	85 000	93 000
营业利润	470 000	556 000
加：投资净收益	15 000	85 000
营业外收入	1 000	1 000
减：营业外支出	38 000	38 000
利润总额	448 000	604 000

2007 年 1 月 3 日

（四）文字表格结合式计划的写法

这是用数字、数据表格为主，辅以简要文字说明的一种计划的写法。通常把工作任务、措施、步骤、执行人员、完成时间等分项列成表格，依时间顺序排列。有的还列上执行情况一栏，以反映计划实施情况。它适用于任务具体、时间性强、程序性强的计划，如生产计划、招生工作计划、学校工作计划、企业生产经营计划和企业财务计划等。

例文 3-3

××公司人力资源部 2007 年度人力资源招聘与配置工作计划

一、目标概述

2007 年人力资源部需要完成的人力资源招聘与配置目标，是在保证公司日常招聘与配置工作基础上，基于公司搬迁至××工业区后，公司成立营销二部以后的现实情况，基于公司在调整组织架构和完善各部门职责、职位划分后的具体工作。因此，作为日常工作中的重要部分和特定情况下的工作内容，人力资源部将严格按公司需要和各部门要求完成此项工作。

人力资源的招聘与配置，不单纯是开几场招聘会如此简单。人力资源部要按照既定组织架构和各部门各职位工作分析来招聘人才，以满足公司的运营需求。也就是说，尽可能地节约人力成本，尽可能地使人尽其才，并保证组织高效运转是人力资源的配置原则。所以，在达到目标过程中，人力资源部将对各部门的人力需求进行必要的分析与控制。考虑到公司目前正处在发展阶段和变革时期，人力资源部对人事招聘与配置工作将做到三点：满足需求、保证储备、谨慎招聘。

二、具体实施方案

1、计划采取的招聘方式与招聘时间安排：以现场招聘会为主，兼顾网络、报刊、猎头、推荐等。其中现场招聘主要考虑：××地区人才市场、××人才市场，必要时可以考虑广州、南京等。网络招聘主要以本地××人才网、海峡人才网、前程无忧人才网、卓博人才网等（具体视情况另定）。报刊招聘主要以专业媒体和有针对性媒体，如中国服饰报、服装时报、厦门日报、南方都市报等。猎头荐才与熟人荐才视具体需求和情况确定。

招聘时间	招聘对象	招聘形式	招聘地点	招聘人数	负责人
第一季度	应届大中专毕业生、中级工以上技术人员	现场招聘会为主，兼顾网络、报刊、猎头、推荐	大型人才招聘会、人才交流市场	60	李经理
第二季度	应届大中专毕业生	现场招聘	校园供需见面会	30	吴立
第三季度	中级工以上技术人员	现场招聘会为主，兼顾网络、报刊、猎头、推荐	人才交流市场	10	陈娜
第四季度	应届大中专毕业生	现场招聘	校园供需见面会	25	王副经理

保持与相关院校毕业生就业指导部门的联系，以备所需；根据实际情况变化，人力资源部在平时还将不定期参加各类招聘会。

长期保持××人才网、××人才网的网上招聘，以储备可能需要的人才。海峡人才网及其他收费网站，届时根据需求和网站招聘效果临时决定发布招聘信息。报刊招聘暂不做具体时间安排。猎头、熟人推荐暂不列入时间安排。

2、为规范人力资源招聘与配置，人力资源部元月31日前起草完成《公司人事招聘与配置规定》，请公司领导审批后下发各部门。

3、计划招聘费用：12 000元。

三、实施目标注意事项

1、招聘前应做好准备工作：与用人部门沟通，了解特定需求；招聘广告（招聘职位与要求）的撰写；公司宣传品；一些必需的文具；招聘用表单。

2、安排面试应注意：面试方法的选定；面试官的选定；面试题的拟定；面试表单的填写；面试官的形象；面试结果的反馈。

四、目标责任人

第一责任人：人力资源部经理。

协同责任人：人力资源部副经理（人事专员）。

五、目标实施需支持与配合的事项和部门
1、各部门应在 2007 年目标制定时及时将本部门的实际人力需求情况报人力资源部。
2、行政部应根据公司 2007 年人力需求预测数量做好后勤保障的准备。

（摘自http://office.icxo.com/htmlnews/2005/11/28/727776.htm）

三、注意事项

1. 要以党和国家的方针政策为指导，确保计划指导思想的正确性。
2. 要充分考虑计划的可行性，实事求是地确定计划的目标和任务，适当留有余地。
3. 要服从长远的规划，坚持整体的原则，既要服从大局，克服本位主义，又要体现本单位工作的特点。
4. 要走群众路线，集思广益，把计划变成群体的共同意志，以保证计划的认同和可行性，这样在执行计划中就能更好地发挥群众的积极性，减少阻力。
5. 要适时检查计划的执行情况。如情况发生了变化，需要修改，得经过一定的手续，不能随意改动，以保证计划的严肃性，使计划不致成为形式主义的一纸空文。

【思考与练习】

一、填空题
1. 下面几篇计划的标题不够完整，请从列出的词中选适当的词语填入空格。
安排　　计划　　规划　　要点　　方案　　设想　　打算　　纲要
（1）讯达公司一季度工作_____
（2）××市城市发展的远景_____
（3）××市 2006—2010 年国民经济发展_____
（4）××职业技术学院十月份政治学习的_____
（5）××公司开展职工体育活动的初步_____
（6）××市住房制度改革_____
（7）××公司 2007 年工作_____

二、修改题
1. 修改下面计划的前言。

××市旅游公司 2007 年工作计划

硕果累累的 2006 年过去了，光辉灿烂的 2007 年已经来临，为了开创我公司工作的新局面，更好地完成上级布置的任务，充分发挥旅游在发展市场经济中的作用，特制订我公司 2007 年工作计划：……

2. 以下计划名称正确吗？若不正确，请指出理由并改正。

（1）厦门市闽台农业发展五年安排
（2）××公司开展职工体育活动的初步方案
（3）××市拟建物理试验中心的初步规划
（4）××省住房制度改革的设想
3. 下面每组文字所说的内容基本一致，请指出哪一段是计划的写法。
第一组：
（1）我今年暑假要用一个月的时间看书，其余的时间去杭州、上海、苏州等地旅游，增长自己的见闻。
（2）看书、旅游是我今年暑假要做的事情。
第二组：
（1）今年经济工作的重点，将放在发展能源工业和农业上，集中财力、物力，把两个基础打好，实现翻番就有可靠的保证。
（2）实现经济翻番不是光靠拼命干就出来的，它要有可靠的物质基础作后盾，因此今年必须把经济工作的重点放在能源工业和农业上。
三、写作题
请根据下述情况，为××公司拟订一份工作方案。
××公司为了调动职工的积极性，保证完成和超额完成生产任务，决定在全公司内推行××岗位责任制先进经验：要求开好三个会（动员会、经验交流会、总结表彰会），搞好试点工作，组织职工讨论，充分发扬民主，各方面配合，从7月上旬开始，利用一个半月至两个月完成这项任务。

第二节 总 结

一、总结的性质

总结是对前一阶段的工作进行回顾、反思和分析研究，找出经验教训和规律性认识，以便指导今后工作的一种应用文书。

这个含义的核心就是总结要探寻出规律性的东西，如果不探寻出规律性的东西，也就是上升不到理论高度，就谈不上是总结。

二、总结的特点

1. 指导性。总结，着眼于未来，通过总结以把握事物的规律性，从而提高对今后工作的预见性、主动性，使工作上一个新台阶。因此，总结指导实际工作，这是工作总结的出发点，也是它的最终目的。总结若不能指导以后的实践，就没有其存在的价值，所以指导性是总结的生命。如果离开指导性，总结便失去了它的存在价值。

2. 客观性。总结的指导性决定了它的真实性。指导性是就其目的和作用而言，客观性则是就其内容而言。因为总结要指导工作实践，它的内容就必须真实确凿，必须反映工作的实际情况。

总结是对前段社会实践活动进行全面回顾、检查的文种，这决定了总结具有很强的客观性特征。它是以自身的实践活动为依据的，总结中的一切事例和数据都必须完全可靠、确凿无误，并经得起推敲和审核，不允许丝毫虚假、臆测和捏造。任何夸大、缩小、随意杜撰、歪曲事实的做法都会使总结失去应有的价值。

客观性，这是总结的灵魂，是总结写作者应该具备的职业道德。

3. 专业性。总结是当事人实践活动的真实反映。当事人通过"实践—认识—再实践—再认识"的过程，不断获取对客观规律的认识，写成总结以指导今后的实践，可见总结的内容完全忠实于当事人自身的实践活动。另外，俗话说"隔行如隔山"，如果没有具备该项实践的专业知识，就会出现把握不住该项实践活动的本质规律。

因此，一位总结写作者既要始终参加该项实践活动的全过程，又要具备该项工作的专业知识。

4. 政策性。毛泽东同志指出："所谓经验，就是执行政策的过程和归宿"。执行政策的过程是经验的存在形式，而归宿则是执行政策的结果，是经验的产物。因此，总结一项工作，就是总结、检验某一政策的执行情况和正误得失。政策，决定工作的开展方向；工作，体现政策的运行轨道。

三、总结的作用

毛泽东同志有句名言："在生产斗争和科学试验的范围内，人类总是不断发展的，自然界也总是不断发展的，永远不会停止在一个水平上。因此，人类总得不断地总结经验，有所发现，有所发明，有所创造，有所前进。"这是对总结作用的精辟论述，概括起来，总结的作用主要有三点。

1. 通过总结，可以探寻规律，积累经验，提高认识，增长才干，改进工作，推动工作。
2. 通过总结，可以交流信息，互通情报，加强科学管理，培养和提高干部领导素质和工作能力。
3. 通过总结，可以教育鼓舞群众斗志，调动群众的积极性。

总结是人们改造自然和改造社会的重要手段和工具。它是一种应用文体，又是一种科学工作方法，是辩证唯物主义认识论在写作中的具体反映，是人类社会文明的重要标志。

四、总结的分类

按不同标准分类,总结有许多种。

1. 按总结的内容分,有学习总结、工作总结、思想总结、活动总结等。
2. 按总结的性质分,有综合性的总结和专题性总结等。
3. 按总结的范围分,有地区总结、部门总结、单位总结、车间总结、班组总结、个人总结等。
4. 按总结的时间分,有月总结、季度总结、半年总结、年度总结、学期总结、年终总结等。

五、总结的写作

总结的写作一般需要包含标题、正文、落款三个部分。

（一）标题

总结的标题应根据写作的目的和具体内容拟定,力求简洁、醒目,突出内容。

1. 单行标题。或提示内容或揭示中心,有议论式和公文式两种形式。

议论式标题。一般直接标明总结的基本观点,鲜明地表现文章的主题,常常会用一个直截了当的判断句或短语,这种标题较灵活,或揭示观点,或概括内容,如《股份制使企业走上快速发展道路》。

公文式标题。这种标题的构成形式是由单位名称＋时间＋内容＋总结名称组成,这类标题形式醒目、显豁,能使读者对总结单位、内容等概况一目了然,也比较容易拟写,如《××公司2006年创优工作总结》。

2. 双行标题。它是上面两种标题形式的结合,一般来说,正题采用议论式标题,标明总结的主要观点或基本经验；副题采用公文式标题,以补充说明单位、时限和内容。在形式上,两者一实一虚,互为说明。如《锐意改革创新,不断开拓前进——××研究所2006年工作总结》。

（二）正文

与其他应用文体一样,由于部门的实际工作情况和实践活动都不一样,总结内容也不可能千篇一律。但一般说来,总结的正文大体要涉及以下几个方面。

1. 基本情况。这是总结的开头,要求简要地交代工作的时间、背景,说明工作是在什么基础上进行的,取得了哪些主要成绩。说明基本情况,要根据文章观点的需要,有侧重,有突出,特别要注意交代清楚全文的基本经验。基本经验是全文的中心,具体经验是对基本经验的具体阐述,二者前后连贯,形成有机的统一体。

归纳起来,开头的方式主要有以下几种。

（1）概述式：概括介绍基本情况,简要交代工作的背景、时间、地点、条件等。不要求全求详,不要涉及与中心无关的事项。

（2）结论式：先明确提出总结出的结论，使读者了解经验教训的核心所在，然后再引出下文。

（3）提示式：对工作的主要内容作提示性、概括性的介绍，它不概括经验，只提示总结的工作内容和范围。

（4）提问式：先设问提出问题，点明总结的重点，引起人们的关注。

（5）对比式：开头对有关情况进行比较，以说明成绩，表明优劣，引出下文。

总结也可综合运用几种方式开头，以增强表达效果。

2. 成绩和经验。这是正文的主体部分。成绩是指在实践活动中所取得的物质成果和精神成果。经验是取得成绩的原因和条件，如正确的指导思想，积极的工作态度，科学的工作方法等。这一部分是总结的主要内容，需要较多事实和数据。一般要先总结若干个观点，再逐一叙述事实，就事论理。写这部分时，要注意介绍工作的全过程，工作是如何开展的，成绩是在做了哪些工作之后才产生的。如果光有成绩，没有过程，总结就没有价值。

其结构形式有以下几种。

（1）纵式结构。就是按照事物或实践活动的过程安排内容，即以事物发展的时间顺序来安排材料。写作时，把总结所包括的时间划分为几个阶段，按时间顺序分别叙述每个阶段的成绩、做法、经验、体会。这种写法的好处是事物发展或社会活动的全过程清楚明白，便于反映事物发展的全过程。但要注意事物发展服从总结经验需要，注意把握其内在联系，使之成为一个总体，不能记成流水账。

（2）横式结构。按事物的内容或逻辑联系依次展开内容，使各层之间呈现相互并列的态势。这种写法的优点是各层次的内容鲜明集中。

例文 3-3

年度工作总结

在××公司工作一年时间了，在这一年里，在领导的指导、关心培养下，在同事的支持帮助、密切配合下，我不断加强思想政治学习，对工作精益求精，较为圆满地完成了自己所承担的各项工作任务，个人思想政治素质和业务工作能力都取得了一定的进步，为今后的工作和学习打下了良好的基础，现将工作学习情况总结如下：

一、政治思想方面

认真加强思想政治学习，不断提高自己的政治理论水平。始终坚持以邓小平理论和"三个代表"重要思想为指导，认真贯彻党的十六大精神，深入领会执行中央、省和市委、市政府的一系列重大方针、政策、决定。系统地学习了《中共中央关于加强党的执政能力建设的决定》、《关于完善社会主义市场经济体制若干问题的决定》等重要文件，牢固树立全心全意为人民服务的宗旨和正确的世界观、人生观和价值观，加强对马列理论、社会主义市场经济理论及现代经济、科技、法律、办公自动化等与工作领域相关的专业知识的学习，使思想认识和自身素质都有了新的提高。

二、工作方面

本着对工作积极、认真、负责的态度，认真遵守公司各项规章制度，虚心向领导和同事请教，努力学习各项业务知识，通过不断学习，不断积累，使工作效率和工作质量有了较大提高，较好地完成了各项工作任务。

1、深入开展调查研究。（略）

2、做好中长期规划的研究与编制工作。（略）

3、积极参加公司申报国家资金支持的建设项目。（略）

4、做好年度管理计划工作。（略）

三、学习生活方面

在工作过程中，我深深感到加强自身学习、提高自身素质的紧迫性，一是向书本学习，坚持每天挤出一定的时间不断充实自己，端正态度，改进方法，广泛汲取各种"营养"；二是向周围的同志学习，工作中我始终保持谦虚谨慎、虚心求教的态度，主动向领导、同事们请教，学习他们任劳任怨、求真务实的工作作风和处理问题的方法；三是向实践学习，把所学的知识运用于实际工作中，在实践中检验所学知识，查找不足，提高自己，防止和克服浅尝辄止、一知半解的倾向。

作为一名刚刚步入社会、走进公司的大学毕业生，我时刻提醒自己，要不断加强自身思想道德的修养和人格品质的锻炼，增强奉献意识，不受社会上一些不良风气的影响，从一点一滴的小事做起，生活中勤俭节朴，宽以待人；工作中严于律己，忠于职守，防微杜渐，牢固树立全心全意为人民服务的宗旨意识，帮助身边需要帮助的人。

一年来，我在组织、领导和同志们的帮助和支持下取得了一定的成绩，但我深知自己还存在一些缺点和不足，政治理论基础还不扎实，业务知识不够全面，工作方式不够成熟。在今后的工作中，我要努力做到戒骄戒躁，坚定政治信念，加强理论学习，积累经验教训，不断调整自己的思维方式和工作方法，在实践中磨炼自己，成为人民满意的公务员。

这是一篇个人的年度工作总结，其主体部分的结构按照工作的基本内容安排材料，全文材料集中，结构紧凑，层次分明。这种结构形式在实际的写作中经常使用。

（3）纵横式结构。安排内容时，既考虑到时间的先后顺序，体现事物的发展过程，又注意内容的逻辑联系，从几个方面总结出经验教训。这种写法，多数是先采用纵式结构，写事物发展的各个阶段的情况或问题，然后用横式结构总结经验或教训。

3. 存在问题和教训。存在的问题是实践中深切感受到应当解决而暂时没有条件解决或没有办法解决的问题。教训，是由于思想不对路，方法不得当，或由于其他一些原因犯了错误，造成损失而得出的反面经验，这一部分可以在总结中单列一项，单独阐述，也可以在总结成绩和经验时附带说明或加以指点，还可与努力方向合在一起。有些专门总结成功经验的总结，也可不涉及问题和教训，要根据具体情况而灵活掌握。

4. 今后工作建议或努力方向。这是在总结经验教训的基础上，分析形势，明确方向，确定任务，提出措施，展望前景。这部分可长可短，不必像计划那样具体，但必须起到鼓舞斗志，增强信心的积极作用。

（三）落款

写明总结的单位和成文时间。如果标题已有单位，落款就可省略，只需注明时间即可。

六、总结的写作要求

1. 要坚持实事求是的原则。实事求是、一切从实际出发，这是总结写作的基本原则，它要求作者一是必须正视总结对象的客观存在，不能以个人感情的好恶代替或随意改变现实；二是在对工作进行研究、分析时，所形成的结论和认识必须反映客观事实的本质，不能任意夸大或缩小。

但在总结写作实践中，违反这一原则的情况却屡见不鲜。有人甚至错误地认为"三分工作七分吹"，在总结中夸大成绩，隐瞒缺点，报喜不报忧。这种弄虚作假、浮夸邀功的坏作风，对单位、对国家、对事业、对个人都没有任何益处，必须坚决防止。

2. 要注意共性、把握个性。总结很容易写得千篇一律，经常一个模式，一个腔调，一种语言，有人甚至把年份、人名、地名、数字等改一改，再套上几条老经验，就凑成一篇总结，这样的总结，不过是"开头戴高帽，中间放空炮，结尾喊口号"，容易陷入写作的诟病。当然，总结不是文学作品，无需刻意追求个性特色，但千人一面的文章是不会有价值的，也不受人欢迎的。要写出个性，总结就要有独到的发现、独到的体会、新鲜的角度、新颖的材料。

为了写出能够反映工作实践的总结，首先总结的观点要正确，一定要以党和国家的方针、政策作为衡量工作的主要标准。观点正确，是总结能否站得住的关键。同时还要注意，光有正确的观点还不够，还需要有能够说明观点的丰富的素材和具体的内容；其次要总结出规律性的东西，对大量的材料，各种类型的矛盾，要反复分析研究，抓住其中的主要矛盾、本质特点、来龙去脉来论证其发展的趋势。

3. 要详略得当，突出重点。有的人写总结经常面面俱到，贪大求全，这是写总结的常见病，总想把一切成绩都写进去，不肯舍弃所有的正面材料，结果文章写得臃肿拖沓，没有重点，不能给人留下深刻印象。总结的选材不能求全贪多、主次不分，要根据实际情况和总结的目的，把那些既能显示本单位、本地区特点，又有一定普遍性的材料作为重点选用，写得详细、具体，而一般性的材料则要略写或舍弃。

4. 语言要力求准确、简明。总结要求如实反映客观事物，介绍经验做法，谈出心得体会。因此，它说明基本情况要实事求是，数据要准确无误，分析判断要恰如其分，用词要准确贴切，避免使用"可能"、"据不完全统计"等不确定性的词语。准确的同时，还要简明，语言概括扼要，干净利落。叙述基本情况，要直陈其事，不蔓不枝；介绍经验和做法，提炼观点，要简要明晰。

工作总结要使用大量数字，以表示事物之间的数量关系，反映工作的前后变化。总结中使用最多的是约数、倍数、百分数和分数。

（1）约数。它表示大约、大概之意，使用时需注意两点：一是约数后面只能跟整数，不能再跟约数。如"我们公司大约 200 多人"，这句话中约数的使用不规范，数字后又多了一个"多"字，重复了，正确的应该是"我们公司大约 200 人"。二是约数不能用分数、百分数表示，因为分数、百分数是确切的精微数量关系，同约数连用是矛盾的，如"××公司 2006 年大约完成利润指标的 90%"。

（2）倍数。它只能表示数量的增加，不能用于表示数量的减少。表示数量的减少要用百分数和分数。如"连华商厦 6 月份的利润下降了 0.5 倍"，这句就不规范，应该说成下降了 0.5%。

（3）百分数和分数。它们既可以表示数量的增加，也可以表示数量的减少，属于"通用型"。

"到"、"了"的使用。"到"表示包括基数；"了"不包括某一基数，仅表示净增或净减的数量。

例文 3-4

××系 2005—2006 学年第一学期学生工作总结

本学期我系在学院党政的正确领导下，坚持以邓小平理论和"三个代表"重要思想为指导，认真贯彻落实党的"十六大"、十六届五中全会精神，紧密围绕学院中心工作和系教学工作，抓落实、抓管理、抓建设，较好地完成了各项工作任务，无出现重大或责任事故。

一、抓落实

本学期，我系积极贯彻、落实学院的"院系两级管理"理念，紧紧围绕学院"创建文明学校"、"创卫"、"创建平安校园"等各阶段的中心工作，努力做好上传下达，保证将学院各项工作精神传达给本系的全体教职工。

1、"创建文明学校"

按照评估体系，我系认真做好文明材料的收集工作，做到按时、按质、按量地上交文明材料，并不断完善文明材料及其电子文档的管理工作。

2、"创卫"主题实践活动

我系积极响应学院开展的大学生"创卫"主题实践活动，在各级领导的精心组织和统一部署下，不断扩大战果，并始终贯彻党的全面建设小康社会，加强社会主义现代化全面发展的方针，不断改善公共卫生与广大师生和群众健康水平，加强健康教育，普及卫生知识，加强自我保健，养成健康的卫生习惯，做好相关资料整理归档工作。

切实以创建卫生城市为载体，做好我系的文明建设。为此，我系开展了以下活动：以"美化漳州，从我做起"为信念，组织入党积极分子到西洋坪大桥做环保活动；各班开展以"永远跟党走，创卫我先行"为主题的黑板报评比活动；在宣传栏上开设"创卫之窗"，宣传创卫知识；各班分发《创建福建省文明学校宣传手册》和《学生卫生健康知识手册》，并开展以"创卫"为主题的班会；发动创卫青年志愿者对我校附近公交车站周边及学校卫生包干区进行保洁；组织入党积极分子到金湖社区进行"创卫"宣讲，将"创卫"与"节约"活动结合起来；组织团员对通鑫学生宿舍区进行卫生大扫除。

3、"创建平安校园"

本学期，我系紧绷"平安"这根弦，毫不懈怠。在每周的教职工例会中，要求各辅导员、班主任要经常召开主题班会，有针对性地对学生进行安全教育。通过多种形式的安全教育，坚决落实"创建平安校园"的各项工作。

4、就业评估与就业推荐

在原有材料的基础上，我们尽量补缺补漏，完善各种材料，要求班主任利用网络平台建立"班级校友录"和"班级QQ群"，进一步做好02级毕业生的就业跟踪、核实就业单位信息，为2005年全省高校毕业生就业工作专项评估做好准备。

本学期，我系加强毕业生就业指导工作，定位准确，正确引导。如：科能电器有限公司的柯敏芬高级工程师开设"走近科能 推进校企合作"。……11月19日承办漳州市2005届毕业生第一场校园供需见面会，为用人单位和毕业生提供了一个交流的平台。

二、抓管理

在本学期的学生管理工作中，我系始终坚持"一切为了学生，为了学生一切，为了一切学生"的工作理念，在学院的领导下，努力做好各项常规工作，并积极探索学生管理工作的新方法、新途径。

1、做好05级新生的入学教育和军训工作

开学初，我系就积极组织辅导员、班主任认真做好05级新生的接待工作和入学教育工作。在做好新生的政治思想教育、专业思想教育和法制纪律教育的同时，注重向新生宣传党的基础知识，引导新生积极向党组织靠拢。坚持以人为本的原则，做到从生活上关心、学习上帮助、思想品德上教育他们。同时，我系还根据学院的统一安排，做好05级新生军训的组织实施工作，并取得一定的成绩。

2、切实强化大学生思想教育阵地

通过打造三个支点，进一步探讨和实践新时期高等学校大学生思想教育的新途径，创新思想教育工作的手段和方法。

（1）把思想政治教育与"两课"教学、主题班会、党章学习小组和交流活动结合起来。……

（2）把思想政治教育与心理健康教育结合起来。……

（3）把思想政治教育与文明宿舍建设统一起来。……

3、加强对青年大学生的培养，不断为党组织补充新鲜血液

（1）重视团建，深化理论学习，坚定学生的正确政治方向。……

（2）严格按照发展程序，做好学生党建工作。……

4、开展丰富多彩的科技、文娱活动

（1）课外与课内活动齐头并进。我系一贯重视学生实践创新、科学意识的培养，通过开展各类型的专业讲座和科技活动，丰富同学的业余生活。如：举办了"走进漳职走进家"电子工程系"5 自飞翔"迎新晚会；组织两支代表队参加我院第二届田径运动会，其中 5 人次破院记录，并荣获团体二等奖的殊荣；参加旨在增强团员意识的"网上团日网页设计比赛"；邀请科能电器有限公司的柯敏芬等专家到我系为教师和学生开设《走进科能，推进校企合作》等讲座；邀请漳州市电子协会平龙会长与学生座谈，畅谈电子信息技术……这些活动为我系营造了较为浓厚的科技文化氛围。

同时我系还积极开展体育活动，先后策划组织了"奈步杯"篮球联赛、新生篮球联赛，排球联赛，足球联赛等，通过这些活动使新生更快地体会到大学生活的气息，创造了新老同学沟通交流的机会。

5、坚定不移地做好安全工作。……

6、坚持以人为本，开展大学生资助服务。……

三、抓建设

1、进一步加强我系思想、组织和作风建设，把支部建成思想政治教育的坚强堡垒

（1）加强思想建设。……

（2）加强组织建设。……

（3）加强作风建设。……

2、加强管理队伍建设，为我系学生工作的稳定提供了组织保障

（1）辅导员、班主任队伍建设。……

（2）系学生干部队伍建设。……

3、创新就业新思维，探索推荐新模式

随着毕业生人数的逐年递增，现有零星式的就业推荐模式已经满足不了跨越式发展的需要。单纯的了结式、数量上的单一推荐模式也满足不了市场的需求，这也是构建和谐社会在就业上的新要求。针对就业工作中出现的新情况、新问题，在做好常规就业指导工作的同时，我们适时调整工作思路，不断探索推荐新模式。因此，我系积极构建毕业生就业指导和服务体系，并确定了以"大基地"带动"大市场"，以"大市场"促进"大就业"的工作思路；我们坚持两手抓，即一手抓就业指导与服务，强化现代化的服务功能，通过"职业生涯规划、指导"转变学生的就业观念；一手抓就业市场的开发完善与基地建设，拓宽毕业生就业渠道。同时依托知名公司，如科能公司对我院毕业生的信赖，以品牌效应来推动和促进毕业生就业工作，现与广东金叶电子有限公司取得联系，拟作为我系电子专业的就业基地。

4、建设硬性的制度管理与软性的辅导员、班主任人格魅力的潜移默化、熏陶、互补的工作模式

本学期，我系在做好常规工作的基础上，还坚持探索学生管理新思路，不断转变我们

的工作作风,从以往的"我们管理学生"转变为"我们服务学生",充分体现了我们贯彻落实中共中央第16号文件精神的务实作风。

虽然本学期我系的各项工作取得了一些成绩,但也存在一定差距,如由于分系,人员变动比较大,加上大部分是新手,人员调配有时出现不到位等。因此,下一学期我们将改进和完善学生工作方法、创新工作思路,认真探索大学生思想政治教育与素质教育的新途径;探索在新的历史时期高等学校如何切实加强党的建设,总结如何提高党在高等学校的执政能力的经验和做法。

××系学生工作领导小组
2006年1月9日

【思考与练习】

一、简答题

1. 工作总结的基本内容有哪些?
2. 工作总结可以采用哪几种基本的结构形式安排材料?
3. 结合结构和层次的知识,请你深入分析《××系2005—2006学年第一学期学生工作总结》一文主体部分的三个层次的逻辑关系,并认真体会这种结构的安排方法对于成文的作用。

二、写作题

1. 写一篇一学年的学习总结。要求:(1)实事求是;(2)重点突出;(3)提炼小标题,总结规律性的东西;(4)符合总结基本结构的要求。

2. 假如你即将毕业了,请你根据自身的政治素质、业务素质(理论知识与专业技能)、文化素质、身心素质等综合素质的内涵,结合三年的大学学习、生活实践,写一篇个人的毕业鉴定。

第三节 调查报告

一、调查报告的性质

调查报告是根据一定的目的,对某一事件、某一情况、某一问题进行调查研究和综合分析后写成的书面报告。调查报告也称作"调查"、"考察报告",是机关和其他社会工作中常用的一种应用文体,也是日常工作、报刊最常用的带研究性的新闻文体之一。

调查报告,顾名思义,一是调查,二是报告,调查是报告的事实基础和理论依据;报告是调查的具体体现。

二、调查报告的特点

调查报告是反映实际、探索真理的有力武器，是体现唯物主义的主要手段。其特点如下。

1. 针对性。调查报告的目的是研究问题、解决问题、推动工作，写作目的非常明确。现实中，多是上级机关或调查人员针对社会生活中的某些重大问题或群众关心且迫切需要解决的问题，调查研究，写出报告，所以调查报告有很强的针对性。

2. 典型性。调查报告的材料必须是典型的，以便从中探索事物的发展规律，寻求解决矛盾的方法，以点带面，给全局的工作提供借鉴。

3. 真实性。真实是调查报告的生命。调查报告中的事实必须是真实、准确的，要用铁的事实说话，无论是事件的背景、原因、过程、人物都必须是真实的，不能有任何虚假伪造，否则就失去了调查报告的意义。

4. 时效性。调查报告是根据现实需要，抓住某一典型事物或社会生活的某个侧面，进行调查研究，及时地回答并解决现实生活中提出的迫切问题。因此调查须迅速，报告须及时，具有较强的时效性。

二、调查报告的种类

调查报告的种类有很多，按内容分，主要有以下几类。

1. 社会现状调查报告。社会现状调查报告通常以反映社会政治、经济、文化等领域的现状为主要内容，以揭示现实的社会问题为主要任务，侧重于描述社会的现实状况，帮助领导和有关部门了解全面情况，实施正确决策，如《关于农民看病难问题的调查报告》。

2. 典型经验调查报告。典型经验调查报告主要是介绍先进单位和个人的典型经验，如《加强党的支部建设，狠抓思想政治工作——××大学加强支部建设的调查》。这类调查报告重在"经验"和"做法"，而这些经验和做法，一定具有典型性和代表性，具有普遍意义，以点带面，指导工作。

3. 揭露问题调查报告。揭露问题调查报告主要是针对现实社会中出现的带有反面性的问题，揭露一些突出的反面典型事例，查清事实，分析原因，说明危害和后果，以引起有关单位和社会上的注意，从而采取措施预防和解决问题，如《关于××公司长期亏损情况的调查报告》、《为什么这样大量挤占教育经费——××地区的调查》。

4. 新生事物调查报告。新生事物调查报告主要以现实生活中涌现出来的新事物、新思想、新观念等为对象，介绍其产生的背景和特点，描述其产生、成长、发展、壮大的过程，展现其积极作用和意义，揭示其发展规律和方向，以推进新生事物的成长和推广，如《一条增加农业投入的好路子——××乡农村合作基金会调查》

此外，还有历史事实调查报告、反映情况调查报告及研究和预测性调查报告等。

三、调查报告的作用

1．为领导决策提供重要依据。各级领导机关要制定政策，采取措施，解决问题，都要以事实和对事实的分析研究作为依据，调查报告就可以提供这种依据，使做出的决策更正确、更科学、更符合实际。

2．传播和推广典型经验。总结经验的调查报告，主要是反映群众中涌现出来的好人好事，领导干部的好作风、好的领导方法等，这有助于传播新思想、新观念，有助于推广先进经验，推动各项工作健康发展。

3．澄清事实真相。有些问题或事件，要处理和解决，但事实不清楚，众说纷纭。在这种情况下，调查报告就可以澄清事实，揭露真相，还事物本来面目；调查报告还能迅速制止谣传，帮助群众分清是非，辨别真伪，更有利于问题或事件的处理和解决。

4．培养求实作风。写调查报告必须深入调查研究，大量占有材料，而材料来自基层，来自群众之中。这就要求写作者务必接触实际，联系群众，这对于克服官僚主义，养成求实作风大有益处。

四、调查研究的艺术

毛主席说过："没有调查就没有发言权"，周密的调查和深入的研究，是写好调查报告的前提和基础。调查研究是一门艺术，是一种能力，它是马克思主义的根本方法。

（一）调查前的准备

调查是报告的事实基础，进行深入细致的调查工作，是写作调查报告的基本条件。

1．要有正确的指导思想。马克思主义、毛泽东思想、邓小平理论和"三个代表"思想是指导我们进行调查的唯一正确的指导思想。同一个人，同一件事，同一个调查对象，由于调查者的指导思想不同，反映在调查报告中的内容和观点也截然不同。

2．要有端正的调查态度。搞好调查决非易事，这需要花费很多的时间和精力，还会遇到很多困难，这就要求调查者必须有眼睛向下，甘当小学生的调查态度。

3．拟订调研提纲。调研提纲包括调研的时间、地点，调研的目的和意义，调研的对象、内容和范围，调研的方法，调研的组织等，还需要写清注意事项。由于调研方案的优劣直接影响调查的结果，因此，调研方案的制订应具体、细致、周密，有时还要拟订几套方案，便于在不同情况下选择使用。

（二）认真做好调研

调研需要运用多种多样的方法，总的来说有两种，一是间接调查，二是直接调查。

1．间接调查。它指调查者带着某种目的到被调查单位查阅有关的书面材料，或听取有关领导的情况介绍。

2. 直接调查。是指调查者深入到基层进行调查，掌握真实、可靠和丰富的第一手资料。

（1）召开调查会。指在同一时间、同一地点对某一问题进行全方位的调查。调查者要事先明确调查会的目的，拟好问题的提纲，确定好座谈会的内容，做到心中有数。与会者不用多，三五个或七八个即可，但需要有代表性。不妨先把调查提纲发给与会者，在会上要善于引导，使调查会开得亲切自然、畅所欲言。

（2）重点访谈。这是一种面对面的调查方式，调查者特别要与被调查者建立起相互信任的关系，注重思想和情感上的交流，注意掌握谈话的技巧，要因势利导，打消对方的顾虑，力求交谈融洽，使调查深入透彻。

（3）问卷调查。即把调查的问题制作成问卷或表格印发给被调查者的单位或个人，后再回收。它可以在同一时间、同一地点集中进行，也可以通过报刊、网络、邮寄等形式进行。

问卷设计要求明确调研对象，紧扣调研内容，注意不使用主观性的引导语言，强调运用发散性思维进行题目设计，从而使问题所反映的信息量大、全面、完整。问卷的题目依照心理认知的次序安排，以引导填答者组织其思想。

（4）蹲点调查。调查者到被调查的单位扎下点来，进行广泛、深入、全面的调查，可以充分运用开调查会、个别访谈、现场察访等方法，这样不仅可以获取大量的材料，而且会获得切身的感受。

（5）现场察访。这种方法可以了解时间发生、发展的背景和过程，可以获得直接的现场感受，特别是能够提供某些细节，充实调查报告的内容。

（6）暗访。这是相对于明察的调查方法，指对某一事件在情况尚未明了的时候，由调查者以某种身份进行现场暗中调查。这种方式有利于在最原始的状态下，掌握事件最真实的情况。

（7）网络调查。这是顺应现代传播技术的发展，依托互联网的这一平台，把问卷上传到网络上进行调查，这种调查最具有广泛性。

此外，在调查中还可以运用多种多样的调查方式，如电话采访、录像、录音等。需要注意的是，暗访的录像要在国家法律允许的范围内进行。

（三）认真分析研究

在充分占有材料的基础上，接着就需要从众多的材料中进行分析研究，其方法可以通过一番"去粗取精，去伪存真，由此及彼，由表及里的改造制作功夫"（毛泽东《实践论》），从中概括共性，找出规律，提炼出最能说明问题的鲜明主题。但需要注意的是，当提炼出的主题与原来写作意图不一致的时候，就应该以客观事实为主，尊重客观存在的规律性。

（四）做到观点与材料的统一

报告的主题确立以后，就必须用事实材料去说明问题，做到观点与材料的统一。为了实现观点与材料的统一，可以选择一个或几个最能说明问题的典型材料来说明观点；也可以运用对比材料来突出观点；还可以采用精确数字来直接说明观点，增强说服力。

五、调查报告的基本格式和写法

调查报告一般由标题、前言、主体、结尾四个部分组成，其中，前言、主体、结尾三个部分统称为正文。

（一）标题

调查报告的标题，一般用简明扼要、高度概括的语言点出调查报告的主题。常用的有以下4种类型。

1. 公文式标题。这类标题往往鲜明醒目地揭示文章的主题，在开头使用介词"关于"构成由"关于调查[对象]＋[调查内容]＋[文种]"的标题形式，如《关于大学生消费现状的调查》。

2. 文章式标题。这类标题比较灵活，标题中不出现"调查报告"或"调查"、"考察"等字样。可以直接概括全文的基本观点和中心内容，如《农村劳动力的剩余及其出路》。

3. 提问式标题。通常是提出一个暗示调查报告主题的问题作为标题，以引起读者的注意力，如《××公司破产的原因何在》。

4. 双标题。双标题即由主标题和副标题构成，主标题概括基本观点或中心内容，副标题补充说明调查的对象、地点、范围或事由，如《莫把"温饱"当小康——来自黑龙江农村的调查报告》。

（二）前言

前言也称导语、引言、概述等，着重介绍基本情况，提出问题。常见的有以下三种形式。

1. 交代调查报告的目的、时间、地点、对象范围和方法步骤等，即说明为什么做这个调查和写这篇调查报告，并为调查报告的可信度提供佐证。

2. 着重介绍被调查对象的基本情况，说明全文的主要内容和重要问题。

3. 概述调查研究的基本结论和成果，肯定意义，点明要点，对全文起到提纲挈领的作用。

（三）主体

主体是调查报告的核心部分，是前言的引申和展开，也是结论的根据所在。主要包括调查报告的基本事实、主要情况、取得的突出成绩和存在的主要问题以及成因，经过分析得出的基本经验教训和发展规律与前景预测等。

主体的结构形式通常有"横式结构"、"纵式结构"和"纵横综合式结构"三种。

1. 横式结构，即把调查得来的材料进行归纳整理，按事物的性质分类，从不同侧面说明问题。

2. 纵式结构，即按事物的发生、发展、结局的先后顺序进行组织，也可以按"提出问题——分析问题——解决问题"的认识过程，由浅入深、层层深入地逐次展开。

3. 纵横综合式结构，即综合运用横式和纵式结构，互相穿插组织安排材料。一般而言，在叙述事实时多用纵式结构，在议论时多用横式结构。

（四）结尾

调查报告的种类不同，内容不同，结尾的写作方法也不同。常用的结尾方式是：根据调查而做的分析，得出结论，并提出相应的对策和建议。也有的调查报告以总结全文、深化主旨作为结尾。也有一些调查报告在主体部分已把有关内容讲清楚了，就不再另写结尾部分。

五、调查报告的写作要求

1. 深入调查研究，广泛占有材料。深入实际的周密调查是写好调查报告的基础。调查前应做好充分准备，查阅相关资料，拟定调查提纲，设计好调查目的、要求、对象、方法、重点等各个环节。调查时应深入、全面、系统。搜集资料时要注意材料的真实性、典型性，注意材料的广度和深度。

2. 认真分析研究，找出规律性的东西。对所调查的材料要认真归纳，加以分析综合，上升到理论。对材料的研究，要用科学的方法，分清现象与本质，主流与支流，成绩与缺点，主要矛盾与次要矛盾，从事物发展过程中找出起支配作用的本质的东西。

3. 让事实说话，用数据说明问题。"事实胜于雄辩"，要妥善使用材料，让事实说话，从而增加调查报告的客观性、科学性，增强说服力。从写作上看，调查报告也要发议论、讲道理，但不能凭空想象、空发议论，应该靠事实，靠典型材料，在叙述的基础上引出结论，归纳观点。

4. 选好题目，找准切入点。选题是否切中时弊，角度是否恰当，是一篇文章成败的关键。调查报告更是如此。好的调查报告，一般具有"大处着眼，小处着手"的特点，即首先要胸有全局，善于从全局的角度发现社会亟须解决、群众普遍关注的问题以此作为写作的起点。其次要选好角度，一般从"情理之中，意料之外"处下手，而不能一味重复、抄袭他人；或者从自己最熟悉的方面，从小处下手，而不能好高骛远。

5. 叙述为主，综合运用多种表达方式。从内容看，调查报告应该以叙述事实为主，而事实的叙述、情况的介绍、经验或教训的交代，都是观点或结论产生的基础，所以调查报告是叙述、说明、议论等多种表达方式的综合运用。

例文 3-5

××系毕业生质量跟踪调查报告

为抓住国家在"十一五"期间将福建省列为"海峡西岸经济区"重点发展的战略机遇，进一步明确我院办学定位，及时调整专业和课程设置，创新人才培养模式，提升办学质量，根据学院"漳州高等职业教育为区域经济发展服务状况调查"活动的总体部署，我系于 2006

年7、8月分赴福州、泉州、厦门、漳州等地进行为期两个月的毕业生质量跟踪调查。

一、调研目的

毕业生的质量不仅关系到我院的教育质量、信誉和知名度，更重要的是关系到高校人才培养为区域经济发展的服务能力。

此次调研目的是通过社会调查，了解我院电子系毕业生在走向工作岗位后的思想品德状况、专业技能情况、专业知识运用等能力，以此探求××系的人才培养质量；了解企业和毕业生对学院的就业指导和推荐工作的满意度，进而通过对信息的收集、分析、归纳，为院系的课程设置、专业规划、实验实训、就业指导等教育教学改革提供可选择的、真实的信息反馈。

二、调研工作的方法和对象

本次调研我们主要采用如下方法：

1、实地调查法：暑假两个月，奔赴福州、泉州、厦门、漳州等地的23家企业进行现场考察。

2、访谈法：与企事业单位负责人、人力资源部门负责人进行专题访谈，重点了解企业对人才质量标准和人才类型的要求，以及企业人才需求的数量和结构。

3、问卷调查法：向各企事业单位人力资源部门负责人和我系毕业生发放《××职业技术学院毕业生质量跟踪调查问卷》。

本次调查共发放和回收问卷各23份，有效率为100%。从企业类型上看，回收问卷的23家企业中，其中：台资企业1家，民营企业17家，合资企业4家，其他1家；从企业分布上看，省会1家，市区20家，县城2家；在对我院毕业生综合素质的评价上看，非常满意2家，满意13家，比较满意8家。

三、调研的内容：调查单位对我院电子类毕业生基本素质评价统计

1、 我院毕业生能力较突出的是（多选）如图一：

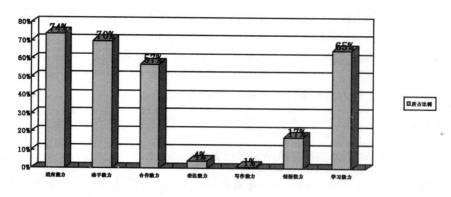

图一

以上调查结果表明，我系毕业生在工作中的适应能力、动手能力及学习能力较为突出，符合我院始终坚持的"下得去，用得上，留得住、干得好"的人才培养理念，但是学生的**写作、表达能力、创新能力**需进一步加强。

2、我院毕业生素质较突出的是（多选）如图二：

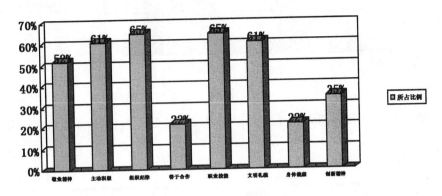

图二

以上调查结果表明，我系毕业生在工作当中能够较好的遵守组织纪律，工作积极主动，职业技能较为突出，同时敬业精神及文明礼貌也有较突出的表现，但**团队合作、身体健康、创新精神**还不够，值得关注。

3、我院毕业生工作业绩主要表现在（多选）如图三：

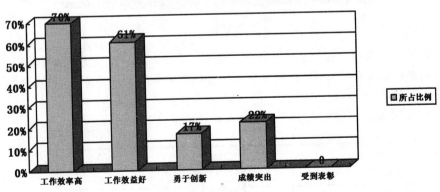

图三

以上调查结果表明，我系毕业生总体的工作效率还是比较高，效益也比较好。但是如何在工作中进一步**创新**仍需加强。

4、我院毕业生在贵企业是否有提升管理职务和职称的？如图四：

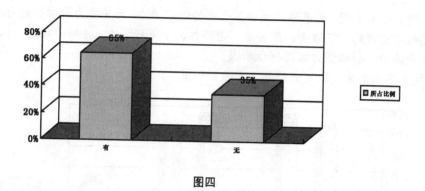

图四

以上调查结果表明，我系毕业生在工作中能够积极上进，65%的学生通过自身的努力，在企业中能获得晋升，晋升比例较高。

5、贵单位对新招聘的大学生的起薪为（人民币：元）如图五：

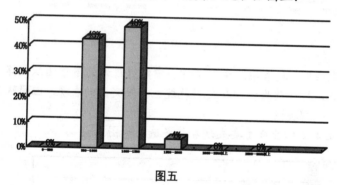

图五

以上调查结果表明，我们在就业指导过程中，要注意对毕业生进行必要的引导，帮助他们树立正确的就业和择业观，要求学生在薪资待遇方面不能好高骛远，而应该脚踏实地，实事求是，定位准确。

6、企业需求数量最多的是哪种类型的人才？（多选）如图六：

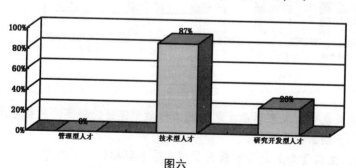

图六

以上调查结果表明，目前企业技术型的人才的需求量高达87%，所占比例大，这为我系的人才培养提供了重要的机遇。高职电子信息类专业人才培养的基本定位应该是"高级技术应用型人才"，有别于普通本科院校培养的科学型、研究型、设计型、决策型人才，也有别于中职教育培养的体力型、劳动型人才。在高等职业教育中应努力体现出"技能性、实用性"等特色。

7、高等职业技术人才培养的年限应该是如图七：

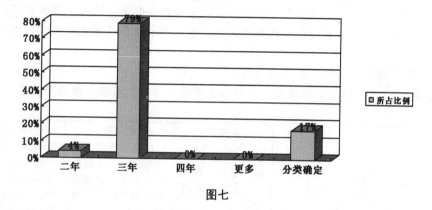

图七

以上调查结果表明，目前我院在人才培养过程中，79%的用人单位认为三年制比较符合现有的人才培养。

四、建议与意见——对人才培养的几点建议

基于以上调查分析，在今后的工作中我们建议着重加强以下三个方面的工作，以提高教学质量，加快学院的建设和发展，培养高技能的人才，更好地为区域经济建设服务。

（一）以实践技能为主线，加强学生综合素质培养

由于高职院校培养的学生主要为生产一线服务，因此要求学生有较强的实际动手能力，这也是企业录用高职院校毕业生重要的一条考虑因素。高职教育先知陶行知把是否重视"做"作为衡量教育是否真实的标准，他明确指出："先生拿做来教，乃是真教；学生拿做来学，乃是实学"。因此，学生必须全面提高自身的综合素质，才能在社会激烈的竞争中立于不败之地，这就必须加强学生综合素质的培养与教育，要通过书本内外、课堂内外、学校内外等多种途径，培养和提高学生的综合素质。

首先，调查结果显示，加强实践技能培养仍需放在人才培养过程的首位。对于电子通信类专业学生来说，须具备常见电子仪器、仪表的正确使用，具备电子整机的装配、调试、维修及检验能力，音像、演播等设备的安装、管理、使用与维护维修的能力，以及简单电子产品设计与开发。在计算机能力方面，应掌握常用办公软件应用、EDA软件的应用、文献检索、收集和处理本专业相关信息的能力等能力。

其次，在调研过程中，我们发现很多企业在招聘毕业生时都要求毕业生要有两到三年

的工作经验，这给毕业生的就业带来很大的压力。因此，要实现学生毕业即能上岗的目标，实现"职业教育的无间隔期"，就必须重视学生的专业社会实践锻炼，鼓励学生参加各项实践活动，如生产实习、专业实践及科技三下乡活动等，通过参加电子协会举办义务家电维修等活动锻炼学生的实践能力，增强学生在就业市场上的竞争力。

以生产型实践实训基地（厂、公司），进行工学交替，即组织学生参加与企业合作进行产品零部件的加工，走技能锻炼的可持续发展道路。

第三，始终把专业技能培养与学生社团活动紧密结合起来，为此，我系积极组织学生参加一年一届的电视机组装大赛及省电子设计大赛，力求做到让学生人人积极参与、人人从中受益。

第四，加强对毕业生的职业指导工作。

1、引导学生进行职业生涯规划，帮助学生根据自身的气质类型做好职业定位。

气质类型	胆汁质	多血质	黏液质	抑郁质
气质特征	情绪兴奋快而强；不稳定、灵活性差	情绪兴奋快而弱、外向；较稳定、灵活性相对较好	情绪兴奋慢而弱，心境平稳，不易冲动、内向，自制力和坚持性较强、内敛	情绪兴奋慢而强、多愁善感；内向，谨慎小心，反应较慢，动作迟缓，不善与人交际，细腻
代表人物类型	张飞	王熙凤	薛宝钗	林黛玉
适合职业	公关类、艺术创作等	管理类	管理类	会计、报帐员等

2、加强对毕业生进行创业意识的培养及面试方法与技巧等的指导，帮助毕业生更好的实现就业。如我系举办"毕业生模拟招聘与训练"，通过现场模拟面试，锻炼学生的应变能力及心理适应能力等，受到我系毕业生的好评。

（二）人才培养的整体观照：成立素质教育教研室

课程设置既要有利于培养学生专业素质，也要有利于培养学生的整体素质，要加强基础课的教育，把素质教育贯穿于专业教育和学科教育之中，为学生的今后发展打下坚实的基础。

调研过程中，我们发现我系毕业生在写作能力、表达能力等文化素质方面还是比较薄弱的，所占比例分别为1%和4%，因此我们也深感加强学生文化素质培养的重要性，并且对于如何在工科系进一步加强文化素质教育，我们也进行了深入的探讨。从人才培养的整体观照出发，整合各方面资源，成立素质教育教研室，参与教育教学改革，突出**应用文写**作课程、职业指导课程等，使得学生在激烈的竞争环境下，能保持良好的心态，发展自己。另一方面，加强对学生的学习指导，培养学生的人际交往、文艺、体育等各方面的能力。

（三）积极深化教育教学改革，根据调研过程中发现的问题适时调整课程设置

要继续进行课程设置的改革与调整，既要着眼于学校的办学条件，更要着眼于社会需求，要避免人才培养和社会需求的脱节。

1、增设《微波通信技术》课程。调研过程中我们发现，泉州微波通信产业园经过多年的发展，逐步形成了以福建光微、火炬电子、迈韦微波、铁通电子等企业为龙头，以功能模块为主体、整机为发展重点，微波通信介质材料和应用系统等关联产业互动发展的格局，人才需求量很大，在与企业人事部门座谈过程中，企业反映在招聘毕业生时要求学生在校学习期间要系统学习《微波通信技术》，但目前我系尚未开设该门课程，建议增加该课程。

2、增设强电方面的课程和实习实训。06年6月份泉州南方路面机械有限公司准备到我系招收50名技术人员，主要从事强电方面的工作，由于我系毕业生主要是学习弱电方面的，结果无法提供企业所需的人才，建议增设强电方面的课程和实习实训。

3、增设电子产品市场营销课程。06年"五一"期间厦华电子在我系招收数十名促销员，我们发现市场上对这方面的人才需求还是很大的，同时在问卷调查中，我们也发现被调查单位拟进新员工主要从事的工作中，从事市场营销与推广、售后服务及营业或售后服务分别占了17%、16%、12%，所以我们建议今后增加电子产品市场营销课程。

（四）根据社会需求，调整专业设置

人才市场也是瞬息万变的，这与我们传统教育的稳定性是相矛盾的。我们必须随时了解市场，研究市场，敏锐地观察市场，迅速果断地做出反应，及时调整专业设置。

1、增设电力供配电技术专业。我们了解到计划兴建的国电漳州南部云霄电厂、诏安电厂工程动态总投资达378亿元人民币。电厂建成后，一方面可以作为福建电网与广东电网连接的电源支撑点，另一方面可以带动东山湾和诏安湾的港口开发，促进漳州南部地区的经济发展。这一计划的实施必将需要大量的技术维护人员，因此我们也计划在今后的专业设置中增加电力供配电技术专业；以满足今后人才市场发展的需求。

2、增设电子产品营销专业。06年"五一"期间厦华电子在我系招收数十名促销员，我们发现市场上对这方面的人才需求还是很大的，我们建议今后增加电子产品营销专业。

3、增设汽车电子工程专业。目前随着家庭小轿车的普及，据不完全统计，单漳州市区月小汽车挂牌量达400辆以上，汽车电子产业是新兴的支柱性产业，我们建议今后增加汽车电子工程专业，主动对接，以适应市场的需求。

从整个调研过程看，我们不难发现，这几年，我院办学的方向是正确的，路子是对头的，我们用辛勤的汗水培养出的毕业生，在各地的各用人单位初步显露出他们的才华，成为各单位的有生力量。他们辛勤劳动和显著的成绩，在社会上产生了巨大的影响，但是我们应该看到，道路还很艰难，我们不能松懈，要坚定不移地继续努力拼搏，加强改革，适应市场，促进高职教育事业的进一步发展。

二〇〇六年九月

【思考与练习】

一、简答题

1. 在调查研究的基础上，就本校学生的消费情况写一篇调查报告。要求做到观点明确，材料具体，文字简洁，篇幅适当。

二、写作题

1. 仔细阅读例文，试分析文中主要采用了什么调查方法，采用什么结构安排材料，调查分析与建议是如何统一的。

2. 以下是一个调查报告的开头部分，指出它们属于哪种开头形式？写了什么内容？

（1）为了切实掌握全疆教师工资拖欠情况，探讨建立教师工资按时足额发放的保障机制，为政府部门制定相关政策提供依据，自治区教育工会组成了3人调查组，于3月19日至4月15日，历时28天，对7个地区42所基层学校教师工资发放情况进行了实地调查。

（《教师工资拖欠问题亟须解决——关于新疆教师工资拖欠情况的调查》）

（2）水土流失是指表层土壤及其物质在水力的作用下位移并使表层土壤逐渐变薄、质地变粗的过程，是当土壤在水的浸润和冲击作用下，其组织发生破碎和松散，随水流动而大量流失的现象………。

我国黄土高原由于地表植被，尤其是森林被破坏………。人类赖以生存的生态环境正在发生急剧变化，水土流失造成的危害极为严重。

（《××县水流失现状调查报告》）

第四节 简 报

一、简报的性质及特点

简报是国家机关、企事业单位、社会团体为汇报工作、交流经验、反映情况、沟通信息、报道动态而编发的内部常用事务文书，也叫"动态"、"简讯"、"摘报"、"工作通讯"、"情况反映"、"情况交流"、"内部参考"等。

简报以消息报道为主，可以容纳多种文体，如调查报告，理论总结，情况通报，评论等。因此，简报是文章组织形式，而不是一种文体，它可以容纳多种文体，说白一点，它把以多种文体写成的文章编辑在一起，类似报纸、杂志等。

简报是一种综合性很强的机关应用文，它集多种应用文体特点、优点达成具有简、快、新、实的特点。

1. 简。即简明扼要。表现为内容集中、用途明确、篇幅简短、文字凝练。

2. 快。即报道迅速快捷,讲究时效性。这样便于有关部门及时迅速地掌握动向和趋势,及时作出判断,指导工作。

3. 新。即内容新鲜。简报应该报道新情况,宣传新典型,反映新动向,提供新信息,传播新思想,表达新观点。

4. 实。即真实准确。简报内容一定要真实可靠,准确无误。特别是时间、地点、具体数据一定要经过认真的核实,不能想象和虚构。

二、简报的作用

随着信息工作的加强,简报越来越受到重视。各级党政机关、企事业单位、团体,一般都编发了简报,诸如"××简报"、"××工作"、"××动态"、"××简讯"、"××通讯"、"××信息"、"情况反映"、"情况交流"、"内部参考"之类。在机关的收文、发文中,简报占了很大的比例。

简报具有如下作用。

第一,为上级领导提供各种情况、信息,便于上级机关和领导及时了解社会情况、工作情况,更好地作出决策,更有效地指导工作。

第二,便于兄弟单位和部门之间互通情报,交流信息,互相借鉴,互相学习,协调工作。

第三,及时向下级和所属单位推广经验,通报情况,传递信息,传达领导意图,提出工作意见,以推动工作的开展。

三、简报的类型

简报按照不同划分标准可以分为不同类型。按时间分,有定期简报、不定期简报;按性质分,有综合简报和专题简报;按内容分,有工作简报、动态简报、会议简报。下面着重介绍其中三种类型。

1. 工作简报。这是反映工作进展情况的简报,它涉及的内容比较广泛、全面,机关、单位一般长期连续编发。一段时期的简报,能大致反映出该部门、该单位在这段时间的工作情况。

为反映某项专门工作、中心工作的进展情况,有时机关也编印专题工作简报,如《财经纪律大检查简报》、《人口普查工作简报》等。

2. 社会动态情况简报。这类简报通常反映不同阶级、阶层、地位、职业的人,对国内外重大事件以及党和国家的方针、政策、重大措施的反映、看法、认识,反映社会生活中的偶发事件、突发事件,以便领导及时了解社情、民情。

3. 会议简报。这主要是对某些规模较大的会议作连续性的报道,以便帮助有关领导和与会人员沟通情况,及时了解会议进程,提高会议质量。它的内容包括会议进程,领导和有关人员的报告、讲话,讨论的发言,主持者的工作安排,与会者的意见,反映会议的决定等。它最能体现简报及时、迅速反映情况的特点。

其中，工作简报使用最广泛，社会动态情况简报机密程度较高，会议简报程式性较强。

四、简报的写法

简报的结构由报头、报体和报尾三部分构成。

（一）报头

报头位于首页上端，约占首页 1/3 的版面，下边用一条红色细实横线与报体部分隔开。报头通常包括如下内容。

1．简报名称。居中排印，用套红大字标示，如"工作简报"、"情况简报"等。

2．期号。标注于"简报名称"正下方，先写"第×期"，下方再写"总第×期"，用圆括号标注。

3．密级。标注在"简报名称"的左上角，也有的写"内部文件"或"内部资料，注意保存"等字样。这项内容看需要而定，并不是每一份简报都要标注，基层单位用得较少。

4．编印单位。在期号下、间隔线上居左书写。

5．印发日期。写在与编印单位平行的右侧，年月日要齐全。

（二）报体

报体，即简报的主体部分，也叫"报核"，大体上在编排方面有以下内容。

1．按语。部分简报在间隔线的下方，目录或标题上方加注编者"按语"，表明办报单位的主张和意图的文字。当编辑人员感到单纯的编发或编转已经不能满足编发的需要，需对内容加以必要说明、评论或说明转发目的时，就必须加上编者按。

一般来说，或转发下级机关报上来的材料，或刊登领导机关转发下来的简报时，往往需要按语。

若需按语，要先按语后标题。要注意观点鲜明，文字精练，若代出版社或简报单位说的话应该慎重。

一般有三种写法。

（1）说明性按语：介绍稿件的来源、编发原因和发至范围。

（2）提示性按语：提示稿件内容，帮助读者理解稿件的精神。一般加在内容重要、篇幅较长的文稿前面。

（3）批示性按语：也叫要求性按语，主要写在具有典型意义或指导作用的稿件前面。一般要申明意义，表明态度，并对下级提出要求或提供办法。

按语不是简报必备的结构要素，有些简报可以不写按语，是否需要按语，根据稿件的情况而定。按语的作者一般由编发机关指定有关人员撰写。

2．目录。标注在"按语"下方，简报文章上方，居中标"目录"字样。若简报只有一篇文章，则不必标注"目录"。

3. 标题。每篇稿件都必须有标题。简报的标题一般要求简明地概括正文内容，必须确切、醒目、简短，且富有吸引力。简报文稿的标题类似新闻的标题。

4. 导语。即简报的开头。用极简洁、明确的一句话或一段话，概括全文的主题或主要事实，给读者一个总的印象。导语一般有 4 种写法：提问式、结论式、描写式、叙述式等。导语一般要交代清楚谁（某人或某单位），什么时间，什么地点，干什么（事件），结果怎样等内容。

5. 主体。即简报的主要内容。用足够的、典型的、有说服力的材料，把导语的内容加以具体化。

简报主体如篇幅较长，为求眉目清楚，可采用小标题、序数法等方式展开。

6. 结尾。或对主体部分进行归纳和概括，或提出希望及今后的打算。

（三）报尾

在简报末页下端，用间隔横线与报体隔开，横线下居左写明发送对象、范围，右边的括号内注明共印多少份。

简报版面格式如图 3-1 所示。

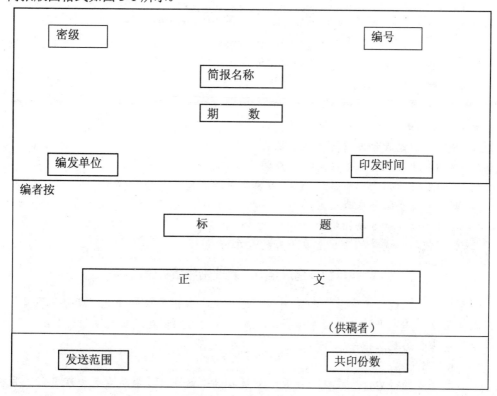

图 3-1 简报版面格式

五、简报的写作要求

1. 要把简报写得"简明扼要"。简报要注意文字凝练，篇幅简短。单篇简报一般字数应限制在 1 000 字内，最长不要超过 2 000 字。但是不能光靠删节文字、压缩篇幅，必须在调查研究上下工夫。对事物的了解要全面，才能概括得精确，对问题分析得透彻，才能写出新意。

2. 要真实、准确、典型。简报是向领导或有关部门报告情况，上级部门有可能据此作出决策或作为行动的重要参考。因此，撰写者要做深入细致地调查研究，对事实反复核实，做到确凿无误。反映问题要客观，既要报喜，也要报忧。

3. 要主旨集中。简报编写要有针对性、指导性，做到一事一报，切忌面面俱到。如果反映的内容太多，最好把简报分成几期，连续编发。这样内容既简短，主旨又突出，便于阅读，便于记忆。

例文 3-6

就业工作简报

第一期

××职业技术学院就业指导中心　　　　　　　　　　　　2006 年 11 月 5 日

●本期目录●
◎ 我校初步建成全方位就业指导服务体系
◎ 暑期毕业生及用人单位走访工作圆满结束
◎ 大学生就业指导中心召开 2007 届毕业生座谈会
◎ 职业生涯卡服务在我校启动
◎ 我校举行船舶专场招聘会
◎ 联想招聘：优秀的企业需要优秀的人才

我校初步建成全方位就业指导服务体系

为帮助毕业生迈好走向社会的第一步，近年来，我校不断加强就业指导体系建设，努力为毕业生提供高水平的就业指导服务。目前，我校已初步建成多途径、多手段、全方位、惠及全校毕业生的就业指导服务体系：

1. 就业指导课

经过两年多的努力，我校就业指导课从最初的选修课，发展到今天全院开设。目前我校就业指导课面向一、二年级学生开设《职业生涯与大学生活规划》课程，面向三年级学生开设《求职技巧与职业发展》课程。

  2. 职业咨询室

  从今年 3 月 20 日起，我院大学生就业指导中心经过多方努力，在学生活动中心 A 座 601 室开通了职业咨询室，为全校同学提供一对一的职业规划与就业指导咨询服务。目前共有来自大学生就业指导中心及各系学生就业指导小组的 15 名老师，每周一至周五下午轮流在职业咨询室值班，为来访学生提供咨询服务。据初步统计，职业咨询室自开放至今，已为 500 多名来自不同年级的同学提供了咨询服务，受到同学们的欢迎与好评。

  3. 职业规划测评系统（略）

  4. 职前教育网络学堂（略）

  ……

抄送：××副院长，学工部（处），××人才交流中心。   （共印 150 份）

【思考与练习】

一、简答题

  1. 编写简报一定要尊重事实，实事求是，不能看领导眼色行事，不能只报喜不报忧。从一定意义上说，反映一些值得注意的反面情况，比单纯反映正面情况更有助于领导和上级机关指导工作。请你结合简报的撰写要求，谈谈你的看法。

  2. ××市工业局办公室拟编发一份简报，题为《转变机关职能，大力发展第三产业》，编发时间为 2006 年 10 月 8 日，编号为第 6 期，报送省工业局、市委、市政府、市经委，印发各县（市）工业局、本局各科室、各直属单位，共印 120 份。请根据上述内容和简报的格式画出报头、报体和报尾。

二、写作题

  1. 根据下列材料，拟写一篇会议简报的正文。

会议名称：福建省高等职业教育协作会议。

会期：2006 年 9 月 20 日至 9 月 25 日。

会议地点：福建省漳州市漳州宾馆。

主办单位：漳州职业技术学院。

与会单位：福建省教育厅高教处、漳州市教育局和 16 所职业技术学院。

与会人数：42 人。

会议宗旨：互相交流办学经验，建立校际协作联系。

会议内容：以"加强科学管理，向管理要质量"为题，交流了各校的办学经验；以"三个代表"重要思想为指导,讨论了如何适应经济改革的新形势,深化教学改革问题;由福建省高教处牵头,建立海峡西岸经济区高等职业教育研究会,通过了《福建省高等职业教育研究会章程》;商定下届协作会议于2007年8月在××职业技术学院召开。

第四章 财经文书

【知识与技能】
1. 了解经济合同和经济活动分析报告的概念和种类，掌握其特点和作用。
2. 重点掌握经济合同的主要条款、结构形式与写法；能指出并修改合同的错误。重点掌握经济活动分析报告的常用的分析方法、结构形式与写法。
3. 根据经济合同的写作要求能够拟写合同；能在市场调查的基础上拟写经济活动分析报告。

第一节 经济合同

一、合同的概念

《中华人民共和国合同法》（以下简称《合同法》）第2条对合同的概念作了统一的界定："本法所称合同是平等主体的自然人、法人、其他组织之间设立、变更、终止民事权利义务关系的协议。"所谓法人是指有一定机构和独立财产能够用自己名义并依照法定程序成立的组织。所谓权利义务关系是指当事人双方各自持有的权利和应尽的义务，它们之间是按等价交换的原则建立权利义务对等的合同关系。如购销合同，买方有得到商品的权利，同时就有支付价款的义务；卖方有得到价款的权利，同时就有支付商品的义务。

二、合同的特点

1. 合法性。合同在本质上属于合法行为，只有在合同当事人所作出的意见表示是合法的情况下，合同才有法律约束力。首先，合同的缔结，必须由合同当事人构成，而不是依据一方当事人的行为而发生；其次，合同发生的行为不仅要由合同当事人构成，还必须由当事人的合法行为而发生。

2. 合意性。合同是合同当事人之间的法律行为，但是，这种法律行为的特点是一种合意，即双方当事人必须就双方协商的标的取得一致的意见，意思表示完全一致。同时，合同当事人缔结合同的意思表示，应当是自己的自由意思，不得予以强制或者欺诈、胁迫，任何违背当事人真实意思表示的行为，都不能成为合同。

3．对等性。首先，一项合同必须有相应的债权和债务，债权和债务相互对等。其次，债权和债务在当事人之间是对立的，一方享有的债权，必然是另一方当事人的债务。

4．约束性。《合同法》第 8 条规定："依法成立的合同，对当事人具有法律约束力。当事人应当按照约定履行自己的义务，不得擅自变更或者解除合同。依法成立的合同，受法律保护。"

三、种类与形式

（一）种类

经济合同从不同的性质和角度进行划分，可得不同的分类结果。

1．按时间分，可分为：短期合同、中期合同和长期合同。

2．按书面形式分，可分为：条款式合同、表格式合同和条文表格综合式。

3．按内容分，可分为：买卖合同、供用电、水、气、热力合同、赠与合同、借款合同、租赁合同、融资租赁合同、承揽合同、建设工程合同、运输合同、技术合同、保管合同、仓储合同、委托合同、行纪合同和居间合同等。《合同法》的"分则"中列举了以下 15 种经济往来中常用的合同。

（1）买卖合同。买卖合同是出卖人转移标的物的所有权于买受人，买受人支付价款的合同。

（2）供用电、水、气、热力合同。供用电（水、气、热力）合同是供电（水、气、热力）人向用电（水、气、热力）人供电（水、气、热力），用电（水、气、热力）人支付电（水、气、热力）费的合同。

（3）赠与合同。赠与合同是赠与人将自己的财产无偿给予受赠人，受赠人表示接受赠与的合同。

（4）借款合同。借款合同是借款人向贷款人借款，到期返还借款并支付利息的合同。

（5）租赁合同。租赁合同是出租人将租赁物交付承租人使用、收益，承租人支付租金的合同。

（6）融资租赁合同。融资租赁合同是出租人根据承租人对出卖人、租赁物的选择，向出卖人购买租赁物，提供给承租人使用，承租人支付租金的合同。

（7）承揽合同。承揽合同是承揽人按照定做人的要求完成工作，交付工作成果，定做人给付报酬的合同。

（8）建设工程合同。建设工程合同是承包人进行工程建设，发包人支付价款的合同。建设工程合同包括工程勘察、设计、施工合同。

（9）运输合同。运输合同是承运人将旅客或者货物从起运地点运输到约定地点，旅客、托运人或者收货人支付票款或者运输费用的合同。

（10）技术合同。技术合同是当事人就技术开发、转让、咨询或者服务订立的确立相互之间权利和义务的合同。

（11）保管合同。保管合同是保管人保管寄存人交付的保管物，并返还该物的合同。

（12）仓储合同。仓储合同是保管人储存存货人交付的仓储物，存货人支付仓储费的合同。

（13）委托合同。委托合同是委托人和受托人约定，由受托人处理委托人事务的合同。

（14）行纪合同。行纪合同是行纪人以自己的名义为委托人从事贸易活动，委托人支付报酬的合同。

（15）居间合同。居间合同是居间人向委托人报告订立合同的机会或者提供订立合同的媒介服务，委托人支付报酬的合同。

（二）合同的订立形式

《合同法》第十条规定："当事人订立合同，有书面形式、口头形式和其他形式。法律、行政法规规定采用书面形式的，应当采用书面形式。当事人约定采用书面形式的，应当采用书面形式。"

《合同法》第十一条规定："书面形式是指合同书、信件和数据电文（包括电报、电传、传真、电子数据交换和电子邮件）等可以有形地表现所载内容的形式。"

这两条规定表明，合同的形式可以由当事人选择，书面、口头均可。但法律、法规规定采用书面形式的，必须采用书面形式，否则合同就无效。一般来讲，除即时清结者外，经济合同应采用书面形式。即时清结，是指经济合同的订立、履行、终止几乎是同时完成的，没有时间差，所以没有必要一定要订立书面协议。

书面形式的合同书有三种：条文式、表格式和条文表格综合式。

1. 条文式，也称条款式。它是用文字叙述为主要表达方式，把立约双方协商一致的内容用文字逐条记载下来。条文式可不拘泥于形式，只要把双方当事人的真实意思表达清楚即可。因其没有规定格式限制，可以随合同的内容及双方当事人的要求随意增减，所以，常用于非常规性的业务活动合同的订立。

2. 表格式。它是以表格为主要表达方式，把某项合同必不可少的相关内容分项设计、印制成一种固定格式的表格，立约当事人只要把协定的内容按表列的顺序填写即可。表格是合同的监督部门或行业性的组织提供的。这种固定式合同是依业务需要并在长期的实践中形成的，比较规范、详尽，一般无需冉增减，同时，它可避免在签订合同时由于考虑不周全而遗漏相关内容。常规性的业务活动一般采用表格式合同。

国家工商行政管理局制定了经济合同范文本制度,拟制了全国经济合同统一文本格式，对各类合同的条款样式作了具体规定，以实现经济合同的规范化。现摘录其中一文本格式如下。

例 4-1

工矿产品购销合同

合同编号：
签订地点：
供方：
需方：　　　　　　　　　　　签订时间：　　年　　月　　日

一、产品名称、商标、型号、数量、金额、供货时间及数量

产品名称	牌号商标	规格型号	计量单位	数量	单价	金额	交提货时间及数量					
						合计						
合计人民币金额（大写）												

二、质量要求技术标准
三、供方对质量负责的期限
四、交（提）货方式
五、运输方式及到达地（港）和费用负担
六、合理损耗计算方法
七、包装标准、包装物的供应与回收和费用负担
八、验收方式及提出异议期限
九、随机备品、配件工具数量及供应办法
十、结算方式及期限
十一、如需提供担保，另立合同担保书，作为本合同附件
十二、违约责任
十三、解决合同纠纷的方式
十四、其他约定事项

供　　方	需　　方	鉴（公）证意见：
单位名称（章）	单位名称（章）	经办人：
单位地址	单位地址	鉴（公）证机关（章）
法定代表人	法定代表人	
电　话	电　话	
开户银行	开户银行	
账　　号	账　　号	
邮政编码	邮政编码	

3. 条文表格综合式。它是将某项合同中具有共同性的内容用表格形式规定下来，对于某些非常规性的部分则根据双方当事人的协商意见，用条款格式规定下来。这种条文和表格结合的形式，比条文式和表格式更具有灵活性，可以让合同签订人有更多的选择余地。

四、文体结构与写法

经济合同的结构包括首部、正文和尾部。

（一）首部

首部，包括标题、合同当事人的名称、合同编号与签订地点、时间。

1．标题。即合同的名称，一般只表明合同的性质即可。如"借款合同"、"委托合同"等。标题在合同文本中应写在合同首页上方居中的位置。

2．合同当事人的名称。当事人是指订立合同的双方（或多方），是具有法人资格的法人单位或具有公民资格的自然人。在合同的标题的左下方，分行并列写明签订合同的当事人的单位名称及法定代表人或自然人姓名。为了正文说明方便，一方可简称"甲方"，另一方简称"乙方"，也有的写"借方"、"贷方"；"买方"、"卖方"；"承包方"、"发包方"；"承租方"、"出租方"等。

例文 4-2

商品房购销合同

立合同单位：××××（以下简称甲方）
　　　　　　××××（以下简称乙方）

或者：

商品房购销合同

甲方（买方）:
乙方（卖方）:

3．合同编号与签订地点、时间。在经济合同标题的右下方，分行并列写明该合同的编号、签订地点及时间。

例文 4-3

商品房购销合同

合同编号：
签订地点：
签订时间：

（二）正文

正文一般由引言、合同条款、附则和附件组成。

1. 引言，又称立约开头语。一般是写明当事人签订合同的目的或依据。例如："为确保此项任务顺利完成，经甲乙双方协商，特拟订以下条款，以供双方共同遵守。"

2. 合同的主要条款。这部分是合同双方协议的内容，是合同的重点，是双方行使权利、享受义务的依据。按《合同法》规定，合同应具备以下主要条款：

（1）当事人的名称或者姓名和住所。当事人如果是法人的，应写清法人的全称以及主要办事机构的地址；如果是个人的，应写出真实姓名以及居住地的地址。

（2）标的。标的是合同当事人双方权利和义务共同指向的对象，它可以分为有形物、无形物和经济行为。有形物如货物、货币、财产、工程项目等；无形物如技术、工作成果等；经济行为如劳务等。标的规定要明确、具体、肯定。如果标的物是违反国家法律、法规规定的，则此合同全部无效。

（3）数量。数量是对标的的量化，是以数字和计量单位来衡量标的尺度，决定权利义务大小的，如产品数量多少，完成工作多少。数量必须按照国家规定的法定计量单位计量。

（4）质量。质量是标的的质的规定，是标的内在物理、化学、机械、生物特征等性质，以及其外观形态的综合指标和技术要求，如产品的品种、型号和工程项目的标准等。质量条款必须符合《标准化法》和有关质量管理法规的规定。特别注意的是，随着对地方传统产品的认同和保护，越来越多的有地方特色的产品，如漳州水仙花、涪陵榨菜等，其产品的质量需要以原产地、传统工艺、传统的包装、固定场所的储（窖）藏等作为标准。

（5）价款或者酬金。价款或者酬金，是指合同一方当事人对另一方履行合同，交付标的物，另一方所应支付的通常以货币为表现形式的代价。

（6）履行期限、地点和方式。履行期限是当事人实现权利和义务的时间界限，是确定是否按时履行或延迟履行的客观依据。

履行地点是指当事人依照合同规定完成自己的合同义务的场所。履行地点直接关系到履行的费用和双方当事人的利益，因此要由双方协商确定。

履行方式是指当事人履行合同与接受履行的方式。一般可以分别约定为：一次履行或者分期、分批履行；实物交付或者所有权凭证交付；自提或者送货；实施行为、提供劳务和完成一定量的方式以及验收、付款方式、结算方式，等等。

这是合同最容易引起纠纷的条款，因此，要制订得越详细越好。如某《商品房买卖合同》规定：出现不可抗力的情况时，合同履行期限自然延伸，出卖人不需通知买受人。这种规定是错误的，《合同法》第一百一十八条规定：当事人一方因不可抗力不能履行合同的，应当及时通知对方，以减轻可能给对方造成的损失，并应当在合理期限内提供证明。本条款实际上是免除出卖人应当承担的"通知"义务，根据上述规定，出卖人在出现不可抗力时，不仅要及时通知买受人，还应当承担因通知不及时造成损失的赔偿责任。

（7）违约责任。违约责任是指合同当事人违反合同的约定时应当承担的法律责任，是保证合同履行的重要条款，是对不按合同规定履行义务的制裁措施，是维护合同当事人合法权益的保证。因此，违约责任条款的规定，能使当事人严肃认真地订立合同，督促当事人全面、严格地履行合同。承担违约责任的形式主要有支付违约金、赔偿损失、实际履行等。当事人还可以对违约责任的形式作出约定。

（8）解决争议的办法。解决争议的方法可以由当事人自行约定。当事人可以在合同中约定由仲裁机构解决争议，也可以约定通过诉讼程序解决争议。如选择仲裁解决争议，则必须写明仲裁机构的具体名称；如选择诉讼程序解决争议，在合同中应写明管辖法院的名称。

3．附则。是紧接"合同条款"的续文。一般写合同的有效期限、合同的份数、合同的补充说明等。

4．附件。指合同所附的表格、图纸、实样、批文等。合同附件与该合同具有同等的法律效力。

（三）尾部

这部分主要是合同当事人的落款，要写清楚合同当事人的有关情况，一般采用分行并列的形式，主要包括以下内容。

1．合同当事人双方（或多方）签名、盖章。单位合同要签署单位全称、法人代表姓名，加盖公章、专用章，还要有法定代表人的签字。

2．合同当事人单位住址、电话号码、电报电挂、传真号码、邮政编码。

3．合同当事人双方（或多方）开户银行、银行开户名、账号。

需经主管部门批准的合同，或当事人双方（或多方）申请鉴证或公证的合同，还要有主管部门、鉴证或公证机关的签章。主管部门、鉴证或公证机关可在合同当事人情况栏后签署有关意见。此外，有的合同不将签订时间签于合同上方，而是落在合同全文右下方，也是可以的。

五、撰写合同应注意的问题

1．遵守《合同法》。经济合同是依据法律规定而签订的，这是与其他文书不同的地方，所以在撰写合同时应严格遵守《合同法》的规定，在其内容上、签订的程序上，都不得与国家法律和法规相违背。凡违反《合同法》的合同，均属于无效合同。

2．格式规范。经济合同是规范性文体，一般具有固定的格式以保证合同条款的齐全。对于因特定需要而签订的合同，需要在撰写时认真斟酌，要采用规范形式，合同条款要详细、周全。

3．不得随意涂改或终止。合同签订后，双方必须严格遵守，共同维护合同的严肃性，任何一方不得从自己的经济利益出发，擅自修改或终止已定的合同。合同内容如果有错漏或因特殊情况必须修改补充、终止时，一定要在双方协商同意的基础上进行，签具修订或撤销合同的协议书，并加盖双方的印章，或以附件的形式互换函件。

4．语言准确。合同的语言要求严谨、无歧义，标点正确，有关数字要准确，表示货物或物品的数目要大写，计量要采用法定单位，涉及技术问题的，要正确使用术语。

例文 4-4

劳动合同书

　　甲　方： _____
　　地　址：_____
　　电　话：_____
　　法定代表人或委托代表人：_____
　　职　务：_____
　　乙　方： _____
　　性　别：_____
　　居民身份证号码：_____

　　根据《中华人民共和国劳动法》，甲乙双方经平等协商同意，自愿签订本合同，共同遵守本合同所列条款。

　　一、劳动合同期限
　　第一条　本合同为_____期合同。
　　本合同生效日期_____年____月___日，其中试用期_____，本合同_____终止。

　　二、工作内容
　　第二条　乙方同意根据甲方工作需要，担任_____岗位（工种）工作。
　　第三条　乙方应按照甲方的要求，按时完成规定的工作数量，达到规定的质量标准。

　　三、劳动保护和劳动条件
　　执行定时工作制的，甲方安排乙方每日工作时间不超过 8 小时，平均每周不超过 40 小时。甲方保证乙方每周至少休息一日，甲方由于工作需要，经与工会和乙方协商后可以延长工作时间，一般每日不得超过 1 小时，因特殊原因需要延长工作时间的，在保障乙方身体健康的条件下延长工作时间每日不得超过 3 小时，每月不得超过 36 小时。
　　执行综合计算工时工作制的，平均日和平均周工作时间不超过法定标准工作时间。
　　执行不定时工作制的，工作和休息休假由乙方自行安排。
　　第五条　甲方延长乙方工作时间，应安排乙方同等时间倒休或依法支付加班加点工资。
　　第六条　甲方为乙方提供必要的劳动条件和劳动工具，建立健全生产工艺流程，制定操作规程、工作规范和劳动安全卫生制度及其标准。
　　甲方应按照国家或市有关部门的规定组织安排乙方进行健康检查。
　　第七条　甲方负责对乙方进行政治思想、职业道德、业务技术、劳动安全卫生及有关规章制度的教育和培训。

四、劳动报酬

第八条　甲方的工资分配应遵循按劳分配原则，实行同工同酬。

第九条　执行定时工作制或综合计算工时工作制的，乙方完成规定的工作任务，甲方每月_____日以货币形式足额支付乙方工资，工资不低于_____元，其中试用期间工资_____元。执行不定时工作制的工资_____元。

第十条　甲方安排乙方加班或延长工作时间超过本合同第四条第2款规定的，按《劳动法》第44条支付工资报酬。

第十一条　由于甲方生产任务不足，使乙方下岗待工的，甲方保证乙方的月生活费不低于_____元。

五、保险福利待遇

第十二条　甲乙双方应按国家和市社会保险的有关规定交纳职工养老、失业和大病医疗统筹及其他社会保险费用。

甲方应为乙方填写《职工养老保险手册》。双方解除、终止劳动合同，《职工养老保险手册》按有关规定转移。

第十三条　乙方患病或非因工负伤，其病假工资、疾病救济费和医疗待遇按照国家有关规定执行。

第十四条　乙方患职业病或因工负伤的工资和医疗保险待遇按国家有关规定执行。

第十五条　甲方为乙方提供以下福利待遇：_____

六、劳动纪律

第十六条　乙方应遵守甲方依法规定的规章制度；严格遵守劳动安全卫生、生产工艺、操作规程和工作规范；爱护甲方的财产，遵守职业道德；积极参加甲方组织的培训，提高思想觉悟和职业技能。

第十七条　乙方违反劳动纪律，甲方可依据本单位规章制度，给予纪律处分，直至解除本合同。

七、劳动合同的变更、解除、终止、续订

第十八条　订立本合同所依据的法律、行政法规、规章制度发生变化，本合同应变更相关内容。

第十九条　订立本合同所依据的客观情况发生重大变化，致使本合同无法履行的，经甲乙双方协商同意，可以变更本合同相关内容。

第二十条　经甲乙双方协商一致，本合同可以解除。

第二十一条　乙方有下列情形之一，甲方可以解除本合同：

1. 在试用期间，被证明不符合录用条件的；
2. 严重违反劳动纪律或甲方规章制度的；
3. 严重失职、营私舞弊，对甲方利益造成重大损害的；

4. 被依法追究刑事责任的。

第二十二条　下列情形之一，甲方可解除本合同，但应提前30日以书面形式通知乙方：

1. 乙方患病或非因工负伤，医疗期满后，不能从事原工作也不能从事甲方另行安排的工作的；
2. 乙方不能胜任工作，经过培训或者调整工作岗位，仍不能胜任工作的；
3. 双方不能依据本合同第十九条规定就变更合同达成协议的。

第二十三条　甲方濒临破产进行法定整顿期间或者生产经营发生严重困难，经向工会或者全体职工说明情况，听取工会或职工的意见，并向劳动行政部门报告后，可以解除本合同。

第二十四条　乙方有下列情形之一，甲方不得依据本合同第二十二条、第二十三条终止、解除本合同：

1. 患病或非因工负伤、在规定的医疗期内的；
2. 女职工在孕期、产期、哺乳期内的；
3. 复员退伍义务兵和建设征地农转工人员初次参加工作未满3年的；
4. 义务服兵役期间的。

第二十五条　乙方患职业病或因工负伤，医疗终结，经县以上劳动鉴定委员会确认完全或部分丧失劳动能力的，按_____办理，不得依据本合同第二十二条、第二十三条解除劳动合同。

第二十六条　乙方解除劳动合同，应当提前30日以书面形式通知甲方。

第二十七条　有下列情形之一，乙方可以随时通知甲方解除合同：

1. 在试用期内的；
2. 甲方以暴力、威胁、监禁或者非法限制人身自由的手段强迫劳动的；
3. 甲方不能按照本合同规定支付劳动报酬或者提供劳动条件的。

第二十八条　本合同期限届满，劳动合同即终止。双方当事人在本合同期满前_____天向对方表示续订意向。甲乙双方经协商同意，可以续订劳动合同。

第二十九条　订立无固定期限劳动合同的，乙方达到法定退休年龄或甲乙双方约定的终止条件出现，本合同终止。

八、经济补偿与赔偿

第三十条　下列情形之一，甲方违反和解除乙方劳动合同的，应按下列标准支付乙方经济补偿金：

1. 甲方克扣或者无故拖欠乙方工资的，以及拒不支付乙方延长工作时间工资报酬的，除在规定的时间内全额支付乙方工资报酬外，还需加发相当于工资报酬25%的经济补偿金；
2. 甲方支付乙方的工资报酬低于本市最低工资标准的，要在补足低于标准部分的同时，另外支付相当于低于部分25%的经济补偿金。

第三十一条　下列情形之一，甲方应根据乙方在甲方工作年限，每满一年发给相当于乙方解除本合同前12个月平均工资一个月的经济补偿金，最多不超过12个月：

1. 经与乙方协商一致，甲方解除劳动合同的；
2. 乙方不能胜任工作，经过培训或者调整工作仍不能胜任工作，由甲方解除劳动合同的。

第三十二条 下列情形之一，甲方应根据乙方在甲方工作年限，每满一年发给相当于本单位上年月平均工资一个月的经济补偿金：

1. 乙方患病或者非因工负伤，经劳动鉴定委员会确认不能从事原工作，也不能从事甲方另行安排的工作而解除本合同的；
2. 劳动合同订立时所依据的客观情况发生重大变化，致使本合同无法履行，经当事人协商不能就变更劳动合同达成协议，由甲方解除劳动合同的；
3. 甲方濒临破产进行法定整顿期间或者生产经营状况发生严重困难，必须裁减人员的。

以上三种情况，如果乙方被解除本合同前12个月的月平均工资高于本单位上年月平均工资的，按本人月平均工资计发。

第三十三条 甲方解除本合同后，未能按规定给予乙方经济补偿的，除全额发给经济补偿金外，还须按该经济补偿金数额的50%支付额外经济补偿金。

第三十四条 支付乙方经济补偿时，乙方在甲方工作时间不满一年的按一年的标准发给经补偿金。

第三十五条 乙方患病或者非因工负伤，经劳动鉴定委员会确认不能从事原工作，也不能从事甲方另行安排的工作而解除本合同的，甲方还应发给乙方不低于企业上年月人均工资6个月医疗补助费。患重病和绝症的还应增加医疗补偿费，患重病的增加部分不低于医疗补助费的50%，患绝症的增加部分不低于医疗补助费的100%。

第三十六条 甲方违反本合同约定的条件解除劳动合同或由于甲方原因订立的无效劳动合同，给乙方造成损害的，应按损失程度承担赔偿责任。

第三十七条 乙方违反本合同约定的条件解除劳动合同或违反合同约定的保守商业秘密事项，对甲方造成经济损失的，应按损失的程度依法承担赔偿责任。

第三十八条 乙方解除本合同的，凡由甲方出资培训和招接收的人员，应向甲方偿付培训和招接收费。其标准为：服务（工作）每满一年培训费和招接收费总额的20%递减；服务（工作）满5年不再偿付。

九、劳动争议处理

第三十九条 因履行本合同发生的劳动争议，当事人可以向本单位劳动争议调解委员会申请调解；调解不成，当事人一方要求仲裁的，应当自劳动争议发生之日起六十日内向劳动争议仲裁委员会申请仲裁。当事人一方也可以直接向劳动争议仲裁委员会申请仲裁。对裁决不服的，可以向人民法院提起诉讼。

十、其他约定

第四十条 甲方以下规章制度＿＿＿＿＿＿＿＿＿＿＿＿＿＿＿＿作为本合同附件。

第四十一条　本合同未尽事宜，或与国家有关规定相悖的，按有关规定执行。
第四十二条　本合同一式两份，甲乙双方各执一份。

甲方（盖章）：_____；乙方（盖章）：_____
法人代表：_____；代表人：_____
　　　年　　　月　　　日　　　　　　　　　　年　　　月　　　日

【思考与练习】

一、简答题
1. 合同的概念是什么？经济合同有哪些特征？
2. 经济合同的主要条款有哪些？
二、写作题
1. 分析下面合同的错误并修改。

经济合同

立合同人：××××厂第三车间（甲方）
　　　　　××××建筑公司生产科（乙方）
甲方需要建造厂房一座，经双方反复协商，共同订立本合同：
　一、甲方需建造厂房一座，由乙方负责建造。
　二、全部建造费用大约为人民币×××万元，甲方在订立合同生效后一个月左右，先付给乙方全部费用的百分之五十左右，其余部分在楼房建成验收后一次付清。
　三、建房所需各项材料，由乙方根据需要自行解决。
　四、大楼从合同签订之日起，用一年以内的时间完工后交付使用。如未能保质保量完成，每月将按总建筑费用百分之五左右罚款。
　五、合同一式两份，双方各执一份为凭，并作为检查督促的依据。
　　　　　××××厂第三车间
　　　　　××××建筑公司生产科
　　　　　××××年××月××日

2. 合同语言须准确、周密，以防止产生歧义，造成纠纷。请指出下列合同语言中不确切的地方，并加以修改。
（1）某公司从国外进口原木，合同中规定的质量标准为"直径50厘米以上"。
（2）某合同中规定："交货地点：北京。"
（3）某合同中的"违约责任"中写道："乙方不能按期交货，每延期一天，应偿付甲方5%的违约金。"

（4）某技术合同的"成交金额与付款时间、付款方式"中写道："项目开发经费十万元。甲方在合同签订后向乙方汇出三万元；乙方交付开发成果鉴定证书后，甲方付清全部余款并汇入乙方开户银行账号。逾期不付，将按加息20%收取滞纳金。"

3. 根据下面的材料拟写一份合同。

百佳商场法人代表朱洁与秀丽服装厂的法人代表王军建于2007年3月20日签订了一份合同，具体货物是桑蚕丝女式长袖绣花衬衫，数量为1000件，每件单价200元，2007年6月1日之前由服装厂直接运往商场，运费由服装厂自行负责。商场收到货品并验收合格后，于收货15天内通过银行转账一次性付清货款。如果延期交货或付款，则每延期一天，延期的一方必须付给另一方货款总价万分之二的滞纳金。如果数量不足，则按不足部分的货款赔付20%的赔偿金。如果质量不符合议定标准，则重新酌价。本合同由××市工商行政管理局鉴证后生效。合同正本一式两份，双方各执一份。百佳商场的地址是××省××市××路××号，开户银行是××市工商银行，账号是××××××，电话是××××××。秀丽服装厂的地址是××省××市××路××号，开户银行为××市工商银行，账号是××××××，电话是××××××。

第二节　经济活动分析报告

一、经济活动分析报告的概念和特点

（一）概念

经济活动分析报告是表述经济活动分析过程和结果的一种书面报告。其中经济活动是指人们从事物质资料的生产及相应的交换、分配和消费活动。企业的经济活动是指企业的全部经营活动，包括企业的生产与再生产的全部过程。

经济活动分析就是以经济理论和经济政策为指导，以计划指标、会计核算、统计资料和通过调查取得的有关资料为依据，对某地区（或某行业、某部门）的经济活动状况进行分析的行为。将这些分析过程和结果撰写出来就成了经济活动分析报告。

（二）特点

1. 分析性。经济活动分析报告要表述经济活动的分析过程，体现了很强的分析性。

2. 定量性。经济活动分析，从本质上讲是定量分析，而不是定性分析。因为计划指标、统计数据是分析报告赖以存在的根本。数据是分析的基础，是作者观点、结论的主要依据。在材料上，数据资料是核心；在内容上，分析数据是重点；在表达上，运用数字、图表说明和以经济指标为依据的议论占有相当大的篇幅。分析报告切忌离开量的分析，凭经验作判断，轻易推出结论。

3. 系统性。整个社会经济活动是一个紧密相连、互相影响的大系统。经济活动分析的每一个对象只是大系统的一个局部；每一项经济指标，具体数据，既受内部各种因素的制约，又受外部各种条件的影响。经济活动分析报告所研究的经济活动总是一个复杂的矛盾统一体，因此作分析时，就需要对有联系的各个主要指标分类汇总，进行分析解剖，将各个因素和各个不同的侧面联系起来分析研究。这样，才能找到主要矛盾，发现其存在的原因和发展的规律。

4. 对比性。在经济活动中，企业管理的先进与落后，企业发展的超前与滞后，产品质量的上乘与低劣，总是通过比较，才能得以确认与验证。在分析中，把会计核算、统计报表所记录的分析期内指标实际完成的结果，与同期计划指标相比较，才可以确定指标完成的好坏；在同一指标内，各时期数据的对比，又可以作出正确评价，预测其发展的方向和趋势；各指标的对比，还可以测出影响总体效益的正负因素及影响程度。

5. 总结性。经济活动分析报告具有总结性。它是一段时间内区域经济活动或企业经济活动状况的分析，对特定阶段经济活动的得失予以总结，可供经营决策者从中吸取经验教训。

6. 指导性。经济活动分析报告的结果及其总结的经验教训，对克服消极因素，提高经济活动效益，安排好下一步的工作有着积极的指导意义。

二、经济活动分析报告的分类

经济活动分析报告，简称为"经济活动分析"或"经济分析"。分析报告在经济工作中已经得到了广泛的应用。其种类繁多，层次不等，有多种分类方法。

1. 按内容涉及的范围，可分为宏观经济活动分析报告和微观经济活动分析报告。

宏观经济活动分析报告涉及面广，或一个地区，或一个行业，影响较大，事关全局。其分析多着眼于总结经验教训，揭示内在规律，用以指导全局工作。

微观经济活动分析报告涉及面窄，仅涉及一个企业或一项产品，影响较小。其分析偏重于某些具体问题，目的是为下一步做好该项工作制定措施，并提出具体安排。

2. 按内容涉及的时间，可分为定期经济活动分析报告和不定期经济活动分析报告，事前预测分析报告和事后总结性分析报告。

3. 按报告内容涉及的对象，可分为生产、销售、成本、财务等方面的分析报告。

4. 按报告内容的广度和深度，可分为综合经济活动分析报告、部门经济活动分析报告和专题经济活动分析报告。

（1）综合经济活动分析报告，又称全面分析或系统分析报告。它是对某一地区、某一部门或某一企业在一定时期内的经济活动情况作全面而系统的分析后写成的书面报告。主要用于年、季度分析。报告常常从经济效益入手，在全面分析的基础上，着重分析影响企业经济效益中最关键性的问题。

(2) 部门经济活动分析报告，又称专业分析报告。它是某一经济单位或某一企业属下的职能部门对自己主管的经济业务活动进行分析后写成的报告，如生产部门对投入产出、指标完成情况的分析，财务部门对生产成本核算、非生产性开支的分析。

  (3) 专题经济活动分析报告，又称专项或单项分析报告。它是对某一专题分析研究后写成的书面报告。这类报告，内容集中，重视规律性、理论性的分析研究，议论色彩较浓，常常结合形势、配合中心在报刊上发表，如产品盈亏平衡分析。

三、经济活动分析报告的作用

经济活动分析是科学管理经济的重要手段，也是管理部门经常要进行的常规性工作之一。它可以起到改善经营管理、提高经济效益的作用。具体地讲，经济活动分析的作用有以下几个方面。

1. 提供制定政策和计划的依据。任何部门和企业都要依据客观要求进行决策，并制订相应的长期、中期及作业计划，在计划执行过程中要不断地监督和调整，使得企业的长期决策目标得以实现。监督和调整的依据就是一定时期的经济活动分析。通过经济活动分析报告全面了解情况，对于调整上期的计划目标和制订下一个时期的工作计划具有重要的意义。

2. 提高经济核算质量，改善企业经营管理。部门和企业在经营管理中所发生的经济事项通过日常的会计、统计数据和报表资料反映出来，由于这些数据和资料是分散的，往往还不能说明全部问题，反映的情况也是单一的，无法说明其产生的内在原因及发展规律。因此，还要根据报表数字、统计数据及调查资料，对经济活动状况进行分析。这种分析，可以将日常的经济核算提高到一个新的高度去认识，明确经营的问题和找到解决的方法，改善企业的经营管理状况，提高经济效益。

3. 是加强企业管理的重要手段。企业管理是全方位的管理，因此，各部门的微观经济活动分析调动了经营、销售、财务多方面人员的参与，对加强企业管理、财务监督有着重要的现实意义，是克服企业经营管理中的消极因素的重要手段。

四、经济活动分析报告的结构与写法

经济活动分析报告的结构，通常包括标题、导语、主体和结尾4个部分。

（一）标题

经济活动分析报告的标题主要有以下两种形式。

1. 公文式。这类标题，一般由单位名称＋时限＋分析范围与对象＋报告名称组成，如《××公司2007年度资金运用情况的分析报告》。有的可以根据具体情况省去其中的一、两项，如《福建旅游市场分析》。

2. 论文式。常用分析报告中所提出的意见和建议作为标题，标题本身就可以反映分析问题的要点或主题。这类标题，常常是一个鲜明的判断句，如《农业发展的关键在于增加科技投入》；为了强调说明也可以加上副标题，说明分析的范围、对象，如《加速流动资金周转——对企业结算方式的分析》。

（二）导语

导语是分析报告的开头部分，也称前言、引语。习惯写法是，用几句话或一两个自然段，或从介绍基本情况和形势开始，说明分析的对象，以及分析这一对象的原因和意义；或从叙说分析对象的发展变化过程入手，提出分析问题的范围和角度。其写法可根据需要选择，有提问式、结论式、对比式、评论式等。写作要简明扼要，有的也可以舍弃前言而直述主体，但应注意在主体中要体现前言中应介绍的问题。

（三）主体

主体是经济活动分析报告的核心部分，是全文的精髓所在，应从分析问题的要求和目的出发，利用数据及资料、针对经济活动的具体情况进行分析，从而得出正确的结论。分析时，既要分析经济活动的成效，总结经验；又要分析影响经济效益的原因，揭露矛盾。如是全面分析报告，则要对各项重要的经济指标逐项分析；如是专题分析报告，则要对该专题的内容展开分析；如是部门分析报告，则要抓住几个主要经济指标或一、两个重要问题进行分析。

1. 主体的结构。不管什么类型的报告，主体部分一般都应包括基本情况和分析评价两部分。

（1）基本情况。主要介绍分析报告的基本内容，说明经济指标完成情况，让读者对分析报告先产生总的印象。

（2）分析评价。要运用对比分析法等科学的方法和实事求是的观点，解剖各个指标的构成要素，从中找出企业或部门在经济活动中取得的成绩或出现问题的主客观原因，并作出恰如其分的评价。这部分主要依靠数据和文字来说明。但在安排上可以灵活自由，如前面是文字说明，后面列出数据；或先列出数据指标，而后加以文字说明；还可以在文字说明中插入表格或列出主要数字。为了使眉目清楚，中心更加鲜明突出，可以在这一部分分别加上序码、小标题或段落主句进行说明。

在结构安排上，可以采用并列式、因果式或因果并列式。如例文 4-5，从总体看，例文在结构安排上灵活地运用多种方式。在分析"乘用车市场继续上扬"时，从"新车型助推轿车市场进入白热化竞争；MPV 市场继续呈现快速增长；SUV 市场正向中高档和柴油车倾斜；上汽通用五菱领跑交叉型乘用车市场"等 4 个方面进行并列分析。

而因果式的安排方法，既可以先写"果"，列举数据，说明经济活动的实际情况，再写"因"，揭示造成这种经济现象的原因。如分析 MPV 市场继续呈现快速增长，作者先以"9.48 万辆，同比增长 33.7%"这组数据来说明增长速度，接着从"国家财政收入的高速增长和今年国内企业的利润高速增加"等方面的原因进行分析。

例文 4-5

2006 年中国汽车市场分析报告

1. 2006 年上半年中国汽车市场总体表现

2006 年是我国汽车产业实施"十一五"规划的第一年，也是汽车产业进入 WTO 后过渡期的开端。受年初一系列利好政策的影响，2005 年市场持币待购所积累的汽车消费需求得到充分释放，中国汽车市场再度迎来了发展的春天。2006 年上半年的汽车市场在 2005 年平稳增长的基础上加速发展，显示出更为理性、稳健和成熟的市场运行和发展轨迹。上半年，汽车产销双双突破 350 万辆，分别达到 363.03 万辆和 353.52 万辆，同比分别增长 28.94%和 26.71%，见表 1。

表 1　2006 年上半年中国汽车产销情况

		产量（万辆）	增长率（%）	销量（销量）	增长率（%）
	汽车总计	363.03	28.94	353.52	26.71
乘用车	轿车	188.64	50.26	180.39	46.90
	MPV	9.56	28.78	9.48	33.70
	SUV	11.48	41.02	11.49	38.68
	交叉型乘用车	49.95	13.64	49.81	8.75
	合计	259.63	40.30	251.16	36.53
商用车	客车	9.73	13.20	9.52	12.81
	货车	66.76	8.07	66.51	7.97
	半挂牵引车	3.88	6.94	4.21	30.61
	客车非完整车辆	4.48	12.75	4.44	11.11
	货车非完整车辆	18.55	0.15	17.67	-0.53
	合计	103.40	7.16	102.36	7.71

（来源：中国汽车工业协会）

从上半年各月汽车产销变化情况来看，进入 1 月后产销同比开始呈现快速增长，2 月销量较上月稍有回落，3 月产销出现明显回升，并双双突破 70 万辆，分别达到 73.29 万辆和 72.15 万辆，再度刷新历史最高纪录。一季度，汽车产销 178.45 万辆和 173.32 万辆，与 2005 年同期相比，产销量净增 47.49 万辆和 46.66 万辆。进入二季度后，汽车工业开始稳步调整，受此影响，各月产销总体较上月有所回落，二季度汽车产销 184.58 万辆和 180.20 万辆，与 2005 年同期相比，产销量净增 34.02 万辆和 27.62 万辆，见图 1。

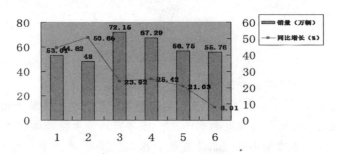

图1　2006年上半年月度汽车销量及同比增长情况

国内旺盛的内在需求成为车市增长的最大动力。我国拥有广阔的汽车市场，几乎任何车型都能在我国找到细分市场，并且上半年国家宏观经济形势呈现良好发展，居民消费需求总体较为活跃，这些因素都决定了我国汽车市场具有很强的内在需求，并且这种需求将延续很长一段时间。更为重要的是，随着各地"限小"政策纷纷取消，同时受新消费税政策的影响，乘用车需求得到很大激发，因而带动汽车产销快速增长。另外，经过2005年车市的价格回归，一段时间积累的消费能力得以在今年上半年得到了集中释放。其次，新车的频繁推出也成为拉动今年车市快速增长的一大动力。今年上半年全国上市的新车型达50余款，其中极具市场竞争力的车型就达10余款，如凯美瑞、速腾、凯旋、思域、君越、新天籁和骏捷等。

同时也存在一些市场发展的不利因素：首先，油价上涨使一部分潜在消费者推迟或放弃购车。其次，3月开始由于众多新车上市和对市场的良好预期，经销库存增加，资金压力加大。另外，由于市场的竞争强度增大，生产厂商和经销商的降价和促销力度加大，价格战似乎一触即发。

2. 乘用车市场继续上扬

尽管进入6月后，251.16万乘用车市场出现了小幅调整，但上半年乘用车市场总体呈良好发展态势，乘用车共销售251.16万辆，同比增长36.53%。其中轿车增幅尤为显著，继续成为乘用车市场的主要推动力，销售180.39万辆，同比增长46.90%；MPV销售9.48万辆，同比增长33.70%；SUV销售11.49万辆，同比增长38.68%；交叉型乘用车销售49.81万辆，同比增长8.75%。

2.1　新车型助推轿车市场进入白热化竞争

在良好的宏观环境和众多新车型上市的推动下，2006年上半年轿车市场增幅很大。上半年轿车销售180.39万辆，同比增长46.90%，与2005年同期相比增幅提高37。61%。上海通用成为上半年销售冠军，上海大众和一汽大众紧随其后。上海通用的成功得益于多品牌战略的顺利实施：别克品牌的凯越和君越等车型都有很好的市场表现，继续保持主力位置；随着乐风的上市，雪佛兰品牌也得到了很大提升；唯有缺憾的是凯迪拉克品牌，但上海通用正加强对凯迪拉克的推广力度和新车型的引入。上海大众2006年成功扭转颓势，这与其新产品的成功密不可分,领驭和新波罗掀起了一股新的"大众风";随着2007年斯柯达车型的全面登陆,上海大众将对上海通用的领先地位发出挑战。

上半年销量前20位的车型的销售排名,见表2。

表2　2006年上半年销售前20位车型

排名	车型	上半年销量(万辆)	份额
1	捷达	9.44	5.31%
2	夏利	9.38	5.28%
3	凯越	8.69	4.89%
4	伊兰特	8.54	4.81%
5	QQ	6.46	3.64%
6	雅阁	6.24	3.51%
7	帕萨特B5	5.68	3.20%
8	桑塔纳B2	4.81	2.71%
9	新旗云	4.16	2.34%
10	桑塔纳3000	4.11	2.31%
11	花冠	4.10	2.31%
12	自由舰	3.62	2.04%
13	赛拉图	3.44	1.94%
14	福克斯	3.34	1.88%
15	富康	3.09	1.74%
16	骐达	3.09	1.74%
17	羚羊	2.94	1.66%
18	美日3厢	2.85	1.61%
19	锐志	2.83	1.59%
20	新奥迪A6	2.79	1.57%

(数据来源:全国乘用车市场信息联席会)

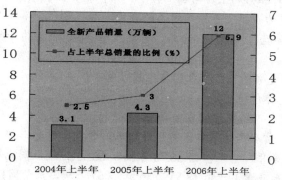

图2　全新产品销售情况(2004年上半年—2006年上半年)

新车型集中上市成为上半年车市最大的看点,新车型无论是从数量上还是从覆盖面上都是以往所不能比拟的(见图 2)。如果说过去车型竞争更多表现的是"单兵作战",那么 2006 年上半年的新车型上市则更多表现为企业车型布局的全面性和互补性:凯美瑞上市与皇冠、锐志构成了丰田高端轿车市场的铁三角,也意味着丰田在中国市场全面发力的开始;君越则与君威构成了上海通用新的中高级轿车谱系,而乐风与乐骋则巩固了其经济型市场的份额;速腾与新宝来合力成为一汽大众的运动型轿车"急先锋";东风标致雪铁龙的标致 206、307 和凯旋也形成新的产品构架体系。新车型的另一特点是车型"大换血":上海大众的新波罗和去年底上市的领驭分别替代了波罗和帕萨特;广州本田的思迪则是三厢飞度的"接替者"。

2.2 MPV 市场继续呈现快速增长

2006 年的 MPV 市场持续了 2005 年快速增长的势头。上半年,MPV 销售 9.48 万辆,同比增长 33.70%。目前 MPV 仍主要以公车为主,国家财政收入的高速增长和今年国内企业的利润高速增加,使机关企事业对 MPV 的需求不断扩大。但 MPV 细分中也有较大变化,适合个人购买的 MPV 和用于经营较多的低价 MPV 销售萎缩或持平,这也说明私人购车市场已经出现了一定程度的持币待购。

……

2.3 SUV 市场正向中高档和柴油车倾斜

一季度 SUV 市场呈现出快速增长,尽管进入 4 月后市场需求整体趋向萎缩,但与 2005 年同期相比,2006 年上半年 SUV 市场总体表现明显好于预期。SUV 销售 11.49 万辆,同比增长 38.68%。各个生产厂家呈现出了明显的差异,层次分化进一步明显,国内 SUV 生产企业面临重组、兼并的压力进一步增大。

同时,SUV 正向中高档、轿车化发展。目前低档 SUV 的部分车型呈现明显的负增长态势。相反中高档 SUV 受到消费者的青睐,显示出强劲的发展势头,从而支撑着我国 SUV 市场的快速发展。在产品格局上,与国际接轨的中高档产品代表了今后市场的发展趋势,中高级 SUV 已逐渐成为市场上可持续增长的主力车型。今年上半年 SUV 销售中,主力车型是 CR-V、途胜、瑞虎、帕拉丁、哈弗、吉奥汽车 6490 和猎豹等车型,在整个 SUV 市场占有绝对优势。

2.4 上汽通用五菱领跑交叉型乘用车市场(略)

3. 商用车市场总体保持稳定

3.1 出口成为货车市场发展的重要动力

2006 年上半年,货车产销基本保持平稳增长,货车非完整车辆(货车底盘)与 2005 年相比基本持平。上半年,货车产销 66.76 万辆和 66.51 万辆,同比增长 8.07%和 7.97%,货车非完整车辆(货车底盘)产销 18.55 万辆和 17.67 万辆,产量同比增长 0.15%,销量同比下降 0.53%。

出口已成为货车行业成长的重要动力。我国装备满足全球中低端市场的趋势已经基本确立，立足于庞大的国内市场，我国轻型、中重型货车等产品价格远低于发达国家产品，在满足全球发展中国家需求方面存在明显的性价比优势，通过近几年的发展，我国轻、微型货车出口也已经成为我国汽车出口的主力。在近两年的开拓中，我国轻型、微型出口目标市场已经涉及俄罗斯联邦、中东、东南亚、北非、西非、中南美洲等多个国家和地区，出口形式也由单一的整车产品出口逐渐发展为结合KD散件出口、技术输出和资本输出的多元化出口。

……

3.2 轻、中型客车拉动客车市场增长

2006年上半年与2005年相比，客车市场结束了较为低迷的走势，总体开始呈现一定增长。上半年，客车产销分别为9.73万辆和9.52万辆，同比增长分别为13.20%和12.81%；客车非完整车辆（客车底盘）产销分别为4.48万辆和4.44万辆，同比增长分别为12.75%和11.11%。在客车主要品种中，与2005年发展形成鲜明对照，轻型和中型客车产销整体明显回升，大型客车需求则呈现一定萎缩。7m~10m系列中型客车产销同比均呈较快增长。在7m以下轻型客车品种中，6m~7m系列增幅最为显著，上半年该系列产销6 142辆和6 290辆，同比分别增长45.06%和58.40%。

4. 下半年中国汽车市场评说

进入"十一五"规划开局的2006年，宏观经济政策将保持连续性和稳定性，稳定的宏观经济形势给汽车业的平稳发展奠定了基础，国家继续"鼓励汽车进入家庭"的政策取向，且实施多项鼓励汽车消费的政策，"限小"解禁、新消费税实行等促进了小排量、经济型汽车的销量增长。因此下半年汽车市场仍将延续上半年的快速、理性的发展走势，预测全年汽车总销量将在700万辆左右，其中乘用车约为500万辆，商用车约为200万辆。

4.1 轿车市场将继续快速发展

上半年的油价上涨对轿车市场产生了一定负面影响。同时，下半年市场竞争强度的加大将使市场价格存在一定的波动风险。但更应看到，由于各生产企业已吸取2004年频繁降价所造成市场低迷的教训，价格战应不会在下半年打起。更为重要的是，下半年轿车市场还将有包括沃尔沃S40、轩逸、奔腾、两厢福克斯、威志等诸多新车型上市，众多新车型上市将有利于做大"蛋糕"，新车型会吸引一部分潜在用户把购买欲望转换为购买需求。再综合考虑宏观影响因素及中国轿车市场强烈的内在需求，下半年轿车市场将继续保持快速发展。预测全年轿车总销量将同比增长32%左右，达到370万辆的规模。

4.2、SUV市场面临变局

由于消费税调整和油价上涨等诸多不利因素对SUV市场产生了较大影响。首先，柴油型SUV将进一步得到较快发展。由于国际局势的变化和影响，国际原油下半年不会出现较大的下降，高价位会持续下去。在油价不断上涨的趋势下，柴油车具有环保、节能的优点继续得到消费者的青睐，市场发展速度继续得到较快增长。其次，新车型的推出速度将加快，SUV市场集中度将有所提高。2006年上半年新车型促进的SUV市场的快速发展，因此，生产厂家为了继续保持增长，新车型推出的速度和数量将会加快。同时，SUV市场两极分化继续加强，前几位产销量排名也会发生变化，国内市场集中度将会进一步提高。预测全年SUV的市场销量将在23～25万辆。

4.3．MPV及交叉型乘用车市场将平稳发展（略）

4.4．商用车市场稳中有升（略）

（摘录自：中国行业咨询网，2006.11.08）

2．主体部分采用的分析方法。分析报告的写作重点在于"分析"，常用的分析方法有以下几种。

（1）对比分析法。对比分析法，就是一组可比数字资料在同一基础（如时间、内容、项目、条件等）上进行对比的分析方法。对比，反映在量上则为数与数的相比较。通常用绝对数（倍数）和相对数（百分比）来表示其差异程度。对比在实际运用时，一般从以下几方面进行。

比计划。就是把本期完成的实际指标和计划指标相比较，找出成绩与差距，进而确定分析的主要方面，弄清原因，总结经验和教训，以达到改进工作、挖掘潜力，更好地发展生产，提高经济效益。

比历史。就是把本期的实际完成指标与上期或上年同期或历史上某一特定时期（如本单位历史上最高水平）的实际指标相比较，借以反映经济活动的发展趋势，研究经济活动中各种因素的发展变化，以便采取相应措施，提高经营管理水平。

比先进。就是把本单位的实际完成指标与主客观条件大致相同的先进单位的实际指标相比较，找出差距、薄弱环节，以便改进工作，不断向先进转化。

（2）因素分析法。因素分析法，就是剖析和探索造成事物差异的各种条件，以从多种原因、条件中找出最关键、最本质的条件、原因的一种分析方法。如果说对比法着重于数字、情况的比较，以明确差距、发现特点的话，那么，因素分析法则着重于事实的说明，特点的剖析，以达到分清责任、弄清原因的目的。分析时要注意抓住主要问题的主要因素作重点，加以对带有倾向性因素作分析，不能以客观因素掩盖主观因素，更不能以主观因素代替客观因素。

（3）动态分析法。动态分析法，就是通过分析各个时期社会经济活动的数量表和数量关系的发展过程，来认识发展变化的规律，并预见其发展变化趋势的一种分析方法。进行动态分析的关键是积累和掌握各个时期统计资料并编制动态数列。保证动态数列中各项指标的可比性，是编制动态数列的基本要求，但也不要把各项指标的可比性问题绝对化。

（4）综合分析法。综合分析法，就是对多种指标进行综合对比、计算的一种分析方法。经济活动错综复杂、千变万化，需要把有关的多种因素综合起来加以分析研究，这样才能准确地找到事物的规律，把握事物的本质。

分析的方法远不止以上几种，在具体使用时要从实际出发，可以灵活地综合运用，不要生搬硬套。

（四）结尾

分析的目的是为了解决问题。这部分应针对分析中肯定的经验和找到的问题，提出恰当的建议与措施。报告的最后，还要标明撰写经济活动分析报告的作者或单位，注明写作日期，以备查考。

经济活动分析报告没有固定不变的统一格式，一般根据分析报告的种类、内容和主旨而定。分析上，强调以量性分析为主，但也不能忽视定性分析的作用。应努力达到分析准确到位，结论真实可信。

五、经济活动分析报告的写作要求

1. 要充分占有"活"的材料。写经济活动分析报告离不开资料，可靠、系统的材料，是做好分析工作的基础。而资料有"死"、"活"之分，"死"的资料指计划、报表、凭证、账册和其他书面材料；"活"的资料指来自实地调查的材料。因此，在写作过程中，要善于把这两者结合起来，准确、全面地掌握材料，熟悉企业生产、供销的业务活动，经营管理、技术改造和商务活动，以国家经济政策为依据对材料展开分析。

2. 要采用科学的分析方法。写经济活动分析报告离不开科学的分析。有的人写作时，习惯罗列现象或数字，把自己了解的情况不分主次都写上，由于缺乏提炼，只见材料不见观点；有的人堆砌了一大堆的数据，却不善于分析，不会从枯燥的数字中找到蕴藏在数据中的经济规律。因此，写作经济活动分析报告必须运用科学的分析方法，全面、正确地分析经济活动。

3. 要有具体可行的建议和改进措施。经济活动分析报告不是为了分析而分析，而是通过分析为经济工作中存在的问题提供切实可行的改进措施。因此，在找出问题并通过详细地分析问题产生的原因后，一定要提出合理的建议或切实可行的改进措施。

【思考与练习】

一、简答题

1. 经济活动分析报告有哪些种类？试指出下列标题属于哪种类型？
（1）《2007年商业系统财务状况分析》
（2）《秀丽商场利润持续下降的原因分析》
（3）《中国人民银行福建省分行2007年第一季度信贷、现金执行情况分析》
2. 经济活动分析报告常用哪些分析方法？这些分析方法各有什么特点？

二、写作题

（1）到校办或校外企业进行调查研究，并根据会计报表、统计资料、计划指标以及有关业务人员的业务资料和数据，写一篇经济活动分析报告。

第五章 生活文书

【知识与技能】
1. 了解生活文书的性质、特点，明确其种类和写作要求。
2. 掌握写作方法，学会撰写内容准确、格式规范的各类生活文书。

第一节 便条与单据

一、便条

便条实际上就是最简短的信。平时，碰到一些事情要对别人说明，但由于某种原因无法面谈，或者由于手续上的需要，常常要写一张便条。它的结构一般由标题、称谓、正文、尾语、落款5个部分组成。

便条多数情况下没有标题（如留言条）只有少数情况下有标题（如请假条）。

称谓有如一般书信，在开头部位顶格书写对方的姓名和称谓。称谓应表示对对方的尊重。在称谓的下一行退两格书写正文。它不像书信那样客套，一般情况下都是直接说明主要事项。

正文最后要书写致敬语，这部分也近似书信的结尾。致敬语一般分两行书写，如"此致　　敬礼"等。

落款包括签署和时间两项内容。

最常用的便条有如下两种。

1. 留言条。有事找某人，正巧对方不在，又不能久等，就可以写张条子说明来访目的，或另约见面的时间和地点；或替人接了电话，自己又没机会当面转告他，也可以写张条子留下，这类便条就叫留言条。留言条一般没有标题。

例文 5-1

张老师：

　　我有事想同您商量，适逢您外出。拟于明晚七时再登门拜访，请在家等我。

王小强留条
2007 年 5 月 6 日

例文 5-2

文华：

　　院长办公室来电话，请你于明日（星期三）下午 2：30 到行政楼四楼会议室开会，研究我院期中教学检查问题，请准时参加。

张立留条
2007 年 4 月 21 日

　　2. 请假条。请假条简称假条。因病或因事向所在单位告假，一般需写请假条，说明请假原因和时限。病假一般应附医生证明。

例文 5-3

请 假 条

王老师：

　　我因患重感冒，医生嘱咐要休息三天，因此不能到校上课，特向您请假。

　　此致

敬礼！

学生：刘西强
2007 年 5 月 20 日

　　附：医生证明一份

二、单据

　　单据是一种凭证、证据。当你借到、收到、领到钱或物时，往往要写一张条子交给对方留作凭证，以便对方存查时作为根据，这种作凭证用的条子，叫做单据。单据通常由标题、正文、尾语、签署四部分组成。

　　标题通常在条子上方的中间，一般要写上单据的名称，如"收条"、"借条"等字样，字体要大些，醒目地说明是什么性质的单据，既扼要地提示了内容，又便于归纳保管。

　　正文是单据的中心内容，另起一行，空两格书写正文。单据开头有较为固定的惯用语，一般为"今借到"、"兹领到"等。正文要写明钱、物的名称和数量，有的还要写上必要的说明性文字。

　　尾语要另提行，前空两格写上"此据"两字，不用标点符号。

　　签署放在单据的右下方，写上制作人姓名。如是单位，除写明单位名称外，还应写明经手人姓名，然后再下移一行靠右写明签署的时间。

　　最常用的单据有收条、借条、领条、欠条四种。

　　1. 收条。收条又称收据，是收到别人或单位交来的钱或物时，给对方开具的凭证式条据。

例文 5-4

收　条

今收到院教材科《形势与政策》伍拾本整。
此据

经手人：李莉（签名）
2006 年 9 月 14 日

2. 借条。借条是借到个人或单位的现金、财物时留给对方作凭据的票据。当钱或物归还后，借条当即要收回作废或撕毁。

例文 5-5

借　条

今向院团委会借到话筒贰个，演出服装（女式）贰拾套整，作元旦文艺演出用，五天后归还。
此据

人文社科系（盖章）
经手人：沈宾（署名）
2006 年 12 月 28 日

3. 领条。领条是个人或单位从有关机关、单位领取发放的钱款或物件时，写给负责发放的单位或个人留存的凭据。

例文 5-6

领　条

今向院学生工作处领到《学生证》陆拾本，校牌陆拾个整。
此据

06 级秘书班
经手人：赵小莹（署名）
2006 年 9 月 20 日

4. 欠条。欠条是拖欠单位或个人的钱物后，给对方留下的凭证。钱物还清后，欠条一定要收回作废或撕毁。

例文 5-7

欠　条

今欠付海州市新华书店书款共计人民币贰万伍仟叁佰零陆元柒角整，壹个月内归还。此据

海州职业技术学院（盖章）

经手人：刘文棋（署名）

2006 年 9 月 21 日

三、写作注意事项

1. 要写明便条与单据的性质，如"请假条"、"收条"、"借条"、"领条"、"欠条"等。
2. 文字要极其简明，一般只写事由，不必讲道理。
3. 有关款项、物件的数字一律用汉字的大写，如"壹贰叁肆伍陆柒捌玖拾"等，以防涂改；数字后面写上量词名称，如"元"、"台"、"公斤"、"本"等，然后写上"整"字，以防增添。
4. 单据要用钢笔或水笔书写，字迹要端正、清楚，不要用铅笔、红墨水或其他易褪色的墨水，以防误认或涂改，也便于保存。写成后，不可随意涂改，确须涂改时，应在涂改处加盖公章或私章，以明责任，以免日后发生误会。具名时应是亲笔签的真实姓名。重要的单据，要写清单位的地址，署名后要盖上印章。

【思考与练习】

一、简答题

1. 单据的写作格式由哪几部分组成？
2. 便条与单据的写作要注意哪些事项？

二、写作题

1. 按请假条的格式与要求，写一张因参加市法律知识竞赛而不能上形势与政策课的请假条。
2. 按单据的格式与要求，写一张向学院总务处借 5 支扫把，6 个竹筐，3 把铁锹用于全院卫生大扫除的借条。

第二节　启事与海报

一、启事

（一）含义

"启"字，含有"陈述"的意思，启事是为了公开声明某件事或希望公众协助办理某件

事而使用的一种告知性日常应用文。启事具有公开性、广泛性、实用性、随意性等特点。

"启事"与"启示"两个词的读音相同，但意思完全不同，两者不能混用。"启示"是启发、开导、指示，使别人有所领悟的意思，是动词；而"启事"是陈述事情，表示公开告知有关信息、需求之意，现在成了应用文体中文体的专有名词，所以将"启事"写为"启示"是错误的。

（二）启事与通告的区别

启事与通告都属于公开文告，但它们之间的差别很大。与通告比较，发出通告是单位而不是个人，它重在"告"，就是要告诉公众某件事情，希望大家明白，以便按照实行，具有较为严格的约束力；而启事则无论单位或个人均可使用，它重在"启"，也就是表白自己，不具备法令性、政策性，因而也没有强制性和约束力，不对别人发生任何支配作用，启事的对象可以参与启事中所要求的事，也可以不参与。

（三）启事的种类

启事的种类很多，根据所启告于人的事项的区别，可分为招生招聘启事、遗失招领启事、征文征订启事、寻人寻物启事、开业搬迁启事，等等。此外，如举办竞赛活动，征集行业徽标，变动单位名称、印章、电话号码，婚礼丧仪告知有关人员等，都可用启事形式来传播信息。

（四）启事的写作

1. 标题。写在第一行正中，字体要大一些，通过醒目的标题，引起公众注意，发挥启事的作用。启事的标题有四种写法。

一是最简单的只写"启事"二字。

二是在"启事"前面加上内容名称，使人一看便知是哪一方面的启事，如"招领启事"、"招聘启事"、"寻物启事"、"更改校名启事"、"开业启事"、"征文启事"等，或在标题中把启事内容进一步突出，如"征集广州××理工学院标志启事"等。

三是全称写法，类似公文标题，由机关名称＋事由＋文种三者组成，如"××公司招聘营销人员启事"、"××学校更换电话号码启事"等。

四是在标题中不标明"启事"二字，而只写明事由或内容范围的，如"失物招领"、"找失寻物"、"征求徽标"等。

2. 正文。将要告诉别人的事情简明扼要地写清楚，包括启事的原因、目的、内容、形式和要求等。

写正文时，要求内容完整周到，语言要具体明确，直截了当，简明扼要。如果希望协助办理某件事时，语言要恳切有礼，如用"诚聘"、"请"、"欢迎各界人士合作"等。正文内容复杂的，要注意条理清楚。有的可用数字标出顺序，有的可分条列项加以说明。

种类不同，正文的具体要求也有别。

（1）招聘启事。正文要写明招聘的原因、对象、人数及应聘人员须具备的条件，如年龄、性别、户口所在地、技术特长、文化程度等，应招人员的待遇及须交验的证件和招收的方法（面试、笔试等），招聘的起止时间、办理的地点、联系人、电话、手机、邮编等。

例文 5-8

招聘启事

××集团是中外合资的大型企业，集团所属五星级长虹宾馆，设施完备，拥有一流的写字楼、客房、中西餐厅、娱乐休闲中心和综合商场。为了适应集团业务发展的需要，宾馆决定面向社会招收服务员 150 名（女 100 名，男 50 名）。

一、招收条件：凡本市户口，年龄在 18 周岁以上，22 周岁以下，高中以上文化，男身高 1.70 米以上，女身高 1.60 米以上，身体健康，五官端正的男女青年，均可报名（会英语者从优）。

二、报名手续：持身份证、毕业证及近期免冠照两张

三、报名时间：2007 年 5 月 3 日——2007 年 5 月 10 日

四、报名地点：××市宏山路 10 号长虹宾馆人事部

五、录取办法：面试和笔试相结合

地址：××市宏山路 10 号

联系人：张先生

联系电话：8234567

××集团长虹宾馆
2007 年 5 月 1 日

（2）招领启事。为防止有人冒领，只写拾到的物品名称，拾到的时间、地点，让失主去何处领，不要写具体数量和名称，这些内容要等失主在认领时自己说明，经过核对属实后才准他拿走，以免出错。

例文 5-9

招领启事

本人于 2006 年 10 月 3 日上午在校门口拾到手提包一只，内有人民币若干元和其他证件，请失主速到教工宿舍楼 304 房间认领。

赵大荃
2006 年 10 月 3 日

（3）征文征订启事。征文启事要写明征文原因、内容、具体要求、截稿日期、投寄地点、投寄人、奖励办法等。征订启事要写明所征订报刊书籍的性质、内容、特点、价目、征订单位及截订时间等。

例文 5-10

"我喜爱的一本书"征文启事

　　近几年，读书蔚然成风。不少青年同志在工作之余，读了许多有价值的社会科学或自然科学书刊，还有一些同志写下了颇有见地的学习体会。我们此次开展征文活动，目的就在征集读书体会，并将选录一些优秀篇章在《读者之友》的"我喜爱的一本书"栏内发表，以促进更多的青年同志读书。

　　征文要求：写出阅读一本书的心得体会，内容要实在，文字要简练、生动，能给人以启发，并反映出青年人奋发向上的精神风貌。来稿一律不退，请注明真实姓名、工作或学习单位、通信地址。

　　稿件请寄：海州晚报《读者之友》专刊。地址：××××　　邮编：×××××

　　截稿日期：2006 年 10 月 31 日

海州晚报《读者之友》专刊
2006 年 8 月 3 日

　　（4）寻人寻物启事。正文要说明所寻找的人或物的基本特征（如寻人要写清被寻人的姓名、性别、年龄、籍贯、身材、相貌、衣着打扮、特征、口音等，还应附上近照，便于大家协同寻找；寻物要写清物的名称、外观、规格、数量等）、丢失时间、联系地址及对协助寻找者的酬谢等。

例文 5-11

寻人启事

　　陈××，女，21 岁，身高 1.60 米，北京口音，痴呆。留短发，圆胖脸，大眼睛，左耳后有痣，身穿蓝色羽绒服，白旅游鞋。2006 年 8 月 26 日在东单走失，望知情者与北京东城建设路 27 号联系。

　　电话：×××　　手机：×××××　　定给酬谢！

　　　　　　　　　　　　　　　　　　　　　　　近照

联系人：陈志泳
2006 年 8 月 27 日

　　（5）迁址启事：应写明迁移单位的名称，迁移的时间以及迁至何处，新地址要写具体，还应写上电话号码。因迁址而遗留的问题如与群众有关也应在启事中说明。

例文 5-12

四季美时装店迁址启事

　　本时装店因业务发展需要，现迁往中山路 188 号店面（市中国银行正对面），定于 5

月1日正式开始营业，经营四季时装，欢迎广大新老顾客惠顾。

四季美时装店
2007年4月26日

（6）更名改刊启事。要说明更改名称的原因，更改后的全名，更改后的服务宗旨及业务范围，等等。如果是经济实体，还要写明更改名称后的单位对债权和债务的权利与义务等。

例文 5-13

更改商标启事

为适应生产发展的需要，经××市工商行政管理局批准，我公司生产的"春光"牌羊毛衫现改为"圣达薇"牌羊毛衫，各大专卖店有售，欢迎惠顾。

海州市金彩羊毛衫有限公司
2007年4月23日

3. 落款。写明启事者的单位名称或个人姓名、日期。张贴或印发的重要启事要加盖印章，以示郑重和负责。在报刊登出或在电台、电视台播放的，日期以刊出或播放日期为准。

（五）注意事项

1. 启事的内容力求单一，应"一事一启"，如有两件或多件事情，则应写成两件或多件启事。

2. 对启事的具体要求和联系人、联系电话、联系地址等一定要交代得一清二楚，才能收到预期的效果。

3. 启事的语言要朴实、平直，语气要平和真诚。因为启事要对公众有所要求，希望予以协助，所以启事者就必须有诚恳的态度，措辞语气就得注意分寸，体现文明礼貌，切不可有哗众取宠或颐指气使的措辞。这样，公众才可能乐于给予帮助，才能达到发表启事的目的。

二、海报

海报是用来向广大群众报道或介绍有关戏剧、电影、体育、报告会等消息的一种招贴。它具有显豁醒目、吸引力强、传递信息迅速、制作简易、更换方便、可随处张贴等特点。它有广告的性质，多张贴在易为群众注意的公共场所，加以美术设计的海报，又是电影、戏剧、体育宣传画的一种。

海报分为两大类。一是文字海报。它采用精练的文字、鼓动性的词语把海报的内容突出、鲜明地介绍出来，追求版面的合理布局和适当的装饰。二是美术海报。常用较大篇幅的纸张印刷而成，由画面和文字说明两部分组成，以画面为主，文字为辅，电影发行单位精印的电影海报多属此类。

文字海报的结构一般由标题、正文和落款三个部分组成。

1. 标题。海报的标题要大而醒目，可写"海报"二字，也可以直接写明内容，如"学术讲座"、"舞会"、"报告会"、"球讯"、"书画展览"等。

2. 正文。写明演出、比赛、展览会或报告会的目的、内容、时间、地点、举办单位等。为了增加吸引力，引起读者兴趣，在介绍内容时语言可有一定的形象性和鼓动性，并可配以有特色的图案或象征性的图画，但内容必须真实，文字力求简明，允许适当的夸张，但不可失实。

3. 落款。写上举办单位和时间，如海报正文已写明具体时间的，落款也可不写时间。

例文5-14

庆祝元旦化妆晚会

滑稽！
生动！
有趣！
请踊跃参加，莫失良机。

地　　点：院学生活动中心
时　　间：2006年12月31日晚7：30
主办单位：海州职业技术学院学生会

院团委会
2006年12月29日

例文5-15

球　　讯

2007年5月16日（星期三）下午4：40，我院教工篮球队和海州师院教工篮球队将在本校篮球场进行友谊比赛，欢迎全校师生参观助兴。

海州职业技术学院体育教研室
2007年5月14日

例文5-16

海　　报

为进一步推动向雷锋同志学习活动的开展，我院团委会特邀请雷锋生前所在连队指导员王启发同志来校做报告，希全体团员和青年踊跃参加。

时间：2007年3月5日晚7：30

地点：本校礼堂

共青团海州职业技术学院委员会
2007年3月3日

【思考与练习】

一、简答题

1．启事与通告有何区别？
2．写作启事要注意哪些事项？
3．写作海报的正文要注意什么？

二、写作题

1．请代春佳大酒店拟一份招聘厨师的启事，材料自拟。
2．教师节快到了，海州职业技术学院工会决定于教师节期间在本校小礼堂举办教师书法、绘画展览。请你代该院工会制作一份有吸引力的展览海报。

第三节　介绍信与证明信

一、介绍信

介绍信是国家行政机关、企事业单位或社会团体的工作人员与其他单位或个人联系工作、了解情况、磋商事宜时所用的一种专用书信，它具有介绍与证明的双重作用，办事双方凭据此信接洽。

介绍信一般有普通介绍信和印刷介绍信两种形式。

（一）普通介绍信

这种介绍信一般用公文信笺临时书写，其写法如下。

1．在第一行正中用较大字体写"介绍信"三个字，然后在第二行开头顶格写对方单位名称或对方负责人的姓名、称呼，再加上冒号。

2．另起一行空两格起写介绍信的内容。开头习惯上用"兹"、"今"、"现"，正文要写明被介绍人的姓名、身份、随行人数以及要接洽的事情和要求等。随行人数的数码要大写，如要办理重要事项或带保密性的事项，还应注明被介绍人的政治面貌、年龄、职务、级别等，便于对方接待。

3．结尾可写上"请接洽"、"请予协助"、"此致、敬礼"等表示敬意或祝愿的话。

4．最后在右下方写上本单位名称，出具介绍信的年月日，并加盖公章。在左下方还要注明介绍信的有效期限。

例文 5-17

介绍信

天地公司负责同志:
　　今介绍我所副研究员何涛、高级工程师陈锦昌等贰位同志前往贵公司洽谈有关合作的具体事宜，请予接待。
　　此致
敬礼!

××实用技术研究所（章）
2006 年 5 月 10 日

（有效期　　　天）

　　（二）印刷介绍信
　　这种介绍信有固定格式，印刷成册，属联单式，使用时只需在空白处填上有关内容即可。这种介绍信分两联，一联是存根，另一联是介绍信本文，正中有间缝。
　　存根部分供查考之用，其写法如下。
　　1. 第一行正中用大字体写"介绍信"三个字，后面加圆括号内写"存根"两个字。
　　2. 第二行的右半行，即"介绍信"的右下方写"×字第××号"，"×字"是单位的代字，如海州市工业局可写"海工字第××号"。"××号"是介绍信页码的顺序号。
　　3. 第三行空两格起写介绍信内容，应写明何人到何处办何事，对接洽单位有什么要求等。
　　4. 为了负责起见，以备日后查考，还应填上经手人和签发人姓名。
　　5. 最后写介绍信开出的时间，有效期限。
　　介绍信的本文部分，其写法如下。
　　1. 在第一行正中用大字体写"介绍信"三个字。
　　2. 在"介绍信"三个字右下方写"×字第××号"，与存根一样填写。
　　3. 第三行顶格起写联系单位名称或个人姓名、称呼，再加上冒号。
　　4. 第四行空两格起写正文。写明被介绍人的姓名、政治面貌、人数、职务、职称等，要接洽的具体事项及对联系单位或个人的要求和希望等。
　　5. 结尾写"请接洽"、"请予协助"、"请支持"之类的客气语。另起一行空两格写"此致"，再另起一行顶格写"敬礼"。
　　6. 另起一行的右下方写上单位名称，下边写上年月日，并加盖公章。另起一行的左下方写介绍信的有效时间，并用括号括上。
　　介绍信的本文与存根之间是间缝部分，有一条虚线，虚线中间写着"×字第××号"字样，这与存根一样填写。号码要用大写，并写在虚线的正中，使存根及本文各有一半。虚线正中的号码要加盖公章。

例文 5-18

介绍信（存根）

字第　　号

被介绍者：
前往单位：
联系何事：
经手人：
签发人：

　　　　　　　　　　　　　　　　　　　　　　　　　年　　月　　日

（有效期　　　　天）　　　　　字第　　　号（公章）

介　绍　信

字第　　号

　　兹介绍我院　　　　同志等　　　人，前往　　　　　　　，请接洽。
　　此致
　　　敬礼！

　　　　　　　　　　　　　　　　　　　　　海州职业技术学院（公章）
　　　　　　　　　　　　　　　　　　　　　　　年　　月　　日

（有效期　　　　天）

二、证明信

　　证明信是国家行政机关、企事业单位、社会团体或个人证明有关人员身份或某一事情真相的一种书信。证明信又通常称为"证明"，它具有凭证的作用。

　　证明信与介绍信有相似之处，又有区别。介绍信、证明信都是从本单位角度来证明本单位的人或与之有关的事实情况的，但介绍信主要是介绍本单位同志到有关单位商洽工作时所用的函件，介绍信侧重于介绍情况，证明信则侧重于证明情况。

　　证明信有两种形式：一种是以组织名义出具的证明信；另一种是以个人名义出具证明、再由所在单位组织签注意见的证明信。这两种形式的证明信，结构大致相同，都由标题、称谓、正文、署名和日期构成。

　　1. 标题。常冠以"证明信"三个字或写明"关于××同志××情况（或问题）的证明"。
　　2. 称呼。顶格写上需要证明单位的名称，之后加冒号。
　　3. 正文。正文是证明信的主体部分，写法是另起一行空两格写明被证明事项的全部事实，内容要翔实，语言要准确肯定、简明扼要。正文之后常另起一行空两格写"特此证明"作结束语。

4. 署名、日期。在正文右下方署上证明人（或单位）名称、日期，并加盖印章。

若属个人名义出具的证明信，所在单位组织须签署意见，内容大致包括下述方面。

（1）写明对写证明信其人的政治、工作等的评价，便于对方了解证明人的基本情况，从而鉴别证明材料的真伪与可信的程度。

（2）对证明信内容的态度。凡证明的材料属熟悉的，可表示肯定或否定的态度；若不大熟悉，可注明"仅供参考"。

签署意见之后，要署上单位名称和日期，并加盖公章。

另外，还有一种随身携带、起证明身份作用的证明信。这种证明信只是保证被证明者的工作、生活或旅行的正常进行，其写法与上述两种证明信相同，只是这种证明信要注明有效期限。因此，这种证明信与介绍信更为相近。

写证明信应注意以下几点。

第一，实事求是。证明的材料必须真实、可靠。

第二，用词要准确，避免歧义；语气要肯定，令人信服。

第三，留存底稿，以备查考。

例文 5-19

证明信

××研究所：

汤显龙，男，中共党员，28岁，系我司研发部技术人员。今前往贵研究所进行研讨学习并洽谈有关论文的合作事宜。

特此证明。

海州食品有限公司（盖章）
2007年6月13日

（有效期　　　天）

例文 5-20

证明信

××学院党委：

×年×月×日来信收到。根据信中要求，现将你校王芳同志的爱人——张志强同志的情况介绍如下：

张志强同志，男，现年38岁，中共党员，是我院信息系教师。该同志和家庭成员以及主要社会关系政治历史均清楚。该同志对教学工作认真负责，近年来多次被评为市级模范教师。

特此证明。

海州职业技术学院（公章）
2007 年 3 月 12 日

例文 5-21

证明信

××县××乡党委：

　　你乡李福旺同志，1944 年 8 月加入中国共产党，我和孔祥胜同志（已去世）是他的入党介绍人。1948 年 10 月以后，我与其失去联系，对其以后的情况毫不了解。

　　特此证明。

刘中天
1998 年 12 月 10 日

　　刘中天同志，男，现年 76 岁，是我局老干部。1943 年加入中国共产党，参加过抗日战争和解放战争，新中国成立后在我市组织部工作。

　　此证明材料可供参考。

××市老干部局（公章）
1998 年 12 月 12 日

【思考与练习】

一、简答题

1．介绍信与证明信有何区别？

2．写作证明信要注意哪些事项？

二、写作题

1．按介绍信的格式和要求，写一封介绍你单位的同志到民航售票处购买飞机票的介绍信。

2．按证明信的格式和要求，开具一份海州职业技术学院 2007 届人文社科系文秘专业毕业的学历证明。

第四节　表扬信与感谢信

一、表扬信

　　表扬信是表彰某些单位、集体、个人的先进思想、风格、事迹的一种专用书信。

（一）表扬信的类型

1. 以领导机关或群众团体的名义表彰其所属的单位、集体、个人。这种表扬信可以在授奖大会上由负责同志宣读，也可以登报、广播。

2. 群众之间的互相表扬。这种表扬信不仅赞颂对方的好品德、好风格，也有感谢的意思。如果双方互相熟悉，可直接寄给本人或所属的单位；如双方并不熟悉，可以将表扬信寄给报社，请编辑同志帮助转寄或刊登在报纸上。

（二）表扬信的格式

1. 标题。第一行正中写"表扬信"或"致××同志的表扬信"。

2. 称谓。写被表扬的单位、个人的称呼。如果是写给个人的，应在姓名之后加上"同志"、"先生"等字样，后边加冒号，顶格写。

3. 正文。另起一行，空两格写表扬的内容。

（1）交代表扬的缘由。重点叙述人物事迹的发生、发展、结果及其意义。叙述要清楚，要突出最本质的方面。

（2）在叙述的基础上，可加上适当的议论，热情赞扬或表彰人物在事件中表现出来的可贵精神、崇高品质以及客观影响，同时表示对人物的感谢之情。

（3）表示向对方学习的态度和决心。如果是下行式表扬信，可写对受信者进一步的期望和勉励。如果表扬信是写给受信者单位或报纸、电台的，可以提出建议，如"建议在××中加以表扬"，或"××同志的优秀品德值得大家学习，建议予以表扬"等。如果是直接写给本人的，则要适当谈些"深受感动"、"值得我学习"等方面的内容。

4. 结尾。写表示敬意或祝愿的话，如"此致　敬礼"、"致以崇高的敬意"、"祝进步"、"谨表谢意"等。

5. 署名和日期。

例文 5-22

表扬信

临江职业学院负责同志：

　　2007年6月12日上午，我公司采购员王××到市百货商场购买物品，不慎丢失皮包一只，内有人民币叁万元、工作证及购物发票等。当我们发觉后正在焦急寻找时，你校管理系三年级学生刘中华同学主动把拾到的皮包如数送到我公司，我们再三感谢并表示要赠给礼品，刘中华同学说："这是我应当做的"，一再表示不能接受。他这种拾金不昧的高尚品德，对我们是一次好的教育，特写此信给你们，并通过你们向他本人表示衷心的感谢。

　　此致

敬礼

海州市机械有限公司（盖章）

2007年6月13日

二、感谢信

感谢信是为感谢对方的关心、支持、帮助而书写的信。它的对象及事迹，一般都和写感谢信的人有直接的关系，所以应满怀感激之情，把对方的好思想、好作风和光荣事迹概括地写出来，然后再表达谢意和向对方学习的决心。感谢信不仅有感谢的意思，而且有表扬的意思。它可以直接寄给对方或对方的所在单位，也可以送交报社、电台刊登、广播。

（一）感谢信的特点

1. 真实性。主要体现在两方面：一是感谢的对象要真实；二是叙述的事情要真实，如事情发生的时间、地点、经过和结果等。

2. 感召性。感谢信中充满了热情洋溢的感激之情，可使被感谢的一方受到鼓舞和鞭策，感谢一方从中也受到教育和激励，对其他人也有一定的感染力和号召力。

（二）内容和格式

1. 标题。感谢信的标题比较灵活，大致有三种写法。

（1）以文种作标题，即在首行正中书写"感谢信"三个字。

（2）用公文式标题，如：发文机关＋事由＋文种。

（3）用双标题——正标题和副标题，即先用一个生动形象的正标题，然后再用"给××的感谢信"作为副标题。

2. 称谓。标题下一行顶格写被感谢对象的单位名称或个人姓名。个人姓名后应加上"同志"、"先生"或职务及相应的称呼。称谓之后加冒号。

3. 正文。称谓下一行空两格起，写感谢的内容和感激心情。应当分段写出以下几个方面。

（1）精练地叙述对方的好品德、好作风与先进事迹。在叙述的过程中，要交代清楚人物、事件、时间、地点、原因、结果，重点叙说在关键时刻对方的关心、支持、帮助所产生的意义和作用。

（2）热情赞颂对方的可贵精神，既表感激之情，也谈今后如何用实际行动向对方学习。

4. 结尾。最后写上表示敬意、祝愿或感激的话，方式可以灵活多样，如"此致　敬礼"、"致以最诚挚的敬礼"等。

5. 署名和日期。在右下方写上单位名称或个人姓名，后一行写发信的年月日。

（三）写作要求

1. 内容要有真实性。叙述事迹要真实具体，时间、地点、人物及有关数字要绝对准确，关键部分要突出，并给对方以恰如其分的评价。

2. 感情体现丰富性。做到以事表情，以情感人。既要感情充沛，讲究文辞，又避免平铺直叙，表达谢意的行动要符合实际，说到做到，切实可行。同时要讲究礼貌，开头的称呼，文中的用词，结尾的敬语都要符合对方的身份和社会交往中的习惯。

3. 格式符合规范性，篇幅要简短，语句要精练。

例文 5-23

感谢信

海州市百货公司采批站：

　　此次我们财会专业六位同学在贵站进行毕业实习期间，得到贵站全体同志的热情接待和无微不至的关怀。采批站不仅为我们妥善安排了食宿，生活上悉心照顾，在政治思想上更是时时、处处、事事给予我们热情关怀和教导，使我们懂得了许多书本上学不到的知识。尤其是我们的业务指导师傅，业务上耐心指导、工作上严格要求，使我们在短短一个半月的时间取得了很大的进步，达到了预期的目的。毕业实习马上要结束了，但是我们在这里所看到、学到的一切将永远激励着我们，成为我们今后工作和学习的动力。在这里，我们全组同学再次向贵站领导和全体职工表示诚挚的谢意！

　　此致
敬礼

××省商业职业技术学院经济管理系
2005级财会专业陈小东、张曦等六名同学
2007年6月26日

例文 5-24

感谢信

海州一中：

　　我的孩子李强是你校高三（二）班学生，他上周二下午上体育课时不慎将脚扭伤，体育教师王伟和同学们连忙将他送到医院治疗，随后又送回我家，连水也没有喝一口就走了。在他休养期间，班主任老师又同其他教师分别上门补课，使我的孩子没耽误一天课程。你们这种关心学生、无私奉献的精神真值得我学习。在此，我代表我全家向贵校全体同学表示衷心的感谢！

　　我是一名护士，我一定要像你们那样，以一片爱心对待患者，做好我的本职工作。

　　此致
敬礼！

海州市第三医院护士张玲
2006年9月30日

例文 5-25

张鼎丞、邓子恢致宋庆龄的感谢信

孙夫人庆龄先生：

蒙赠西药伍拾箱，已如数点收，深情厚谊，至为铭感。特代表指战员致谢。
特署奉候
署祺

张鼎丞、邓子恢
6月29日

【思考与练习】

一、简答题
1. 试比较表扬信与感谢信写作方法（包括内容与格式）的异同。
2. 写作感谢信有哪些要求？

二、写作题
1. 你由家乡来校途中，身体不适，晕车呕吐，车到学校所在地后，行李又不慎被外校学生拿错，幸得同车的×××学校学生张明在车上照顾你，又为你找回被拿错的行李。为此，你十分感激他，试写一封表扬信给他所在的学校。
2. 假如你是一名受"××基金"资助的大学生。请你以个人的名义给"××基金"写一封感谢信，具体内容自定。

第五节 慰 问 信

慰问信是以组织或个人的名义向对方表示慰问的书信。它能够充分地体现组织的温暖和同志、亲人之间的深厚情谊，给人以继续前进的信心，克服困难的勇气，勤奋学习和努力工作的力量。慰问信可直接寄给本人，也可以登报或广播。

一、慰问信的分类

根据慰问信发出者的不同情况和所要表达的不同内容和感情，慰问信可分为三种类型：鼓励式慰问信、安慰式慰问信和节日慰问信。

二、慰问信的写法

（一）鼓励式慰问信

这种慰问信的内容侧重于对受信者某方面的成绩加以肯定，并鼓励受信者进一步努力，取得更大的成绩。写这类慰问信，语气要亲切、热情，充满感情色彩，让人们在肯定过去成绩的基础上，重新凝聚力量，满怀信心地向新的目标奋进。

鼓励式慰问信的内容和结构包括以下几部分。

1. 标题。在第一行正中用较大字体写"慰问信"三个字，或加上写信者和受信者的称谓作限定语，如"致×××的慰问信"、"×××致×××的慰问信。"

2. 称谓。顶格写被慰问的单位名称或个人姓名，后加冒号。

3. 正文。第三行空两格起写慰问信的主要内容。如果内容较多，应分段书写。包括三个方面。

（1）说明写慰问信的背景、原因。即简明扼要、高度概括地交代社会形势和肯定受信者所取得的成绩，然后写表示深切慰问的话。如"正当经济体制改革深入进行的时候，你们在××方面取得了可喜的成绩。在此，我们代表×××向你们致以亲切的慰问，并致以崇高的敬意。"

（2）对受信者的先进事迹或所取得的成绩作进一步稍微详细的叙述，然后对受信者表示劝勉、鼓励，并表示向其学习的决心。

（3）表示共同的心愿。如："让我们携起手来，共同在社会主义现代化建设的道路上大步迈进！"、"让我们团结起来，为创建社会主义和谐社会而共同努力奋斗！"等。

4. 结尾。另起一行，空两格开始书写表示敬意或祝愿的话，如"此致　敬礼"、"祝取得更大的成绩"、"致以最亲切的慰问"等相应的话。

5. 署名和日期。

例文 5-26

南风集团致全体客户的慰问信

尊敬的南风客户：

　　瑞羊踏雪去，金猴驾去来。在 2004 年中国传统新春佳节到来之际，南风集团各级领导、全体员工祝所有经销南风产品的客户新春吉祥，合家幸福！

　　在过去的一年里，我们的合作又取得了丰硕的成果。南风日化洗涤剂全年销量比去年同期增长 18%；洗衣粉、皂、液洗的三元产品销量均创历史最高水平。日前，从国家质量监督检验检疫总局传来喜讯："奇强"牌液体洗涤剂荣获"国家免检产品"称号，这是继洗衣粉荣获"国家免检产品"称号后"奇强"获得的又一殊荣。市场的拓展，品牌的提升，是我们并肩携手创造出的辉煌！

　　新的一年，南风努力的方向是企业成功、品牌发展、客户赚钱。在互利合作的基础上，南风将以遍布全国完善的销售服务网络和高效率的物流配送体系，秉承一切服从市场、一切服务销售、一切使消费者满意的服务宗旨，不遗余力地服务好广大客户，达到互利合作，实现双赢的目的。衷心希望我们的事业兴旺发达，利益长存。

　　祝客户朋友财源广进，生意兴隆！

　　祝您的家人新快乐，万事如意！

南风集团
2004 年 1 月 18 日

（二）安慰式慰问信

安慰式慰问信的内容侧重于对受信者在工作或生活中遇到的不幸、遭受的重大损失或碰到的巨大困难表示同情和安慰，如自然灾害、事故伤亡等，鼓励他们战胜困难，重建家园，在此基础上鼓励他们振作起来，战胜困难，渡过难关。

写这类慰问信，语气要诚恳、深切，让受信者感受到社会的温暖、组织的关心，从而增强克服困难的信心。

安慰式慰问信的内容与结构包括以下几个部分。

1．标题。与鼓励式慰问信同。

2．称谓。顶格写被慰问的单位名称或个人姓名，后加冒号。

3．正文。另起一行，空两格开始书写慰问信的内容。如内容较多，应分段写。

（1）说明写慰问信的背景和原因。简明扼要、高度概括地交代社会形势和受信者受到的挫折，然后写表示深切慰问的话。如"在经济建设稳步发展，人民生活水平日益改善提高的形势下，你们突然遇到了百年不遇的洪涝灾害。对你们目前的困难，我们表示深切的理解和同情，并向你们致以亲切的慰问"、"正当你们和全国人民一道在党的"十六大"精神的鼓舞下，加快改革步伐的时候，突然由于地震灾害，遭受了巨大的损失。在此，我们代表全院师生向你们致以深切的慰问"，等等。

（2）概括地叙述受信者在与困难作斗争中所表现出来的战胜困难、不畏艰险、顶着困难锐意进取的可贵精神，鼓励他们继续发扬这种精神，然后向他们表示慰问和学习。

（3）表示愿意同受信者一道团结起来，共同战胜困难，渡过难关的愿望和决心，展望光明美好的未来。如"我们决心同你们一道，齐心协力，共渡难关，帮助你们早日恢复生产，重建家园"、"困难是暂时的，最后的胜利一定属于我们"等。另外，如果有随信附上的钱、物等，可另起一段作附加说明。

4．结尾。写表示敬意或祝愿的话，如"此致　　敬礼"、"致以最亲切的慰问"、"祝早日恢复生产、重建家园"等相应的话。

5．署名和日期。

例文5-27

共青团中央　全国青联　全国学联

致邵云环、许杏虎、朱颖烈士亲属和负伤勇士的慰问信

烈士的亲属和负伤的同志们：

5月8日，以美国为首的北约悍然用导弹袭击我驻南斯拉夫联盟共和国大使馆，造成我人员重大伤亡和馆舍严重毁坏。这是对中国主权和民族尊严的粗暴侵犯，是对包括广大青年在内的12亿中国人民犯下的滔天罪行和公然挑衅。我们对新华社记者邵云环和光明日报青年记者许杏虎、朱颖同志的壮烈牺牲表示极大的悲痛和深切的哀悼，对三位烈士的亲属和负伤的勇士表示亲切的慰问,对以美国为首的北约这一丧心病狂的罪恶行径表示万分愤慨和最强烈的抗议。

邵云环、许杏虎、朱颖同志在南斯拉夫工作期间,面对北约对南斯拉夫发动的侵略战争,主持正义,尽责敬业,不畏艰险,坚持采访报道,发回了大量消息,最后以身殉职。他们是中华民族的英雄和骄傲,是全国广大青年学习的榜样。我们一定要学习他们的热爱祖国、尽责尽职、英勇无畏、无私奉献的崇高品格,把对以美国为首的北约暴行的义愤化为刻苦学习和勤奋工作的强大动力,紧密团结在以江泽民同志为核心的党中央周围,高举邓小平理论伟大旗帜,积极维护改革、发展、稳定的大局,为提高国家的综合实力,实现中华民族的伟大复兴贡献自己的青春、智慧和力量。

祝愿负伤的勇士们早日健康!

为国牺牲的烈士永垂不朽!

共青团中央

全国青联

全国学联

1999年5月13日

(三)节日慰问信

顾名思义,是一种在重大的节日,如元旦、春节、五四青年节、八一建军节等节日向有关机关团体或个人发出的慰问信。这种慰问信多数是上级机关团体或个人向所属单位或个人发出,也可以是群众之间互相慰问。

节日慰问信可根据受信者范围的大小,以不同的方式发出,可以直接寄送到单位或个人,或者送交报纸、电台等传播媒介公开刊登、广播,也可以以告示方式直接张贴到受信者所在单位。

写这类慰问信,语气要积极、热情、乐观向上,让人们在欢乐的节日气氛中感到一股向上的力量,增强必胜的信心,满怀豪情地开始新时期的工作和生活,取得更大的成就。

节日慰问信的内容和格式包括以下几个部分。

1. 标题。与鼓励式慰问信相同。
2. 称呼。与鼓励式慰问信相同。
3. 正文。空两格写慰问信的内容。由于这部分包含的内容较多,应分段书写。

(1)说明写慰问信的背景和原因。即介绍当时的社会形势,以及快到什么节日,所以向对方发出慰问信,然后写上表示亲切问候的话语,如"值此经济振兴时期,我国人民的传统节日——新春佳节即将来临。我们代表全院师生向你们表示亲切的慰问,并致以崇高的敬意!"。也可以开门见山,直接写"时值2007年新春佳节即将来临之际……"然后表示慰问。

(2)集中、概括地总结介绍受信者,或受信者以及发信者共同在某一特定时期内所取得的成绩,对受信者表示节日的慰问以及对新时期工作和生活的祝愿。

（3）提出目前和以后的任务和要求，表明共同携手开创未来，取得更大成绩的愿望和决心。

　　4．结尾。空两格写表示祝愿或敬意的话，如"祝节日愉快"、"祝取得更大成绩"、"致以诚挚的节日问候"等，这两行均不加标点。

　　5．署名和日期。

例文 5-28

春节慰问信

中国人民解放军××部队指战员同志们：

　　2007年新春佳节来到了。在这喜庆的日子里，我们公司的全体职工谨向你们致以亲切的慰问和节日的祝贺！

　　在过去的一年里，你们全体指战员继承和发扬了人民解放军的光荣传统，为全市人民造福。在市政工程建设中你们勇挑重担，奋力拼搏，为建设一个新海州做出了巨大的贡献，你们不愧是人民的子弟兵，你们永远是我们学习的好榜样！

　　亲爱的同志们，我们决心以你们为榜样，积极工作，为全市人民生产出更多更好的产品，为和谐社会的建设作出更大的贡献。让我们在新的一年里更加紧密地团结起来，在改革的征途中携手共进！

海州食品有限公司全体职工
2007年2月10日

【思考与练习】

　　一、简答题

　　1．试分析鼓励式慰问信、安慰式慰问信和节日慰问信的例文，指出它们在语言运用上的异同。

　　2．慰问信的基本格式应包含哪些内容？

　　二、写作题

　　一年一度的教师节即将来临，请你以海州职业技术学院学生会的名义，给全校的教师写一封慰问信。要做到内容充实、感情真挚、格式规范、语句简练。

第六节　建议书与倡议书

一、建议书

　　建议书是个人或团体向领导或有关部门提出开展某项工作或活动的建议的一种专用文

书，或称意见书。

（一）建议书的格式

建议书形式多样，但一般说来，都有以下几个部分。

1．标题。首页正中上首写"建议"或"建议书"等字样，也可由建议书的性质或内容加文种构成，如"关于减轻中小学生学习负担的建议书"、"关于改革经营管理工作的建议书"等。有时也用主、副标题形式，主标题写建议的实质性内容，副标题写关于什么问题的建议。

2．称谓。顶格写主送单位或个人的名称，后加冒号。

3．正文。另起一行，空两格开始书写建议书的内容，一般应分段来写。

（1）提出建议的原因和出发点。即说明为什么要提出建议，自己提出建议的想法是什么，这样才能使接受建议书的机关、单位、个人联系实际情况，考虑建议的必要性和合理性。

（2）提出建议的具体事项，即建议什么。如果要建议的事项有很多方面，则应分条列出，逐条说明，以便条理清晰。

（3）提出希望和要求。可简单表达出自己的愿望就行，如"以上建议恭请考虑"等。

4．结尾。写表示敬意或祝愿的话，如"此致　敬礼"、"祝工作顺利"等相应的话。

5．署名和日期。建议人名称和建议的日期写于正文右下方。

（二）写作要求

1．态度要认真。建议人要以主人翁的身份采取严肃、负责的态度提出建议。

2．意见要切实可行。提意见、写建议要根据具体问题、实际需要和可能条件，而不能凭空想象，不着边际地去提，这样才有助于改进工作，开展活动。所提的意见和建议应当比较准确、比较合理，要有分寸感，力求在现有条件下能付诸实施。不能说过头话，提过高要求，否则无济于事。提意见、写建议还应当心平气和，不能言语过激，提无理要求。

3．内容要具体。写作上要力求内容具体充实。无论分条开列或不分条开列，各项内容都要条理分明，改进的方法和应当采取的措施也都要具体、实在，这样接受机关、单位、个人在考虑和采纳时容易落在实处。

4．语言要简明。所写的意见要言简意赅，用词要准确，表达要清晰，重点要突出，不要过多地叙述和议论。只要言简意明地赅具体办法、具体措施如实地、准确地写出来，不需要过多地分析和论证，分条开列的建议书更应如此。

例文 5-29

建议书

商务部：

近年来，我国从国外进口设备，对促进生产和提高技术起了一定作用，但也出现了不少问题：有些部门盲目进口设备，造成长期闲置不用；有些单位引进的设备设计不周，安装后不能使用；有些企业各自为政，致使设备进口重复……凡此种种，不但浪费了大量外汇，且冲击了我国自身的工业发展。为此，我们建议：

一、建立一个全国性的审批进口设备机构，对各地的进口设备进行综合平衡和最后审批。

二、申请进口设备的单位，应对将进口的设备进行可行性测试，然后才上报审批。

三、对已进口的设备进行一次普查，并将结果送计算机中心储存，供有关部门查调或审批时参考。

四、尽快制定、颁布《进口法》，不负责地盲目引进设备者要承担经济和法律责任。

以上意见恭请考虑。

×××

2007年5月10日

二、倡议书

倡议书是为了促进工作和开展某项公益活动，向群众提出有号召性建议的一种专用文书。它有个人发起的和集体发起的两种。

倡议书不是对一个人，也不仅仅是对一个集体或一个单位，而往往是对一个部门，一个地区，甚至全国发出倡议，其对象非常广泛。它可以在更大范围内调动群众的积极性，使大家心往一处想，劲往一处使，目标一致，齐心协力，共同奋斗。

（一）倡议书与建议书的不同

倡议书是一种带有号召性质的公开建议类特殊书信。它具有建议书的一些特征，以体现倡议人的主张和看法为主旨，但又与建议书有很大的不同：倡议书虽然有所建议，但它一般是面向群众，旨在能把自己的意见变为群众的自觉行动；而建议书面向领导或有关部门，而且仅仅是建议，旨在能把自己的意见变为领导或有关部门的决策，没有发动群众去做的意思。倡议书有号召性、鼓动性，行文带有激情；而建议书则具有提请性，语气较为谦逊。

（二）倡议书的格式与要求

1. 标题。第一行正中用较大字体写"倡议书"三字。也可用高度概括的语言在倡议书前加一个限定语，如"人家都来说普通话的倡议书"，等等。

2. 称谓。即倡议的对象。有的倡议对象较为广泛，可根据需要分别列上，如"××学院全体同学"、"社会各界人士"等，也可省略不写。在称谓之后加冒号。

3. 正文。另起一行，空两格开始书写倡议书的内容，一般应分段。

（1）交代发出倡议的背景、理由或条件，指出完成倡议内容的意义等。因发了倡议是要大家响应的，只有交代清楚倡议活动的目的、意义，大家才能理解，才能变成自己的自觉行动。如果对倡议的目的、意图不交代或交代不清，别人莫名其妙，就很难响应。这部分写完后，通常用"我们倡议如下"、"我们提出以下倡议"等承启语连接下文。

（2）倡议的具体事项。写清楚希望大家做什么、怎么做。只有交代清楚倡议的内容，响应者的行动才有所依据；只有弄清了实行的具体措施，响应者才知道如何投入行动，否则将造成盲目的行动。这部分通常分条开列。

（3）表明倡议者的决心和希望。

4．署名和日期。在正文右下方注明倡议者和日期。

（三）注意事项

1．倡议书的内容应真实、具体，体现实事求是的精神。

2．提出倡议的理由必须充分，目的一定要明确。这样才能有号召力，得到别人的响应。

3．倡议的事项应切实可行。提倡议总希望能得到推广与实施，因此，倡议书所提的要求和措施要具有可行性。过高的要求会失去群众，不实际可行的措施无从达到倡议的目的，只会成为一纸空文。

4．语言要简洁明晰，通俗易懂。因为倡议书有号召性质，所以使用语言必须具有鼓动性，行文要带有激情，文章才有感染力、号召力，才能动员更多的人投入所倡议的行动之中。

例文 5-30

倡议书

全体同学：

　　礼貌，是人类社会文明的产物，是社会进步的一种表现。讲究礼貌、礼节是我国社会改革发展的需要；言谈举止，是一个人思想品德和情操的外在表现。我国是一个文明古国，在广大劳动人民中间历来就有着讲究文明礼貌的优秀传统。然而，近年来社会上一些青年错误地认为讲文明礼貌可有可无，是"资产阶级的生活方式"。而视那种缺乏社会公德，不懂文明，不讲礼貌的行为是所谓强者的象征。这些错误想法像公害一样污染了我国良好的社会风气。因此，我们向各大中专院校的共青团员和全体同学发出呼吁："做一个道德高尚、懂文明、讲礼貌的新青年！"我们的倡议如下：

1．努力学习文化知识，牢固树"振兴中华"为己任的思想。

2．讲文明、懂礼貌，敬老爱幼，不说粗话、脏话。

3．自觉维护公共环境卫生，不随地吐痰和乱扔脏物。

4．遵守法纪，维护公共秩序，不起哄，不打架闹事。

5．爱护学校公共财物，不乱刻乱划课桌椅，不撕毁图书。

6．开展健康的问题活动，自觉抵制淫秽书、画、录音、录像的毒害，反对资本主义思想的腐蚀。

7．自觉维护民族尊严，对待外国友人热情友好，不卑不亢、落落大方。

今天，社会主义现代化建设的发展不但要求我们要有热情、干劲和高超的技术本领，而且要求人们具有社会道德观念和品质。因此，我们希望每个青年都来响应我们的倡议，注意进行思想方面的修养，为我们社会主义祖国在社会主义现代化建设和发展中不断出现新风尚、新局面而尽我们的责任。

海州职业技术学院学生会
2006年9月8日

【思考与练习】

一、简答题
1. 倡议书与建议书有何区别？
2. 倡议书与建议书在写作上有何具体要求？

二、写作题
1. 请你向有关部门提交一份关于治理整顿网吧的建议书。
2. 海州职业技术学院正在争创全国示范性职业技术学院，请你以院学生会的名义向全院同学发一份倡议，号召全院同学努力学习，献言献策，以实际行动积极投身到创建的热潮中去。

第七节 贺信、贺电、祝辞

一、贺信

贺信是对对方在某个方面所取得的成就或突出贡献表示庆祝、贺喜、赞扬或表彰等美好意愿的书信。如某单位或某个人做出了突出贡献，某单位召开了重要会议，某些重大工程的开工、竣工，某科研项目成功，某项重大任务保质保量的提前完成，某重要人物的寿辰以及国家首脑的任职，都可以贺信的形式表示祝贺。

贺信的类别，按性质、范围分，有用于重大成就的贺信、用于重大会议的贺信、用于重要任职的贺信等；按行文方向，又分为上级机关对下级单位的贺信，下级单位对上级单位的贺信，平级单位之间的贺信，以个人或单位、组织的名义给某个重要人物的贺信等。

贺信可以直接寄给对方，也可在报刊上登载，或在电台电视台上播出。

（一）格式要求

贺信的格式与一般书信大同小异，可分为6个部分。

1. 标题。可在首行居中写"贺信"二字，也可以标明致贺者、受贺者和祝贺者原由，如《致××商场的贺信》、《祝贺××公司评为国家二级企业的贺信》、《致××厂建厂二十周年的贺信》等。

2．称呼。在标题的下一行，顶格写被祝贺的单位名称或受贺人的尊称，后加冒号。

3．正文。另起一行，空两格起写贺信的内容。可分若干段落：

（1）首先应简略叙述当前的形势，说明对方所取得的成绩的社会背景或是在什么特定情况下庆贺的或说明重要会议召开的历史条件，或其他。如"喜闻10月2日是贵厂建厂20周年纪念日，谨此表示热烈的祝贺！"

（2）主体部分应充分肯定和热情赞扬对方所取得的主要成就，以及取得成就的根本原因和重大意义，并做出肯定性评价，使对方感到鼓舞和激励。如果是祝贺重要会议的召开，应说明对方的突出贡献和高贵品德。

（3）最后，应以热烈的祝贺和赞颂（赞扬），或以热情的鼓励和殷切的希望作为结束。也可以表示进一步向对方学习或说一些鼓励和期待的话。下级贺上级则以表示祝贺者的决心和准备怎么办为宜。

（4）结尾。可以另起一行空两格写表示良好祝愿的话，如"顺颂台祺"、"顺问近祉"、"祝取得更大成绩"、"祝大会胜利成功"、"祝您健康长寿"、"谨以至诚，恭贺你们！"，"此致　　敬礼"等。

4．署名。写致贺者的单位全称或个人姓名，以单位名义致贺的，要在贺信署名与日期上加盖公章。

5．日期。在署名的下一行。

6．信封。除非是写在大纸上专人送达的贺信，都应使用信封。邮寄贺信的信封写法同于一般信封。送达的贺信，可以只在信封居中写明"敬贺×××"，对个人要用尊称，也可以只写"呈交"、"专送"字样。

（二）写作要求

1．写贺信，感情要充沛、饱满，字里行间要洋溢着喜庆、热烈的气氛，要给人以热情和鼓舞。

2．贺信的语言要简练、明快、通俗、流畅，切不可堆砌辞藻，篇幅要短小。

3．贺信的写作和寄发要及时，以增添喜庆气氛。内容要实事求是，评价成绩要恰如其分，表示决心要切实可行，不可言过其实，空喊口号。

例文5-31

贺　　信

联通公司全体员工：

　　喜闻10月1日是贵公司成立10周年纪念日，谨此表示热烈的祝贺！

　　10年来，贵公司全体员工发扬了自力更生、艰苦创业、同心同德、锐意创新的可贵精神，不仅在国产计算机芯片研究领域获得了重大突破，而且培养了大批技术人才，支援了兄弟单位。多年来，贵公司在技术力量方面，给我公司以无私的帮助和支援。为此我们表示衷心的感谢，并决心以实际行动向贵公司全体职工学习，努力钻研技术，提高产品质量，为达到同行业的先进水平而努力。

最后，祝贵公司在新的实践中取得更辉煌的成就。

此致

敬礼

××通讯器材有限公司
2006年9月30日

二、贺电

贺电是表示祝贺、赞颂的电报。贺电和贺信同是用来表示庆贺的，如果被庆贺的人或事距离远，为了快速表示祝贺，则用贺电。

贺电通常篇幅短小，感情充沛，文字明快。它多是以领导机关或领导人、代表人物名义发给有关单位、集体、个人的。贺电可直接发给对方，也可登报、广播、上电视，以产生更大的鼓舞作用。

（一）贺电的格式和写法

贺电的格式包括标题、收电单位或个人名称、正文、结尾、署名和日期5个部分。

1. 标题。写在第一行的正中，一般写"贺电"二字。有些贺电的标题还写明发电单位、祝贺的对象和事由，如"国务院热烈祝贺中国女子排球队获得第九届世界女子排球赛冠军的电报"。

2. 称呼。顶格写收电单位或个人的名称或姓名。

3. 正文。直接写明祝贺的内容和意义。正文内容的写作，根据不同的祝贺对象而有所区别，对重大节日、重大会议表示祝贺的，侧重说明该成绩的作用和影响；对重要人物的寿辰，侧重赞颂被贺者的高尚品德和主要贡献。

4. 结尾。表示殷切的希望、热烈的祝愿等。

5. 署名和日期。在正文的右下方写明发电单位名称或个人姓名。署名下一行写发贺电的时间。

（二）贺电的撰写要求

1. 贺电的篇幅不宜长，以百余字为佳。

2. 感情要真挚，措辞要适度，颂扬要恰如其分，所提希望和要求要合情合理。

3. 发电要迅速及时，否则时过境迁，就失去贺电的意义。

例文 5-32

贺　电

寰宇科技实业有限公司：

欣闻贵公司在第16届巴黎科技博览会上摘取科技发明金奖,我公司谨向你们表示热烈的祝贺并致以崇高的敬意。你们今天取得的辉煌成绩是你们多年来倡导的"求实、拼搏、进取、创新"精神最好体现。希望你们继续发扬这种精神,在科学的道路上勇攀高峰,为我国微电子科学事业的发展作出新的贡献。

××电子有限公司
2007年2月26日

三、祝词

祝词,也叫祝辞,是举行典礼或会议时对人、对事表示祝贺的良好愿望或庆贺的言辞或文章。

随着手机的普及,越来越多的人习惯用手机短信来传递节日、生日的祝贺。其格式多样,语言简短,风格亦庄亦谐,因人而异。如"生日快乐!我要送你一份100%纯情奶糖:成分=真心+思念+快乐,有效期=一生,营养=温馨+幸福+感动";"难忘是你我纯洁的友情!可贵是永远不变的真情!高兴是能认识你!献上我最爱的康乃馨,祝你生日快乐";"上联:朝朝暮暮出出入入平平安安顺顺利利;下联:岁岁年年团团圆圆健健康康合合满满;横批:吉祥幸福!恭祝您新年快乐,万事胜意!"

(一)祝词的特点

1. 事先性。祝词和贺词都表示祝贺之意,有时两个词也可以互用,但祝词一般用于对未成事情或正在进行的事情的事先性预祝,有时也用于事后的祝贺;而贺词一般用于事情已成,对之表示庆贺,道喜之意。

2. 广泛性。祝词的广泛性是指祝词的对象很广泛。以人为祝词对象,长辈、平辈、晚辈、上级、平级、下级、男女老少都可以,既可以是知名人士,也可以是平民百姓,都可以通过祝词的形式增进感情,加深交往。以事为祝词对象,范围也很宽,如注周年、喜庆、庆祝寿辰、开业典礼、同学聚会、工程开工典礼、各种剪彩仪式等,都可以使用祝词来渲染气氛,活跃场面,增进彼此的友谊。

3. 严肃性。尽管祝词有调节气氛的作用,但由于祝词一旦脱口而出,就不便更改,从这个意义上说,祝词又具有一定的严肃性。在一些比较随便的场合,如聚会、庆功会、喜宴等轻松愉快的气氛中,祝词人常常是触景生情,即兴而发,恰到好处,但要求祝词人必须是机智灵活,善于表达,否则,就有可能闹笑话,出洋相。在一些比较正规的场合,如举行国宴、迎送贵宾时,祝词人往往是事先有所准备,起码要打好草稿,或口头、或书面,总之,祝词要准确无误,表达要自然得体。

(二)祝词的分类

根据祝愿的对象不同,祝词可分为吉日喜庆祝词、寿诞祝词、事业祝词、祝酒词四类。

1. 吉日喜庆祝词。吉日喜庆祝词主要包括节日祝词、生日祝词、结婚祝词以及迎送宾客祝词等。这类祝词往往灵活机动，可以随机应变，目的是为了表达良好祝愿。

例文 5-33

婚礼祝酒词

女士们、先生们：

　　晚上好！

　　花烛笑迎比翼鸟；洞房喜开并头梅。

　　今天，对一位南方佳人及其先生，是×××先生与×××小姐在人生的这个舞台上用"真情"收获了相识，相恋和一生的相守，今天正式步入婚姻的神圣殿堂。

　　在牡丹盛开的季节里，我们××公司全体工作人员，向两位佳人表示热烈祝贺！祝愿他们俩从今天开始的生死相许生活郑重盟约，扎下一缕永恒的千千同心结。

　　也祝愿所有的来宾事业有成，家庭幸福美满！

　　干杯！

2．寿诞祝词。寿诞祝词是对老人长寿的祝愿，除了祝老人长寿这一愿望外，同时也表达了晚辈对长辈的尊重和爱戴，是对老人一生功绩的肯定和祝贺。因此，这类祝词若是恰当得体，对寿诞老人将是莫大的安慰。有的寿诞祝词也可以是寿诞老人自己写的。

例文 5-34

邓颖超贺张学良九十寿辰

汉卿先生如晤：

　　欣逢先生九十寿庆，颖超特电表示深挚的祝贺。

　　忆昔五十四年前，先生一本爱国赤子之忱，关心民族命运和国家前途，在外侮日亟、国势危殆之秋，毅然促成国共合作，实现全面的抗战；去台之后，虽遭长期不公正之待遇，然淡于荣利，为国筹思，赢得人们景仰。恩来在时，每念及先生则必云：先生乃千古功臣。先生对近代中国所作的特殊贡献，人民是永远不会忘怀的。

　　所幸者，近年来，两岸交往日增，长期隔绝之状况已成过去。先生当年为之奋斗、为之牺牲之统一祖国振兴中华大业，为期必当不远，想先生思之亦必欣然而自慰也。

　　我和同辈朋友们遥祝先生善自珍重，长寿健康，并盼再度聚首，以慰故人之思耳！

　　问候您的夫人赵女士。

邓颖超
一九九〇年五月三十日

3．事业祝词。事业祝词的对象，既可以是个人，祝其事业有成；也可以是单位或集体，祝其事业发达。这类祝词可以是一般性质的，也可以是纪念性质和礼尚往来性质的。

例文 5-35

公司开业贺词

各位领导，各位来宾，各界朋友：

今天是环球集团通讯有限公司一个值得纪念的喜庆日子，我们在这里庆祝公司的隆重开业。值此开业庆典之际，请允许我代表市委、市政府向环球有限公司的开业表示热烈的祝贺；对远道而来专程参加我们庆典活动的各位领导，各位来宾，各界朋友表示热烈欢迎。

环球集团是中国著名的家电制造商。集团拥有 20 多家法人单位，在全球 10 多个国家建立本土化的设计中心、制造基地和贸易公司，全球员工总数超过 2 万人，重点发展科技、工业、贸易、房地产四大支柱产业，现已发展成全球营业额超过 500 亿元规模的跨国企业集团。我们相信在市委、市政府的大力支持下，在集团董事会的领导下，在社会各界朋友的帮助下，经过自身努力拼搏，环球集团通讯有限公司一定会逐渐成长壮大，谨此，我向所有关心支持的环球集团的各界朋友表示衷心的谢意。

最后祝开业庆典取得圆满成功。祝领导、来宾们幸福天成，合家安康。

谢谢！

4. 祝酒词。祝酒词随着各种酒会、宴会、招待会的日益增多而逐渐使用广泛。好的祝酒词能给人以启发和教益，起到活跃气氛、增进感情的目的。但要根据酒会的具体情况，针对不同的对象祝词。

例文 5-36

祝酒词

女士们、先生们：

晚上好！"中国国际汽车展览会"今天开幕了。今晚，我们有机会同各界朋友欢聚，感到很高兴。我谨代表中国国际贸易促进委员会上海市分会，对各位朋友光临我们的招待会，表示最热烈欢迎和诚挚的感谢！

"中国国际汽车展览会"自上午开幕以来，已引起了我市及全国各地参观人员的浓厚兴趣。这次展览会在上海举行，为来自世界和全国各地的汽车制造商提供了产品的展示和技术交流的平台。我相信，本次展览会在推动我国汽车领域的技术进步、销售发展和消费观念方面将起到积极作用。

今晚，各国朋友欢聚一堂，我希望中外同行广交朋友，寻求合作，共同度过一个愉快的夜晚。

最后，请大家举杯，

为"中国国际汽车展览会"的圆满成功，
为朋友们的健康，
干杯！

（三）祝词的基本格式

口头祝词和书面祝词都需要一定的构思和酝酿，从广义上说，都属于"写作"，只是腹稿和手稿之分。祝词的写作没有固定的模式或格式。一般应包括以下几个方面内容。

1．标题。祝词的标题写在第一行的正中，明确写明祝贺的对象或主旨，如"××博览会开幕的祝词"，"在××会上的讲话"，"国际奥委会主席萨马兰奇先生在第一届东亚运动会开幕式上的祝词"等等。有的如即兴发表的祝词则不必拟写标题。

2．称呼。在标题下一行顶格写被祝贺者及其身份或者是写明参加者。祝词的称呼视不同的对象而定。祝贺个人的，可按一般书信的称呼书写，也可依据对象的身份而定；祝贺集体的，常用泛称，如"女士们、先生们"、"各位来宾、各位同志"、"同志们、朋友们"，等等。

3．引言。简要地说明祝贺的对象，祝贺的原因，一般要表达致辞者的心情，以及致祝词者身份（代表个人或者代表单位）。

4．主体。主体部分要具体陈述祝贺的内容，根据不同的祝贺对象，或肯定工作成绩；或赞颂所作贡献；或歌颂品德、精神；或指出被祝之事的意义、作用。

5．结尾。一般书写表示祝愿、希望、共勉之类的言词，如"预祝大会圆满成功"、"祝您健康长寿"、"祝××先生生意兴隆，财源滚滚"等。

（四）祝词的撰写要求

1．语言要准确、简练，并富有感情色彩，遣词造句要饱含鼓励、希望、褒扬之意，力求典雅大方，自然得体，切忌使用辩论、责贬的语句和语气。

2．感情要真挚、热烈，体现真情实感，要让听者愉悦，受到激励和鼓舞。

3．颂扬和祝贺要恰如其分，避免瞎吹滥捧，浮言巧语。

【思考与练习】

一、简答题

1．贺信的写作要求有哪些？

2．贺电的写作要注意什么？

3．祝词有哪些特点？

4．今年9月5日是海州大学建校30周年纪念日，请你以兄弟学校的名义写一封贺信。

二、写作题

1．某公司不久前被授予国家二级企业称号，在"五一"前又被评为省先进集体。请以市外经贸委的名义给这家公司写一份贺电。

2．你的一位长辈今晚举行庆祝80岁寿辰晚宴，请你代亲友们写一份祝词。

第八节　求职信与应聘信

求职信和应聘信都是向用人单位自荐谋求职位的书信。不同的是：求职信是在不知道用人单位是否需要聘用人员的情况下自荐求职的；而应聘信是在获知用人单位公开招聘职位的情况下自荐求职的。

一、格式

求职信与应聘信的格式上是一样的，一般由标题、称谓、正文、落款和联系办法5个部分组成。

1. 标题。可有两种写法："求职信"或"致×××的应聘信"。标题的位置居中，字体略大。

2. 称谓。在标题的下一行顶格写收信单位负责人或人事主管部门领导的姓或姓名，以示对该单位有所了解，后缀"总裁"、"科长"等职衔；无法得知姓名的，可称"厂长"或"经理先生"等。称呼前应加上"尊敬的"作敬语，以示尊重和郑重。

3. 正文。正文是求职信与应聘信的主体部分，形式多样，但一般应写明以下内容：开头问候或致谢，接着介绍自己的基本情况、求职目标和优越条件，应聘信还可以说明信息的获知渠道；然后表明自己干好工作的决心，希望并请求该单位给予面谈的机会，最后以谢语和致敬用语做结尾。求职信备有附录材料的，正文中可不再详述本人学识、经历等内容。

4. 落款。包括署名和日期。通常在姓名前加"求职者"或"应聘者"，后面加上"谨上"、"敬上"等字样，以示礼仪。

5. 联系办法。包括地址、邮编、电话、E-mail等。

二、写作要求

1. 要适当推销自己，不卑不亢。推销自己，就是自荐给对方，在求职信中具体地介绍自己的学历和专长。所谓适当，就是要做到不卑不亢。过于谦卑，自贬身价，就会给人以碌碌无能的不良感觉；过于高傲，狂妄自大，就会给人以轻佻浮夸的恶劣印象，两者都不能达到求职的目的。适当推销自己，还要考虑自己有没有比一般求职者更有利的条件，这会增加被录用的机会。

2. 既要实事求是，又要投其所需。实事求是也是对适当推销自己而言的，自己的学历、资历、专长都必须实事求是地介绍给对方，绝不能弄虚作假。所谓投其所需，是尽可能根据用人单位的需求而介绍自己。例如用人单位征聘的是机械工程师，自己虽有唱歌跳舞的业余爱好与专长，也不必介绍这方面的内容。因为这与对方的需求无关，介绍了反而可能得到相反的效果。

3．言简意赅，书写端正。求职信要写得言简意赅，直截了当，极力避免冗长累赘。言简意赅，不仅反映了自己的写作水平，同时也会给人以精明练达的好印象。书写必须端正。如果书写潦草，就会给人留下办事草率的不良印象。求职是有求于人，必须给对方留下良好的第一印象，如果写得词不达意，冗长累赘，字体潦草，则求职可能会失败。

4．要详细说明联系电话和地址，以便对方答复。

5．个人简历及学历证书、资格证书、获奖证书、学术成果证书等复印件要随信附上。

例文 5-37

求职信

尊敬的总经理先生：

  您好！

  感谢您在百忙中展开这封信，为我打开了一扇希望之窗。

  我是一名即将毕业的大学生，想在贵公司谋求一份工作。三载的大学生活中走出的我，也许还有些稚嫩，却正渴望将知识回报社会，为事业贡献青春。故不揣冒昧，毛遂自荐，向您呈上这封信。

  我学的专业是"电子与信息技术"，三年的勤奋和拼搏换来了丰硕的成果。学习成绩优秀，在校三年连续获得"一等奖学金"；注重技能培训，经过考核，现已获得电工证（中级）、家电维修证、Protel 证书（绘图员级）等；参加省第一届电子设计大赛一等奖；在努力掌握知识和能力的同时，我积极进取，乐观向上，被评为校级优秀学生干部和市级三好学生。

  学院曾安排我们到贵公司参观，公司严格的管理、先进的设备、优美的环境，特别是对技术创新的热情和对人才的重视，给我留下十分美好的印象。我坚信依靠自己的能力，特别是新产品开发设计方面的实力，能成为贵公司光荣的一员。

  兹将本人简历、就业推荐和获奖证书影印件寄上。

  期盼贵公司的福音。

林泉荣敬上
2007 年 1 月 23 日

联系地址：××××　　电话：××××

邮编：××××　　　手机：××××

例文 5-38

应聘信

尊敬的邵经理：

  今阅《××日报》，得知贵公司急聘电子商务操作人员一名，十分欣喜。

我是××学院电子商务专业的应届毕业生，经过三年的刻苦学习、业余自修以及假期到外企打工实践，现已能熟练的应用国际互联网、电子通讯工具进行商务运作，具有较强的英语表达能力，参加过数次对外商务谈判，能从事英语信函及商务资料的草拟与翻译工作，熟悉国际、国内贸易法规和商务活动规范，具备电子营销、电子支付等电子商务活动知识与能力。

　　在学校，我是系学生会学习部长和模拟期货市场的主持人。在家里，我是"网虫"和家电维修工。我性格稳重，容易与人相处。学校给我的评语是"学习刻苦，思维敏捷，成绩优秀，有较强的动手能力。工作热情高，责任心强，踏实肯干。为人友善，但不够活跃。"

　　我自信能胜任贵公司征聘的职位，兹将本人简历、就业推荐和获奖证书影印件寄上。

　　伫候德音。

王雪谨上
2007年7月28日

电　话：××××　　　手机：××××
E-mail：××××　　　QQ：××××

【思考与练习】

一、简答题

求职信与应聘信有何区别？

二、写作题

1. 求职信是向用人单位自荐谋求职位的书信。假设你即将毕业，希望毕业后到某地某单位工作，请按求职信的写作要求，试为自己拟一封求职信（自我推荐介绍必须实事求是，不能随意套用例文的内容）。

2. 假如你从《××日报》分类广告获知××公司急聘一名技术人员，请你以该专业毕业生的身份给××公司写一份应聘信。

3. 下面是一封求职信，阅读后请回答问题：

（1）这封求职信欠缺些什么？应怎样补上？

（2）信中有哪些多余的内容应删去？

（3）用语是否得体？哪些句子不得体？应怎样修改？

××建筑公司：

　　前天接到我初中同学××的来信，说贵公司公开招聘施工员。我是××技术学院建筑工程技术专业的毕业生，在校读书时，学习成绩优秀，爱好体育运动，是学校篮球代表队的成员。贵公司就设在特区，我想，到特区工作正合我的心意，而且施工员的职务，也和我所学的专业对口。不知贵公司是否同意，请立即给我回信。

　　此致

敬礼

××谨上
2006年8月6日

第九节 申 请 书

申请书是个人或集体向组织表达意愿、向有关部门提出请求时所使用的一种日用文书，大都带有请求批准的意思。它的使用范围十分广泛，诸如入团、入党、入会、入学、结婚、住房、贷款、开业、辞职、调动、困难补助等，均需撰写申请书，可以说与我们每个人的生活、工作、学习都有着密切的关系。

一、格式和写作

各种申请书的格式基本相同，都由标题、称谓、正文、落款四部分组成。

1. 标题。在第一行居中写上"申请书"或"开业申请书"，亦可删去"书"字，如"申请补发身份证"等。

2. 称谓。另起一行顶格书写请求批准的组织名称或个人姓名，后者加上职务或"同志"等，一般只写一个，且要确指。称谓后加冒号提示。

3. 正文。这是申请书的核心部分。先写申请事项，再写申请理由，最后写具体要求，可分段来写，条理分明，既要写得充分，又要写得简练，使组织和领导能透彻地了解申请者的意愿、心情或实际情况，以便得到批准。事情简单的可不分段。结尾另起一段，可写上"谢谢"、"此致　敬礼"、"请组织考察"、"请领导批准"等。

4. 落款。在正文后空一行偏右处写上申请人姓名或单位名称，另行写明申请日期。若是单位提出申请，还应加盖公章。

二、写作注意事项

1. 申请的事项必须明确。
2. 申请什么，为什么申请，即申请事项和理由要清楚明白，一目了然，对有关部门和领导不够了解和可能产生疑问的情况更要详细叙述。
3. 反映的情况一定要真实，不可弄虚作假。
4. 文字要朴实、简洁，切忌浮泛冗长，将要表达的意思表达清楚就行了。

例文 5-39

申请书

××百货公司宣教科：

我是公司业务室业务员。经过三年的工作实践、业务能力虽然得到一定提高，但由于专业知识欠缺、原有的一些知识已不适合当前贸易工作发展的需要，为以后更有成效地开展业务工作，我希望得到进一步深造、学习和从理论上提高的机会。

欣闻今年 7 月我省财贸职业学院将举办商业干部培训班，招收商业、财贸系统中专起点、有一定工作实践的职工入学，我的条件完全符合招生条件有关要求和规定。因此，我请求参加报考。请科室领导审查、批准。

此致

敬礼！

申请人业务科：××

××××年×月×日

例文 5-40

入党申请书

敬爱的党组织：

  我志愿加入中国共产党！

  中国共产党是中国工人阶级的先锋队，同时是中国人民和中华民族的先锋队，是中国特色社会主义事业的领导核心，代表中国先进生产力的发展要求，代表中国先进文化的前进方向，代表中国最广大人民的根本利益。党的最高理想和最终目标是实现共产主义。

  中国共产党以解放全人类，实现共产主义作为自己的最终奋斗目标，1921 年中共一大召开，宣布了中国共产党的成立。又在后面的几次会议中进一步对国情有了了解，提出了科学的革命纲领，领导中国人最终战胜了帝国主义、封建主义、官僚资本主义，赢得全国人民的解放。在中国共产党的英明领导下，中国胜利地通过了一波又一波的浪潮，最终走向了改革开放的道路，迎来了新世纪的腾飞。

  中国共产党是全国各族人民利益的忠实代表。伟大的中华人民共和国成立以来，中国社会的面貌发生了翻天覆地的变化。中国人民由饥寒交迫的状态走向了温饱并正向小康迈进，综合国力得到了明显提高，国际地位进一步提高。中国人民在党的英明领导之下，正以新的姿态迈向世界，走向未来。

  中国共产党在领导中国人民建设有中国特色的社会主义的同时，还注意加强自身建设，通过毛泽东思想、邓小平理论和"三个代表"重要思想，把党建设成为能够经受住各种风险和考验，以马列主义武装的、始终站在时代前列的、全心全意为人民服务的政党。

  从小孩子的时候，我就耳濡目染了父亲对党的执著追求，使我从小就树立了一定要加入中国共产党的远大志向，在高中时，我就向党组织递交了入党申请书。在大一入学之际，亲身体验到高等学府的火热生活和丰富的科技知识，我更加感到自己的渺小，对知识的孜孜追求和对社会的责任感促使我的入党愿望更加迫切，再一次向党组织郑重地递交入党申请书，我为能成为中国共产党的后备力量而感到无上光荣。在党组织的培养和关心下，我坚信能够更好、更自觉地学习专业知识，掌握专业技能，政治素质能够进一步的提升，综合素质一定能够得到不断的提高。

在不断追求思想进步的同时，我时刻记得自己还是一名学生，学习是十分重要的。一名合格的大学生只有精通自身的业务，才能在群众中起到良好的模范带头作用，才能更好地服务社会。为此，我要努力学习各门文化课，掌握各种技能。工作中要踏实肯干，任劳任怨，积极参加和组织同学共同建设我们的班集体，为形成班集体的良好氛围尽一份力量。同时也要积极参加学院组织的各项活动中。我还要在学习生活中，以先进人物为榜样，虚心学习，虚心接受老师和同学的批评，努力克服自身的缺点。

请党组织接受我的申请，并在实践中考验我。

此致

敬礼

申请人：××
××××年×月×日

【思考与练习】

写作题

1. 写作申请书要注意哪些事项？
2. 请你结合实际，谈谈为什么要实事求是地写作申请。
3. 请根据申请书的格式，试分析例文2的结构。
4. 假如你要参加学院吉他协会，请拟写一份入会申请书。

第十节 请柬与邀请信

一、请柬

"柬"即信件、名片、帖子之意，请柬，又称请帖。它是各级机关、企事业单位、社会团体或个人为邀请有关人员参加某项活动而专门制发的礼仪文书。

（一）请柬的特点

1. 使用范围广泛。请柬不论是在一般人际交往还是在组织间的公共关系中使用都很广泛。诸如节庆、奠基、开业、联谊、娱乐、宴会、婚礼、展览，等等。
2. 语言庄重雅致。请柬虽属信函类，但比一般的信函更具庄重性。所以，一般只有遇到较大的事情或庄重的场合才使用请柬，以表示主人对被邀请者的尊敬、重视和礼遇。

3．请柬有时也用作入场和报到的凭证。

（二）格式与写法

请柬有两种：印制和手写。一般分为封面、封里两部分，又分横式、竖式两种。但无论哪种形式，其内容结构都基本相同，即：标题＋称谓＋正文＋落款＋成文日期。

1．标题。在封面或页面上部居中，用大字书写"请柬"二字，标题如在封面，往往要做些图案装饰。有些请柬的标题还加上事由，如《庆祝××公司成立10周年请柬》等。

2．称谓。另起一行（或一页）顶格书写被邀请者的姓名和单位名称。姓名之后要加职务、职称等称谓，或用"同志"、"女士"、"先生"、"教授"、"主任"等。称谓后边加冒号。如邀请夫妇两人，应将两人的姓名并列书写，加"伉俪"两字。

3．正文。称谓下一行空两格书写正文，应写明活动的内容（名称）、时间、地点。如有其他要求，也可简要地提出，以便被邀请者事先准备。如须乘车乘船，应交代到达路线和有无专人接站等。

4．结尾。结尾一般要写"敬请光临"、"恭候莅临"、"敬请出席"、"敬请光临指导"等请语。请语是请柬所特有的，是请柬的重要标志。请柬必须用雅语，因此恰当地选择和使用典雅的敬语，做到谦敬得体，是请柬写作成功的重要环节。请语的位置，在正文之下另起一行，顶格或空两格、四格书写均可；另一种是将"敬请"这个表示己方行为的词居右书写，将"光临"这个表示对方行为的词另起一行，顶格书写，以示恭敬。

（三）写作注意事项

1．制作请柬一般用红纸或较为鲜艳的彩色纸，封面可用花边、图案等装饰，以表示喜庆和对被邀请者的尊敬。

2．表意宜周全，措词简洁、文雅、庄重。

3．应注意与邀请信及会议通知的区别。

例文 5-41

请　柬

××先生/女士：

兹定于2007年4月28日（星期六）晚7：00～9：00，在公司职工活动中心举行庆五一茶话会，届时敬请光临。

　　此致

敬礼

××公司工会
2007年4月25日

二、邀请信

（一）邀请信的概念

邀请信是各级机关、企事业单位与社会团体举办重要活动，召开重要大会，邀请上级领导、协作单位和有关人士参加的专用信函。

（二）邀请信和请柬的区别

邀请信与请柬有相似之处，都是邀请某人、某单位前来参加某项活动。区别在于：邀请信是邀请对方前来参加某项实质性活动。所谓实质性，不同于例行的礼仪活动，而是指有具体的内容、事项，如学术讨论会、成果鉴定会、展销订货会等。这些活动往往时间较长、项目较多、程序较为复杂，因此，需要用邀请信来详细说明，不这样不足以说服打动对方前来参加。而纯粹礼仪性的、例行性的活动，则不适宜用邀请信，发一请柬即可。

另外，为了真诚地邀请对方，也为了使对方能对活动有一个了解，邀请信往往对活动本身的作用、意义要做介绍，而请柬只用一句话点明会议的内容或名称，这是邀请信与请柬的最大区别。

（三）格式和要求

邀请信的结构是：标题＋称谓＋正文＋落款+成文日期。

1．标题。

（1）事由＋文种，或会议名称＋文种。

（2）文种，即"邀请信"。

2．称谓。在邀请信的开头顶格书写被邀请者的姓名或单位名称。个人姓名后应加职务、职称或"同志"、"先生"、"女士"等相应的称谓。

3．正文。邀请信正文的结构是：信首问候语＋主体＋信末问候语。

（1）信首问候语。在邀请信正文的开头首先是问候语"您好"等。位置在称谓之下空两格书写。

（2）主体。说明邀请的原因和活动的内容，介绍活动安排的细节，并提出邀请。这一部分是重点，其邀请的实质性就要在这一部分体现出来。

（3）信末问候语。正文结束后，在正文下一行左空两字书写问候语。

4．落款。在邀请信末尾右下方适当位置写上邀请单位名称或个人姓名。

5．成文日期。在落款下面签上年月日。

（四）注意事项

1．语气诚恳、热情，使对方感受到邀请者的诚意而愉快地接受邀请。

2．文字简洁明了，要写清楚活动的时间、地点、内容。如有其他要求也可提出，以使邀请对象能有备而来。

例文 5-42

邀请信

尊敬的××总经理:

  本学会定于 2007 年 5 月 30 日（星期三）上午 8：30 在市宾馆二楼会议中心举办 "×××市校企合作委员会" 成立大会暨授牌仪式，恭请您莅临指导，请拨冗出席。

  顺祝

  健康！

××市人民政府办公室
二〇〇七年五月二十五日

【思考与练习】

一、简答题

1. 请柬与邀请信有何区别？
2. 请柬格调高雅、满纸盛情，用语凝练、庄重。请你结合实际，进行细细体味。

二、写作题

1. 假如××系要举行 "2007 级迎新晚会"，请你为该系写作一份请柬。
2. 某校某专业二年级×班与一年级×班联合召开 "地方文化与旅游" 座谈会。拟邀请专业老师和个别已毕业并在旅行社从事旅游工作并已作出成绩的校友参加。邀请不同的对象应有不同的目的，用语也有差异，试分别写出给老师和校友的邀请信。

第十一节　欢迎词、欢送词、答谢词

一、欢迎词

（一）欢迎词概述

  在日常交往的正式场合中，接待或招待客人，主人需要发表热情友好的讲话，以表示欢迎，这种讲话就是欢迎词。比如在酒会、宴会、茶话会、晚会及其他形式的集会上，主人对宾客的到来表示热烈的欢迎要用到欢迎词；在欢迎新同学、新同志到来的仪式上也要用到欢迎词。

  致欢迎词主要用口头语言来表达，它的长处是不仅可以利用词和句子表达思想感情，还可以借助语调和态势语来表情达意。但是，口头语言从思想转变为语言的过程很短，而且一旦出口，就很难更改。所以在正式场合中致欢迎词，一般应备有讲稿，以保证欢迎词措词准确、语言规范、逻辑严密。

（二）特点

欢迎词鲜明地体现了礼仪性致词的基本特点。

一是交际性。致欢迎词是在客人初到时，东道主主动表明自己待客的情谊，使宾客心情愉悦，为双方交往创造良好的开端，以利于协调宾主关系，所以语言运用礼貌，感情抒发真挚。

二是有声性。欢迎词稿最终要将写在纸上的文字转变为有声的语言，写稿时须处处想到适合于讲出欢迎之意，传给对方友好之情。所以语言运用礼貌、感情抒发真挚。

三是对应性。欢迎的对象很具体，双方的身份、相互的关系、欢迎的场合都是特定的，一篇欢迎词只能与此相对应，不能换用到另一个欢迎对象或场合上。

（三）格式和写法

欢迎词的以上特点决定了它的写作格式和方法。欢迎词内容广泛，形式不拘一格，通常包括以下4个部分。

1．标题。可以写"欢迎词"三个字，也可以写明"在欢迎×××大会上的讲话（致词）"，位置在首行居中。欢迎词的标题只供查阅或发表时使用，致词时不必说出。

2．称呼。标题之下顶格写。欢迎词的称呼要用全名或用客人尊称，一般是在姓名前面加上表示亲切、尊重的修饰语，如"亲爱的"、"尊敬的"、"敬爱的"一类定语修饰，运用修饰语要根据主客之间的亲疏关系而定。需要同时使用多种称呼时，要安排好次序。一般以先长后幼、先上后下、先疏后亲为宜。1972年2月21日，周恩来总理举行招待会欢迎尼克松总统，周总理致词时称呼的顺序是"总统先生、尼克松夫人，女士们，先生们，同志们，朋友们："礼貌周全，非常得体。

3．正文。称呼下一行空两格起开始写正文。首先要为客人的到来表示热烈的欢迎，用语要表现真情实感，充分体现友好与热情，一般还要说明致词者是代表个人还是集体的。接着可以简要称颂对方某方面的贡献和成就，使其感到主人了解、钦佩他们，进而缩短距离，融洽气氛。主体部分应围绕双边关系回顾相互交往历程，阐明宾客来访的意义与作用，展望更加美好的未来；也可赞颂对方为发展双方的友好往来，以及在经济或技术、文化方面的合作所的努力等；用于欢迎专家、学者来讲学、指导的欢迎词，可以介绍专家、学者在业务或学术上的造诣、成就等；用于欢迎新生、新兵、新参加工作人员的欢迎词，可以介绍本单位的大概情况，表达对新来者的希望和要求，预祝今后团结进步为重点。

4．结束语。可以再次表示欢迎，也可以预祝对方作客愉快，访问成功。如果是在接风的酒宴上致欢迎词，通常以祝酒干杯作结。

致欢迎词不必自报姓名、日期，但在书面发表时可依一般惯例在标题和称谓之间一行的正中注明致词者。

（四）写作注意事项

1．欢迎词要写得热情洋溢、诚挚感人。

欢迎词要表达真情实感，充分表现主人的殷勤好客，不能只是两句干巴巴的客套话，仿佛在应酬，给人以虚伪空洞的感觉。对于成绩、作用等的评价要中肯、恰当，不应过分渲染。同时也要落落大方，不能谦卑过度，这在欢迎上级或外宾时尤应注意。致词时要真诚、亲切、友好。

2. 写欢迎词要尊重客人、礼貌周到。

先说称呼，应有尊敬之意和亲切之感。对内宾的称呼按习惯，对外宾的称呼要事先了解他们的身份、头衔，有的要在头衔前边加上"尊敬的 "一类修饰语。在男宾、女宾的排列顺序方面，有的"女士"在前，"先生"在后。内容涉及彼此单位，前边应冠"贵"字、"敝"字，如"贵公司"、"敝公司"，不宜称"你公司"、"我公司"。

除了要注意格式、称谓、通常的礼貌用语之外，还有几点应该特别注意。

一是要充分考虑客人的身份、职业、年龄、性别、文化程度等特点，考虑双方特定的对应关系，演讲稿的口气、语言风格、感情色彩都应自然而得体，使对方乐于接受。

二是要尊重对方特有的文化背景，例如民族习惯、宗教特色、地方风俗等。中国人在会上致词时如果说："我们应该不断努力，把工作做得更好。"是表示激励、共勉；而美国人听了会认为是在批评自己工作做得不好。

三是双方之间如果曾有过一些令人不愉快的事，欢迎词中能回避的可以回避，不能回避的要委婉地表达。例如把日本侵华说成"中日之间有过一段不幸的历史"就是委婉的说法。总之，欢迎词的用语要热情而有礼貌，对于不便直言而又非讲不可的话，要善于运用婉辞，力求做到既不失礼貌又坚持原则。

3. 欢迎词的内容集中在"表示欢迎"上，篇幅要简短，语言要精练。

欢迎词是在一定场合当众口述的，篇幅宜简短，文字要精炼，有些事务性的内容不必写进去。因为如果客人来访负有实际工作任务，欢迎词中一般不必涉及工作中的实质性问题，以免转移话题、影响气氛，反而对工作不利。

4. 欢迎词要写得便于听、说，适合口语表达。

少用复杂的长句，多用明快的短句。尽量不用倒装句式和生僻拗口的词语。尽量不用破折号和括号，因为宣读时不易表现出来。要避免使用听者容易误解的同音词。如："全部——全不"、"期中—期终"、"切忌—切记"，总之，要使说的人顺口，听的人易懂。

以上是对写欢迎词的一般要求。有时宾主双方十分亲密友好，欢迎仪式上气氛轻松，欢迎词也可以写得风趣、幽默，富有艺术性。

例文 5-43

欢迎词

女士们、先生们：

值此×××厂30周年厂庆之际，请允许我代表×××厂，并以我个人的名义，向远道而来的贵宾们表示热烈的欢迎。

朋友们不顾路途遥远专程前来贺喜并洽谈贸易合作事宜,为我厂30周年厂庆更添了一份热烈和祥和,我由衷地感到高兴,并对朋友们为增进双方友好关系作出努力的行动,表示诚挚的谢意!

今天在座的各位来宾中,有许多是我们的老朋友,我们之间有着良好的合作关系。我厂建厂30年能取得今天的成绩,离不开老朋友们的真诚合作和大力支持。对此,我们表示由衷的钦佩和感谢。同时,我们也为能有幸结识来自全国各地的新朋友感到十分高兴。在此,我谨再次向新朋友们表示热烈欢迎,并希望能与新朋友们密切协作,发展相互间的友好合作关系,发展相互间的友好合作关系。"有朋自远方来,不亦乐乎"。在此新朋老友相会之际,我相信,在各界朋友的热情关心和大力支持下,我厂的事业一定会蒸蒸日上。同时也祝愿我们双方在更为广阔领域进一步合作,合作伙伴地位进一步巩固,祝愿朋友们的健康幸福,事业有成。

谢谢!

二、欢送词

(一)欢送词概述

当客人逗留了一段时间以后,即将离别时,主人和客人欢聚一堂,相互致词,彼此问候,并致祝愿,表达依依难舍之情,以增进友谊。在这种场合,主人发表的表示送别之情的讲话就叫欢送词。

致欢送词可以进一步表达主人好客的盛情,使客人来访在愉快的气氛中结束,访问的成果也会得到巩固。欢送词还可以用在为离去的同学、同志送行的仪式上,这类欢送词不仅表达了留下者的深情,而且可以鼓舞、激励对方,使他们充满力量地走向新的岗位。

(二)格式与写法

欢送词写作的基本要求与欢迎词相同。文面的格式一般也包括标题、称呼、正文、结束语四部分。

1. 开头。要对客人在工作或某项活动中作出的努力或贡献给予肯定性的评价,并表达送别之情。

2. 主体部分。用于外交礼仪方面的欢送词,要概括简练地回顾客人来访期间双方交往合作中取得的成果和为进一步发展双方的友好关系及工作上的合作作出的贡献,给予充分的肯定和赞扬,并阐明客人来访的深远意义和影响,展望进一步发展双方关系的前景。为欢送结束工作的外聘人员或专家学者而写的欢送词,可以回顾彼此相处时建立的友谊,对他们的帮助、指导表示谢意,对他们学术水平、技术能力表示肯定,也可要他们提出批评、指导意见或建议。

3. 结束语。可以祝贺访问获得了成功,也可以祝客人一路平安等等。为欢送学生毕业、军人退伍、工作人员调离岗位而写的欢送词,可以回顾共同相处时在学习、工作、生活或训练中所取得的成绩和建立的友谊，表示惜别之情，赞扬对方的优点和成绩，祝愿他们在新的岗位上获得新的成就。

总的来说，欢送词不同于欢迎词的特点主要是它的具体内容要突出一个"送"字，欢送词的正文和结束语要根据欢送对象而确定写作内容。

欢送词也要求写得热情、真挚、尊重对方、主旨突出、语言简练。

例文 5-44

欢送词

尊敬的女士们、先生们：

  首先，我代表厦门白鹭国际物流有限公司，对你们访问的圆满成功表示热烈的祝贺。明天，你们就要离开风景旖旎的海港城市厦门了，在即将分别的时刻，我们的心情依依不舍。大家相处的时间是短暂的，但我们之间的友好情谊是长久的。中国有句古语："来日方长，后会有期"。我们欢迎各位女士、先生在方便的时候再次来厦门作客，相信我们的友好合作会日益加强。

  祝大家一路顺风，万事如意！

例文 5-45

欢送词

加里森先生：

  在您即将启程回国之际，我代表××机械制造有限公司并以我个人的名义，向您及您率领的代表团全体人员表示最热烈的欢送。

  在去年的一年中，我们在橘子罐头贸易方面进行了良好的合作。这次您的来访，又为发展和扩大我们之间的业务关系做出了积极的贡献。在此，我代表敝公司向您表示真诚的谢意，并衷心希望您在不久的将来能再次光临！

  谨祝您回国一路平安，身体健康！

三、答谢词

（一）答谢词概述

  答谢词是指在公众场合中，对别人的帮助、招待、祝贺或勉励表示感谢所发表的讲话。致答谢词可以代表个人、集体或单位，答谢的对象也可以是一个人、集体或单位。致答谢词的场合可以是专为答谢举行的集会或仪式。如1972年2月25日，美国总统尼克松为访问我国受到的"无限盛情的款待"举行答谢宴会，尼克松在宴会上的祝酒词就具有答谢的性质。

致答谢词还可以是在接受支援、祝贺、奖励的仪式上。受祝贺者一般应在同一场合致答谢词。所以答谢词不仅具有交际性、有声性（口语性）、对应性，但答谢词使用范围较宽，由于不同原因而致的答谢词还有各自的特点。

（二）格式与写法

1. 开头。答谢词的开头要开宗明义地对主人给予的盛情款待和热情帮助表示感谢，通常也要说明致词者答谢是代表个人还是代表集体的。

2. 主体部分应具体讲清感谢的原委。例如自己在何时、何地受到对方怎样的帮助；或自己在作客期间受到了多么友好的接待；或自己得到了什么样的祝贺或奖励，等等。然后可以谈自己的感想和心情。受帮助者可以颂扬对方的高尚精神、抒发自己感激之情；作客者可以颂扬主人的成就和贡献，阐发这次访问成功的意义，讲述自己对主人的美好印象；在授奖、颁奖仪式上的答谢词，主体部分要比较精炼地叙述自己所取得的成绩、交代清楚取得成绩的经过，可着重介绍上级领导、兄弟单位及周围人员的关心、支持和帮助所起的作用，对目前存在的不足和今后改进的措施及努力方向也适应当提及。

3. 结束语部分可以再次表示感谢，在酒会上可以祝酒干杯。受帮助者可以表示向对方学习；作客者可以祝愿双方友谊合作进一步发展；受奖者可以表示继续努力的决心。

（三）写作要求

1. 答谢词要写得感情充沛而发自内心。古人说："情动于中而形于言"，要把受到帮助、接待、鼓励之后的谢意和激情真实、充分、自然地表露出来。

2. 答谢词要写得实事求是，恰如其分。叙述事实不可夸大或虚构，颂扬对方要准确适度。

3. 答谢词的语言应力求简洁、生动、感人，适于口语表达。

例文 5-46

答谢词

尊敬的李华总裁，尊敬的东风集团公司的朋友们：

首先，请允许我代表团全体成员对李华总裁及东科集团公司对我们的盛情接待表示衷心的感谢。

我们一行五人代表中科公司首次来贵地访问，此次来访时间虽短，但收获颇大。仅三天时间，我们对贵地的电子业有了比较全面的了解，与贵公司建立了友好的技术合作关系，并成功地洽谈了单片机嵌入式系统的开发技术合作事宜。这一切，都得益于贵集团的真诚合作和大力支持，对此，我们表示衷心的感谢。

电子业是新兴的产业，蒸蒸日上，有着广阔的发展前景。贵公司拥有一支技术精良的科研队伍，力量雄厚。我们有幸与贵公司建立友好的技术合作关系，为我市电子业的发展提供了新的契机，必将推动我市的电子业迈上一个新台阶。

最后我代表中科公司再次向东科集团公司表示感谢，并祝贵公司迅猛发展，再创奇迹。更希望彼此继续加强合作，共创美好的明天。

【思考与练习】

一、简答题

欢迎词、欢送词、答谢词分别在什么情况下使用？欢迎词、欢送词、答谢词三者有什么不同？

二、写作题

1. 受西藏自治区教育厅委托，××职业技术学院将为西藏自治区培养一批学生，学院拟为这批西藏学生开个欢迎会，请你代表全校学生写一篇欢迎词。

2. 学校召开07届学生毕业典礼大会，请你代表全体在校生写一篇欢送词。

3. 毕业实习结束，请你以某个实习小组代表的名义拟写一份欢送会的答谢词。

第六章 传播文书

【知识与技能】
1. 了解新闻与广告的概念，掌握其特点和种类。
2. 掌握新闻和广告的基本结构与写法。
3. 通过学习，能对学校新近发生、有意义的事进行新闻报道；能对本专业或某一熟悉的产品进行广告文稿的写作。

第一节 新　　闻

一、新闻概述

（一）概念

新闻是以记叙为主要表达方式，用简明扼要的文字对新近已经发生和正在发生，或者早已发生的有社会意义的事实的及时报道。

新闻有广义和狭义两种，广义的新闻包括消息、通信、特写、调查报告等；狭义的新闻专指消息，也就是以简明扼要的文字，对新近发生的事实的及时报道。本文的新闻是狭义的新闻，因此，新闻也称消息。

（二）特点

新闻是一种最讲时效的宣传方式，它一般具有内容新、事实准、报道快、篇幅短的特点。

1. 内容新。新闻强调"新"，即所报道的是新鲜事、新人物、新动态、新风尚、新知识、新问题等。因为"新"才能够及时反映社会各种情况，反映事件的发展和变化。"新近发生的事实"比较好理解。"新近发现的事实"是已经发生过的事实，由于历史的原因，人们新近才发现其事实的价值，事虽然是旧事，但对公众来说，却是新知。新闻的新鲜性，就体现于对这两种"新"的报道之中。

2. 事实准。新闻报道强调的是"事实"准确，就是报道有根有据，人物、地点、时间、数据、事件的发生过程等，都具有完全的生活真实。这就是说，如果报道脱离事实，或是"无中生有"，那就不成为新闻了。真实是新闻的基础，也是新闻的生命。另外，新闻强调报道"有价值的事实",有价值的事实应当是有认识意义、对社会起积极作用的事实。因此,在内容上的把握,要力求挖掘客观事物内在的本质意义,善于通过现象,写出蕴藏在事物内部的规律性。

3. 报道快。新闻报道快就是强调时间性。它要求迅速及时、尽快报道社会生活中新近发生的人或事。新闻的发生时间与报道时间差越小,其新闻价值就越大,随着通信技术的发展,对新闻的报道已经实现现场直播,人们通过电视、网络、广播、收音机等传播设备,就可以实现异地同步收看。同时,新闻的"快",不单纯只是一个时间概念,它报道的内容,必须紧跟时代前进的步伐,追踪社会生活的热点,扣紧时代的主旋律,成为引导社会健康和进步的舆论前驱。

4. 篇幅短。新闻篇幅短是指其文体用简洁、概括的文字,把事实的要素表达出来。短是新闻的鲜明特色,也是社会生活快节奏的需要,有的新闻甚至以短波等栏目的编排形式,用"一句话"完成报道,俗称"一句话新闻"。

(三) 种类

报纸上常见的新闻形式主要有动态新闻、综合新闻、经验新闻、述评新闻。

1. 动态新闻。这是新闻中最常见的一种,它迅速及时地报道国内外正在发生的或正处于发展变化的单一事物。它集中、突出地向读者介绍某一事件的过程,有时采用连续报道的形式。动态新闻以叙述事实为主,用事实本身的意义来体现作者的观点,一事一报道,篇幅最短,它反映的事件可大可小,大到国内外发生的重大事件,如《我三十万大军胜利南渡长江》等;小到一般百姓中发生的有新闻价值的新鲜事,如《涨工资,职工有了话语权》(2007年6月13日《人民日报》第十五版)。

例文 6-1

我三十万大军胜利南渡长江

(新华社长江前线二十二日二时电) 英勇的人民解放军二十一日已有大约三十万人渡过长江。渡江战斗于二十日午夜开始,地点在芜湖、安庆之间。国民党反动派经营了三个半月的长江防线,遇到人民解放军好似摧枯拉朽,军无斗志,纷纷溃退。长江风平浪静,我军万船齐放,直取对岸,不到二十四小时,三十万人民解放军即已突破敌阵,占领南岸广大地区。

现正向繁昌、铜陵、青阳、荻港、鲁港诸城进击中。人民解放军正以自己的英雄式的战斗,坚决地执行毛主席、朱总司令的命令。

(原载 1949 年 4 月 22 日《人民日报》)

这是毛泽东同志为新华社写的"捷报型"消息。它记载了我国新民主主义革命史上一件重大史实。全文仅有 199 字,精练扼要但气势雄伟,层次分明,叙描结合,既有事实的清晰叙述,又有情景的概括描写。用"新华社长江前线二十二日二时电"的电头,突出毛主席以"兵贵神速"对待新闻的时效性。

2. 综合新闻。这是围绕一个主题，综合反映某一方面的情况、动向、成就和问题，把发生在不同地区或部门的性质类似的事件综合起来进行报道的新闻形式，它既有面上情况的概括反映，又有点上典型材料的说明，点面结合，从不同侧面反映了共同的主题，报道面宽，可给读者以全局性的认识。

3. 经验新闻。这是对某一部门或某一单位的成功经验、做法进行报道的新闻形式。它不概括经验规律，而是用具体的事实反映经验，是对成功经验具体做法的介绍，为人们变革现实提供借鉴。就报纸、广播等的新闻条数来说，它一般少于动态新闻，但就新闻的价值和作用而论，一般而言，它又比动态新闻更大。

4. 述评新闻。这是用夹叙夹议，或在叙述中融注作者观点来反映国内外重大事件或问题的新闻形式。它是新闻记者感到单纯地报道客观事实已经不能满足读者的需要，或不能达到新闻的舆论宣传作用，因此，针对某种思想倾向或实际工作中存在的问题，选择典型，通过叙述介绍事物的发展变化，运用评论，对形势、事态、问题发表意见和看法，引申出必要的结论，做到就实论虚，就事论理，虚实结合，以理服人，帮助读者认识事物，起画龙点睛的作用。

例文 6-2

国家发改委有关负责人认为
猪肉价格继续大幅上涨可能性不大

本报北京 6 月 12 日电（记者朱剑红）据国家发改委价格司负责人 6 月 12 日介绍，目前猪肉销售价格已超过历史最高水平。初步分析，猪肉价格继续大幅上涨可能性不大，但仍可能在高位上波动。

据这位负责人介绍，截至 6 月 4 日，36 个大中城市猪肉（精瘦肉）平均零售价格上涨到每市斤 10.67 元，比 4 月 25 日的 8.57 元上涨了 2.1 元；比上年 6 月最低点的 7.29 元上涨了 3.38 元。目前，猪肉价格已超过 1997 年一季度的历史最高水平（每市斤 10.11 元）。近期猪肉等副食品价格上涨主要有三个原因：一是国际市场粮价上涨带动国内市场玉米价格提高。去年全球粮食减产，粮食库存跌到 20 年来的最低点，四季度以来国际市场粮价持续上涨。二是生猪生产周期性波动的影响。猪肉价格涨跌首先影响仔猪的需求和价格，仔猪的需求和价格又影响母猪存栏数量，周期一般为 3 年左右。2006 年 5 月正值这一轮生猪价格的谷底，生猪收购价格一度跌至每市斤 3.23 元。据国家统计局的数据，2006 年底全国生猪存栏量 4.94 亿头，同比下降 1.8%，其中母猪存栏 0.42 亿头，同比下降 14%。三是南方高热病、蓝耳病疫情导致生猪供应减少。

猪肉等副食品价格上涨，一方面有利于农民增加收入，调动农民生产积极性，促进生猪生产的恢复和发展；另一方面也对餐饮业、城市低收入居民和大专院校学生生活产生一定影响。

这位负责人认为，猪肉价格继续大幅上涨可能性不大。原因一是玉米供应充裕，目前玉米价格比较平稳。二是肉禽蛋奶生产发展较快。三是目前猪粮比价关系有利于促进生猪生产恢复和发展。据农业部监测统计，今年1～4月份猪粮比价（粮食收购价格与生猪收购价格的比价）1∶5.86，已连续8个月高于1∶5.5的正常水平。5月份生猪价格上涨后，36个大中城市玉米收购价格与生猪收购价格的比价已高达1∶8.1。猪粮比价进一步向有利于恢复生猪生产的方向发展。由于价格上涨，农民补栏积极性提高，目前母猪存栏小幅回升，仔猪价格大幅度上涨。

（原载2007年6月13日《人民日报》）

这篇述评新闻是通过国家发改委的一位负责人的介绍，报道了关系百姓生活的猪肉价格。作者先用一组数字说明目前猪肉销售价格已超过历史最高水平，并从三个方面分析了猪肉涨价的原因，分析了猪肉涨价的利弊，接着又从三个方面分析了猪肉价格继续大幅上涨可能性不大，在叙述中对猪肉价格的走向发表看法。

二、新闻的写法

新闻一般由标题、导语、主体和结尾组成，构成了新闻所固有的文体格式，有时，还有对背景材料的灵活运用。

（一）标题

标题是"新闻的眼睛"，又是全文内容的浓缩。在新闻宣传中的作用有时不小于正文，它是消息的重要组成部分。因此消息的标题，既是新闻主旨或内容的提要，又能够吸引读者。消息标题的形式有单行式和多行式。

1. 单行标题。即只有一个标题，它是消息内容的高度概括。如："我三十万大军胜利南渡长江"，此标题直截了当地报道了人民解放军攻破天堑——长江，题目高度浓缩全文的内容，不用引题和副题，就吸引读者读下去。

2. 多行标题。由引题、正题和副题组成。

引题：第一行，即在正题之上，又称肩题或眉题，它主要起交代背景、烘托气氛，点明意义的作用。它一般无实质内容，又被称为"虚题"。如："美国《时代》周刊发表专题文章说"，交代新闻的背景，揭示意义，引出正题。

正题：又叫主题，它反映一条新闻的中心思想或主要内容，又被称为"实题"。

副题：在正题之下，又称辅题或子题，它是对正题进行补充交代，有时说明事件的结果，有时也用来说明正题的来由或依据。如："北京故宫博物院等榜上有名"，对正题的内容进行补充说明。

在形式上，可以引题、正题、副题俱全；也可以采取正题只加引题或只加副题的形式，要依据内容需要而定。

(1) 引题+正题。
美国《时代》周刊发表专题文章说（引题）
香港比过去任何时候都更具活力（正题）
(2) 正题+副题。
我国评出首批 66 家 5A 级旅游风景区（正题）
北京故宫博物院等榜上有名（副题）
(3) 引题+正题+副题。
土伦杯足球赛 2∶1 击败加纳队（引题）
国奥队列小组头名挺进半决赛（正题）
北京时间 8 日凌晨 3 时将与科特迪瓦队争夺决赛权（副题）

撰写消息标题，应力求鲜明、醒目、易记，要想方设法把新闻中能够吸引人的元素在标题上体现出来。

(二) 导语

导语是新闻的开头部分，又称"电头"。"立片言以居要，乃一篇之警策。"（陆机《文赋》），它可以用一句话，也可以用一个自然段，简明扼要地叙述新闻最主要的事实，或综合介绍全文的基本内容，使读者对新闻的内容有一个大概的认识。

常见的导语形式有 4 种。

1. 叙述式。即直接叙述的方法，把新闻中最主要的事实简明扼要地写出来。这是最常见、最基本的方式。其特点是概括性强，能突出消息的主要内容。如：

本报电（记者杜海涛）国家旅游局日前发布公告，授予北京故宫博物院等 66 家景区为 5A 级旅游景区，这是我国首批 5A 级旅游景区。

这条导语将时间、地点、事件、背景交代得很清楚，直接叙述事件的主要内容，用概括的方法交代 5A 级风景区的评选情况，诱发读者阅读兴趣。

2. 描写式。消息一般不像文学作品那样进行细致的描写，但若抓住某个事件的场景或人物的特征作简单描写，也是写导语的一种好方法。它可以用三言两语勾勒出报道对象的形象或报道事件的特定背景，既形象又传神，使读者如临其境。

火红的六月，绚烂的阳光照耀在锦绣的大地。平静的漳州，转眼间热闹沸腾起来，里里外外都洋溢着欣欣向荣、平安和谐的气息。因为，一场精彩纷呈，充满欢乐气息的文艺巡演即将倾情登场。……（原载 2007 年 6 月 5 日《闽南日报》）

这条导语用描写的语言描绘出文艺巡演给农村带来欢乐的场景。

使用描写式导语需要注意的是，消息是新闻事实的简要报道，其描写不能精雕细刻，要注意把握好尺度。

3. 评议式。即在叙述后引入议论，或从议论事实入手，或是叙议结合，采用这些形式的导语,都属于评议式导语。评议式导语表明了作者的态度和对报道对象的看法,对读者具有导向性作用。

　　本报北京 6 月 12 日电(记者朱剑红)据国家发改委价格司负责人几天前介绍,目前猪肉销售价格已超过历史最高水平。初步分析,猪肉价格继续上涨可能性不大,但仍可能在高位上波动。

　　这条导语的最后一句议论,点明了报道的目的。
　　4. 提问式。就是根据消息的主要内容归纳出一个尖锐、醒目的问题,以疑问或反问的形式,引起读者的思考和阅读兴趣,然后引出下文,形成新闻的提问式导语。需要注意的是,提问式导语需要作者在消息中准确地分析出实质性问题,问题要突出消息主题,针对性强。

　　据业内人士透露,北京奥运会已成为本土企业对奥运会支持力度最大的一届。那么,花费了天价的赞助商们,怎样才能取得理想的营销效果?在奥运营销进入冲刺阶段,中国企业还需要总结哪些经验和教训?

　　这条导语以万众瞩目的奥运会,把企业舍得花血本对体育盛会进行赞助,放置了奥运、企业、品牌、投资、营销等看似不关联的问题,并以两个疑问的方式推出,引发读者阅读兴趣。

　　导语还有其他形式,如背景式、引语式等。背景式,即交代事件发生的背景,如《涨工资,职工有了话语权》中的导语"2004 年,辽阳市国内生产总值增长 16.3%,地方财政收入增长 23.5%,而工资只增长了 7.8%,七成的企业的平均工资低于当地社会的平均水平……"。引语式,即引用文件、文献、公报或新闻人物的谈话,准确、鲜明地突出主题。如《"五先五后"应对危机》中的导语"'凡事预则立,不预则废。'抓好应急管理、妥善处置突发公共事件,考验各级政府的行政管理能力,也是提高政府行政水平的一个重要方面。……"。

　　总的说来,无论采用哪一种形式的导语,归根结底要根据新闻所报道的内容和报道目的来定。导语在消息中起引导读者阅读的作用,如何吸引读者、准确报道新闻事实,是写好导语的关键。

　　(三)主体
　　主体是导语的展开或续写部分。因此主体要对导语所概括的事实进行详细的叙述,要用足够的、典型的材料表现主题,以满足读者对事实进一步了解的需要。
　　主体的材料安排有三种顺序。一种是时间顺序,即按事实发生的先后顺序来写;一种是以空间位置的转换组织材料;一种是逻辑顺序,即按事物的内在联系,问题的逻辑性来安排材料。
　　1. 时间顺序。例文 6-3 是按比赛的时间顺序来安排主体的材料,全文按照足球比赛的场序,分上、下场和进球的时间对比赛的过程作了详细的报道。

例文 6-3

一比三负于法国队 国奥队获土伦杯亚军

据新华社法国土伦 6 月 9 日电 （记者李丽）中国国奥队 9 日在土伦杯决赛中以 1∶3 输给了卫冕冠军、东道主法国青年队，获得亚军。

法国队凭借犀利的进攻和稳健的防守，以及前锋加梅洛的帽子戏法，一度以 3 球领先。不言放弃的国奥队由于海在第 75 分钟扳回一球，最终法国青年队以 3∶1 胜出，获得土伦杯四连冠。

国奥队在开局后并不保守，与法国队展开对攻，但法国队逐渐展示了实力上的优势。第 12 分钟，后卫白磊拉人犯规令法国队获得任意球。博内将球传出后，于海在混战中把球铲出禁区，但加梅洛得球后右脚劲射，球从两名国奥队员中穿过入网。加梅洛在第 24 分钟为法国队再下一城。

国奥队两球落后，主教练杜伊却出人意料地在第 30 分钟用前锋姜晨换下了后卫郑涛。此后国奥队进攻有所改观，减轻了防守压力，但未能破门。

下半场国奥队积极拼抢加强进攻，而法国队则打起防守反击。国奥队连续的中前场冲击尽管没能形成攻势，但令法国队非常被动。然而却是法国队在 5 分钟后利用中场抢断后的快速反击再度破门。博内带球狂奔至禁区附近后左路横传中路，雷米分球给插入禁区右翼的加梅洛，后者在国奥队防守球员夹击下倒地攻门得手。

3 球落后的国奥队攻势异常猛烈，法国队几乎全线后撤防守。第 51 分钟，陈涛右路斜传禁区，姜宁抢点扫射，皮球击中立柱弹回。战至第 75 分钟，国奥队的进攻终于得到回报。黄希扬右路带球突破至底线附近横传门前，及时插上的于海抢点推射入网，为国奥队扳回一球。此后国奥队仍未放弃，但都在法国队坚固的防线面前无功而返。

在之前进行的季军争夺战中，科特迪瓦队同葡萄牙队在 80 分钟战成 0∶0 后，科特迪瓦队凭借点球大战以 4∶3 夺得第三名。

（原载 2007 年 6 月 11 日《人民日报》第 12 版）

2. 空间位置的转换。例文 6-4 是一篇报道全国少年儿童欢度"六一"的综合新闻，主体材料按照空间位置的转换来安排材料，分别选取了北京、上海、广州三地的庆祝盛况，以点带面，点面结合，给读者展现出一幅"祖国发展我成长，手拉手共话和谐"的盛世画卷。

例文 6-4

全国少年儿童手拉手欢度"六一"

本报北京 6 月 1 日电（记者柳晓森）"六一"期间，全国少工委围绕"祖国发展我成长，手拉手共话和谐"的主题，分别以村留守少年儿童、进城务工就业人员子女、各民族少年儿童代表为主体对象，在北京、上海、广州等地集中举行"手拉手共话和谐"主题活动，积极营造共享和谐、欢快热烈的节日氛围，团结引导广大少年儿童为在共享中共建社会主义和谐社会做好准备、作出贡献。

在北京，全国少工委邀请农村留守少年儿童代表进京会亲，合家团圆欢度"六一"国际儿童节。来自河北、山西、内蒙古等10个省、自治区的50名农村留守少年儿童和在京参加首都建设的父母幸福团聚，一起参观鸟巢、水立方等奥运主体工程，参观中国科技馆，观看升国旗仪式，登天安门城楼，和首都少先队员共同参加"六一"游园会，参加外交部对外开放日活动，还应邀到团中央、全国少工委机关做客，度过一个丰富、精彩、难忘的节日。团中央书记处第一书记胡春华，团中央书记处常务书记、全国少工委主任杨岳，团中央书记处书记、全国少工委常务副主任张晓兰等亲切会见了到团中央、全国少工委做客的留守少年儿童代表，向他们祝贺节日并赠送节日礼物。

在上海，全国少工委联合中国青少年发展基金会、中国东方航空集团公司共同举办"红领巾梦想号"飞机首航暨"快乐儿童周"活动。"六一"当天，在沪务工就业人员子女代表等500名少先队员齐聚虹桥国际机场，为"红领巾梦想号"飞机揭幕，100名代表亲历了首航鸟瞰上海之旅。这是新中国成立后第一架由少年儿童参与命名的"红领巾号"客机。

在广州，全国少工委、国家民委联合主办少年儿童民族团结手拉手活动。112名来自全国15个省、自治区的56个民族少年儿童代表与广州市112个志愿接待家庭的小朋友结成手拉手小伙伴，"同心、同学、同吃、同住、同乐"，共同参加庆"六一"快乐大本营活动、红领巾祝福祖国主题队日活动、"小眼睛看羊城"等系列活动，感受祖国改革开放和现代化建设的辉煌成就。

（原载2007年6月2日《人民日报》）

3．逻辑顺序。例文6-5是一篇介绍经验的新闻，作者李思抓住法庭调解的固有程序，按照事物的逻辑关系，对朝阳法院的做法进行了归纳，总结出该法院成功地推出"庭外和解"的四项基本做法和成功经验。

例文6-5

北京朝阳法院"庭外和解"——
解决纠纷有"绿色通道"

受案数持续上涨20年后，北京市朝阳区法院首次出现了下降：由2005年的5.1万件降至2006年的4.7万件。这个变化，源于该院推出的"庭外和解"四项制度，为纠纷解决搭建了速度快、成本少的"绿色通道"：

——法官助理庭前调解，突出"快"。2005年以来，14876件纠纷迅速解决，占同期全院结案的13%。

——特邀调解员参与调解，突出"熟"。该院聘任居委会或村委会干部、人民调解员、有特长人员为特邀调解员，解决了大量矛盾尖锐的"骨头案"。

——律师主持和解,突出"和"。当事人双方均有律师的,由律师居中和解。2005 年以来,律师参与或主持和解 2 051 件,收效很好。

——诉前和解,突出"息"。这种解决方式不收费、见效快,很受当事人的欢迎。今年 1 至 5 月,该院诉前和解达 2 221 件。

(原载 2007 年 6 月 13 日《人民日报》)

4. 倒金字塔结构。新闻最为常见的结构形态是倒金字塔结构。

所谓"倒金字塔",就是顶尖朝下、底边朝上的倒三角形。这个倒三角形如果用水平线划出几个等份来,上面的那一层面积最大,显得分量最重。下面各层逐层缩小,最下面的一层就是个面积最小的尖角了。

新闻的"倒金字塔结构",就是把最重要的材料放在开头,比较重要的随后安排,再次的再向后排,最不重要的放在最后——这就是一个倒金字塔的形态了。

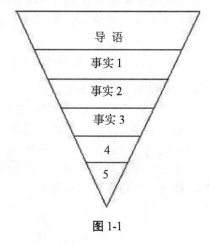

图 1-1

倒金字塔结构之所以被新闻界广泛采用,是因为它有许多优点,这些优点主要有以下几个方面。

(1) 便于阅读。布赖恩·布鲁克斯认为:读者可能在任何时候放下报纸,因此有必要把重要材料首先让读者读到。一个只读了一段的人可以知道该新闻中的精华部分。他这个说法是很有道理的。新闻的作者和编者不能总是指望读者把全篇文章读完。事实上,对生活节奏相当快的当代读者来说,如果没有时间,只要略看前一两段就可以知道消息的内容了。

(2) 便于编辑。采用倒金字塔结构形态的新闻,编辑删节十分容易——他只需要从后面开始删起就可以了,不管删到哪里,余下的都还是一篇完整的文章。这样,删改时就不必对文章大动刀斧,打乱重写。

(3) 便于写稿。倒金字塔结构也给作者写稿带来了方便。作者在采访时,对材料都已有了较充分的认识,在写作时只需按重要程度将材料组织在一起,一篇新闻的结构就安排妥当了，无需创造性的构思，使稿子出手更为快捷。

因为具有以上优点，倒金字塔结构在新闻写作中一直占据主导地位。虽然近来有人提出，这种结构形态构造单一，模式化，不够灵活，写出来的文章不够生动等等，但这并没有从根本上动摇倒金字塔结构的地位。新闻的文体特性决定了这种结构形态永远不会过时。

例文 6-6

本报讯　大连海洋渔业集团公司的职工们开始陆续送孩子上幼儿园。总经理张毅在办公楼前观察到，在 20 分钟时间里，先后有 38 位职工毫不心疼地踏草坪而过，只有女工姜缓、袁明英带着孩子绕草坪沿水泥路去幼儿园。张毅当即决定将给这两位女工每人 1 000 元人民币。他说："奖的就是她们自觉保护环境的公德意识。"

据介绍，大连海洋渔业集团公司去年为美化绿化渔港，投资 300 万元，栽植树木 6 000 多株，铺草坪 5 000 多平方米。今年还将投资栽种花木、铺草坪。

两位女工多走几步路获奖后，这家公司的职工们受到很大震动。此后，连孩子们也不踏草坪绕道而行。

（原载 1996 年 4 月 18 日《公共关系报》）

在这篇新闻中，第一段最重要，交代了主要事实；第二段是第一段的具体化和补充说明；第三段又是第二段的补充。这样，每多读一段，就多知道一层意思。如果只读第一段，也可知道新闻的主要内容。这就是倒金字塔式结构的基本特征。

总的看来，主体与导语是相辅相成，导语是主体的提要和浓缩，主体是导语的展开和深化，二者不能脱节。因此，主体必须围绕导语来写，尽量做到集中、明确。导语里采用的事实，主体部分要加以说明、补充，但需注意避免重复；导语里提出的问题，主体部分要运用材料回答和解决。

（四）结尾

结尾是新闻的最后一句话或最后一段文字，一般是指出事物发展的趋势或对报道内容作概括式的小结，以加深读者的印象；而有的是提出号召和希望，使读者受到鼓舞；有的是对事物发展趋势的预示和展望，借以引起读者的关注；有的不把话说尽，留给读者自己去思考。还有的没有结尾，事实叙述完毕，就自然结尾了。

但是，无论采取哪一种写法，结尾都应该是主题的升华。

（五）关于背景材料的运用

背景材料是指新闻事件发生的历史条件和环境的材料。一般说，新闻写作中往往用背景材料来烘托、深化主旨，帮助读者认识所报道的事实的性质和意义。背景材料并不是每篇新闻都要介绍，只有当背景能有效突出新闻的主要事实和意义，能够深化主题的时候，才值得一写。但无论如何使用，都要紧扣主题，不可喧宾夺主。

背景材料可以单独写成一段，作一次交代；也可以分散穿插，多次交代，而多数新闻的背景材料放在主体部分交代，有时也可以放在导语里介绍。

背景材料包括对比性材料、说明性材料、注释性材料。

对比性材料，这种背景材料是对事物进展的前后、左右、正反进行对比，衬托出新闻事件本身的意义，帮助读者加深对新闻事实及其特点、意义的理解。

说明性材料，这种材料是用来说明和解释新闻事实产生的原因、条件和环境的材料，其作用在于能使新闻内容更易于被理解，并起到深化主题，使新闻的意义更清楚和突出。说明性背景材料可分为历史性背景材料、地理性背景材料、人物背景材料和事物背景材料等。

注释性材料，这种材料用以帮助读者看懂新闻内容，增长知识和见闻的背景材料。它包括产品及物品性能特点的说明、科技成果的通俗介绍、技术性问题的解释等。注释性背景材料的运用能起到使报道内容更好地被观众理解的作用。

例文 6-7

中国女排回电漳州 欢呼"祖国万岁，娘家温暖"

十五日晚二十时，刚刚在日本大阪夺得第九届女排世界杯冠军的中国女排，给漳州市委、市政府发来全体队员亲笔签名的传真信。传真信内容为："'祖国万岁，娘家温暖！'感谢'娘家'漳州人民的关心和支持。"

福建漳州是中国女排的集训基地。中国女排自一九七六年在排球之乡漳州组建后，每年都要到漳州进行集训。二十七年来，无论是在中国女排处于起步之时，还是走向辉煌时期，或是陷入低谷阶段，漳州人民对于中国女排姑娘都给予了无微不至的关心与支持。对此，中国女排姑娘亲切地把漳州称为自己的"娘家"。

中国女排此次出征日本参加第九届女排世界杯赛牵动着漳州人民的心。今年十月月二十五日，中国女排出征前一天，漳州市委书记袁荣祥亲自打电话给中国女排主教练陈忠和，预祝中国女排在比赛中一切顺利，再创辉煌。十一月十五日晚，得知中国女排以十一场全胜不败的战绩最终捧回了阔别十七年的世界冠军奖杯，漳州各界群众欢欣鼓舞，纷纷走上街头庆祝。当晚十九时，中共漳州市委、漳州市政府，中共漳州市委书记袁荣详、漳州市市长何锦龙，中国女排主教练陈忠和的家乡漳州龙海市委、市政府分别向中国女排及陈忠和发去贺信、贺电，祝贺中国女排再夺桂冠。

中共漳州市委、漳州市政府在给中国女排的贺电中说："'娘家'——漳州永远是你们通向世界顶峰温馨的港湾和演兵场。我们将一如既往支持你们。让我们携手共进，为再创辉煌而不懈奋斗！"

（原载中国新闻网）

这是中国女排 2003 年 11 月 15 日在日本大阪举行的第九届世界杯女排赛中获得冠军时的一则新闻报道，是中国女排继 1986 年"五连冠"之后的第六次获得世界杯冠军，17 年的圆梦，意义重大。这则新闻在主体中插入女排"娘家"——福建漳州的相关背景材料的介绍，在主体中介绍背景材料也是新闻写作中比较常用的手法。

三、新闻的写作要求

1. 要具备 5 个要素。新闻要把报道的事实交代清楚，让人一看就知道在什么时候、什么地点发生了什么事情，即新闻写作中经常谈到的"5 个 W"（When、Where、Who、What、Why），如例文 6-1，在短短的 200 字内，就把人民解放军胜利南渡长江天堑的这一历史事实发生的时间、地点、经过、事件结果做了全景式的报道。但是在写作实践中，一篇新闻是否具备这几个要素，要根据叙述对象和表述主题的需要确定，有时，并非每个要素都必须是完整的，不能僵化。

2. 要用事实说话。新闻是通过事实来说明问题、表明立场、作出舆论宣传引导，进而影响读者的，即使是述评新闻，作者的观点也是隐藏在对事实的叙述中。如例文 6-2，作者以一组数字说明目前猪肉价格已超过历史最高水平，在原因分析中，作者坚持以事实说话，使猪肉上涨原因令人信服。

3. 选材精当，主题集中。精当的新闻材料，是指最能体现事物的本质特征和新闻"个性"的材料，而主题集中，是要求新闻要围绕主题选取材料。如例文 6-4，选取了最具代表性的北京、上海、广州三地来说明全国少年儿童手拉手庆"六一"的盛况。

此外，新闻的语言要准确通俗。新闻语言在叙述中最讲究准确，这是因为新闻报道以真实为要，用词稍有不当，就会导致失真。语言通俗，是由新闻的性质所决定的，新闻要给大众看，就必须通俗易懂，便于大众接受传播信息。

【思考与练习】

一、简答题

1. 动态新闻贵在篇幅短，事实准，文字简要，它舍去细节，不评论。试以例文一为例作具体的分析。

2. 例文 6-2 的猪肉价格是怎么上涨的，作者是怎么揭示的？猪肉涨价影响到百姓的生活，而作者认为有利有弊，这样写好不好，为什么？

3. 试划出例文 6-6 的背景材料，并分析其作用。

二、写作题

1. 请你以学校学通社记者的身份，选取一次校园文化活动，如"十佳歌手赛"、"现场作文竞赛"等活动作为报道对象，写一篇动态新闻，及时报道活动的实际情况，也可以对活动的相关背景进行介绍，让读者进一步领略活动的全貌。

2. 写一篇综合新闻，报道一次全校性的活动。既要有面上情况的综述，又要有点上具体事例的说明，点面结合，反映活动的总体情况；并用多行标题形式写作。

第二节 商业广告

一、广告的概念

广告，汉语的字面意思是广而告之。是广告主有计划地通过媒体直接或间接地向所选定的消费者介绍自己所推荐的产（商）品、服务的优点和特点，以唤起消费者的注意，并说服消费者购买、使用的一种付费宣传或信息传播活动。

《中华人民共和国广告法》（以下简称《广告法》）对广告的界定：是指商品经营者或服务提供者承担费用，通过一定媒介和形式直接或间接地介绍自己所推销的商品或所提供的服务的商业广告。

因此，广告有广义和狭义之分。

广义的广告包括为达到某一宣传目的的非盈利性广告，其内容比较广泛，既包括商业广告，也包括政府公告，政党、文化教育团体、宗教团体等组织的启事、声明，以及诸如防止空气污染、美化公共环境、关怀残疾人、促进公共福利等内容的社会公益广告。

狭义的广告，则专指商业广告，是指商品经营者或服务提供者承担费用，通过一定介和形式直接或间接地介绍自己所推销的商品或者所提供的商业服务。

从商业广告的界定说明以下问题。

第一，商业广告传播的是有关商品和服务的信息，有明确的广告主。

第二，商业广告是有偿服务，即广告主必须要向广告经营者偿付广告设计、制作、代理服务等各项费用。

第三，商业广告必须通过媒体如报纸、杂志、广播、电视等传播信息。

第四，商业广告是现代多学科的综合体，商业广告从策划到制作完毕，往往综合了多学科的知识，如商品知识、心理学知识和营销学知识，制作方面有摄影知识、美学知识等。

广告宣传的形式多种多样，除了文字之外，还包括色彩、绘画、图片、装饰、音响、动作、人体表演，等等。但不论采用哪种广告手段，都离不开文字，也就是广告文稿。我们在本书中讲的商业广告，是从广告文稿的角度来说明的，是指广告作品的语言文字部分。

二、商业广告的特点

1. 功利性。商业广告具有明显的功利性。其目的就是为了推销某种产品或某种社会服务。因此广告必须适应读者的心理，诱发读者的兴趣，尽力去感染读者，促使购买行为实现。

2. 真实性。真实性是广告的生命，广告一定要实事求是，不可弄虚作假，哗众取宠。语言要讲究分寸，不可随意滥用"驰名中外"、"全国第一"之类赞誉词。

3．创造性。商业广告还具有创造性，因为只有富有创造性的广告，才能塑造商品或服务者的个性和形象，引起读者或观众的注意，乃至留下深刻的印象。

4．艺术性。广告是一门科学，也是一门艺术。为扩大宣传效果，在真实地介绍产品的基础上，经常采用一些让观众喜闻乐见、印象深刻的形式，如文字、音乐、美术等的综合运用。文字广告优美、富有情趣，美术广告以健康的审美趣味，吸引消费者，音乐广告以悦耳动听的乐曲吸引听众，让消费者在美的享受中轻松地接受其产品。

5．严肃性。随着《广告法》的出台，广告的严肃性日益突出。例如，《广告法》中有关条文规定：广告内容应当有利于人民的身心健康，促进商品质量和服务质量的提高，保护消费者的合法权益，遵守社会公德和职业道德，维护国家的尊严和利益。

三、商业广告的种类

商业广告从不同的角度，可以获得不同的划分结果。

1．以制作目的来分类。可以分为销售广告和信誉广告。所谓销售广告，即为推销某种商品而制发的广告。信誉广告，指为宣传公司或企业的信誉、历史和成就，塑造公司或企业形象的广告。

2．以媒介方式来分类。可以分为报纸广告、杂志广告、广播广告、电视广告、直接邮递广告、橱窗广告、霓虹灯广告、街车广告和路牌广告等。

3．以广告的文体来分类。可以分为说明体广告和文艺体广告等。

4．以广告的心理效果来分类。可以分为攻心广告、迎合广告、征奖广告和承诺广告等。

四、商业广告的作用

1．传播信息，加强产销联系。在市场经济条件下，供需之间形成了错综复杂的经济联系，信息显得特别重要。有时由于信息不足，往往形成了"有者不知何处要，要者不知何处有"的状况。通过广告，可以迅速、广泛地传播各种商业信息，使供需双方及时进行沟通，尽量减少某些商品由于地区、季节和其他人为因素导致信息不灵而造成的积压现象。

2．促进生产，引导消费。社会主义市场经济的发展，使人们的生活水平有了显著的提高。商品种类越来越多，这对于厂家和消费者来说，都需要对市场动态有充分的了解。广告恰恰起到了这一作用。它把厂家和用户密切地联系起来，让厂家把生产和销售紧密地联系，有的放矢地扩大生产，让消费者能买到称心如意的商品。

3．转变消费观念，创新市场需求。提高生活质量是人们的共同向往，因此，广告不仅要注意消费者原有的需求，而且更应诱导消费者潜在的消费需求，促使他们冲破固有的心理障碍，实现观念意识上的转变，创造出新的市场需求。

4．创造名牌产品，塑造企业形象。随着生产的发展与买方市场的形成，现在市场竞争十分激烈。企业要在竞争中立于不败之地，除了要不断提高产品质量，改进服务态度外，还要实施名牌战略，努力创造名牌、名厂、名店，塑造良好的企业与产品形象，而广告就是塑造形象、创造名牌的一个重要手段。

5. 沟通国内外贸易联系，促进国际贸易的发展。随着我国市场经济的建立与发展，广告在对外贸易工作方面也发挥了重要的作用。它是我国外贸工作中，争取用户，推销商品，开拓市场，巩固市场，扩大市场以利竞争的有力工具和手段。

6. 传播知识，美化环境。广告通过各种媒介传播商品知识，介绍商品特点及功能，让人们更充分地利用商品，增长知识，提高生活质量。另外，在国家统一安排下设置的各类商品广告和公益广告，不仅起到了宣传作用，而且也在一定程度上美化了环境，促进了精神文明建设。

五、商业文字广告的结构与写法

商业文字广告一般包括标题、正文和随文三个部分。

（一）标题

广告标题是广告文稿的精髓，被称为广告的灵魂。许多读者观众都是首先看一眼标题，然后再作是否看下去的选择。所以，广告标题必须高度概括和揭示广告的内容，具体突出诉求重点，要有新颖优美的创意，生动简洁的文字，要能引起消费者的注意和兴趣。

广告标题按照内容和形式，可分为直接标题、间接标题和复合标题三种。

1. 直接标题。即以简明的文字表明广告的内容，使人一看就知道广告的信息内涵。如：

福建国际旅游服务公司为您提供优质服务
今天我要喝——娃哈哈果奶

2. 间接标题。这种标题往往不直接说明产品和产品有关情况，而是先用富有趣味性和戏剧性的语言抓住人们的好奇心和注意力，使人们非弄明白不可，直到读了广告正文才恍然大悟。如：

出门前轻轻一按，回到家有饭有菜（电饭锅）
一寸光阴一寸金（手表）

3. 复合标题。是指由引题、正题和副题组合而成的标题，其中引题说明广告信息的意义或作背景交代，正题用来点明广告的主要事实，副题一般作正题内容的补充说明。复合标题可以三者齐备，也可以只有引题与正题或正题与副题，但正题必不可少。如：

美丽离不开水和肥皂（引题）
蜂花液体香皂（正题）
使你头发根根柔软，令你肌肤寸寸滑嫩（副题）

广告标题写作形式有标名式、疑问式、欢迎式、慰问式、通告式、祈使式、感叹式、描写式、悬念式、格言式等。需要采用哪种形式,要根据广告的具体情况来决定。

美国广告大师大卫·奥格威提出了十条广告标题创作原则,十分值得借鉴。

1. 平均而论,标题比正文多5倍的阅读力。如果在标题里未能畅所欲言,就等于浪费了80%的广告费。

2. 标题应向消费者承诺其所获得的利益,这个利益就是商品所具备的基本效用。

3. 要把最重要的信息纳于标题之中,要始终注意在标题中注入新的吸引人的信息。

4. 标题里最好包括商品名称,不要遗漏品牌名称。

5. 标题要富有魅力,应写点诱人继续往下读的东西,这样才能引导读者阅读副标题及正文。

6. 从推销而言,较长的标题比词不达意的短标题更有说服力。

7. 使消费者看了标题就能知道广告内容,而不是强迫他们研读正文之后,才能理解整个广告内容的标题。

8. 避免写一些故意卖弄的标题,像双关语、引经据典、晦涩的词句应尽量少用,不要写迷阵式的标题。

9. 使用迎合商品诉求对象的语调。

10. 使用在情绪上、气氛上具有诱惑力和冲击力的语调和词汇。

(二)正文

正文是广告的中心和主体,体现广告的目的和内容。它包括三方面内容:首先,是对标题提出的商品或其他方面加以说明或解释;其次,具体说明提供商品或其他方面的细节,让人消除疑虑,这是正文的中心段;最后是结尾,用热情诚恳的语言诱导消费者去购买。

1. 正文的写作体式。广告的正文写作体式多种多样,下面介绍几种主要体式。

(1)陈述体。这种体式是用简洁朴实的语言,直接介绍商品,使消费者充分了解商品性能、特点等商品的有关情况,产生购买欲望。

例文 6-8

在第六届香港国际食品展中,剑南春酒厂的剑南春系列酒以其独特风格,受到中外消费者赞扬,荣获本届国际金花奖。

这届食品展是9月初在香港举行的,参加这次食品展的有阿根廷、加拿大、中国、法国、匈牙利、瑞士、美国、西德和香港等11个国家和地区的40多个展团和展商,展出了世界各国最新颖的优质食品饮料,在"国际美酒长廊"中,展出了世界佳酿。

享有"金花"之誉的中国名酒剑南春,有着悠久的酒文化史,唐代"剑南之烧春"为皇室专享的贡品,曾载入唐人李肇《国史补》。今日剑南春选用优质高粱、玉米、大米、大麦、糯米等5种粮食,采用老窖发酵,微机勾兑,合理储存,精工酿制而成,具有"芳香浓郁、醇和回甜、清冽净爽、余香悠长"的独特风格，1974年开始出口，1979、1984年蝉联国家名酒称号，荣获国家质量金奖，国家商业部金爵奖和国家出口基地荣誉证书，近年来该厂不断深化企业改革，推行了多层次经济质量承包责任制，一年一度的干部聘任制，浮动工资制，企业内部股份制，加强了企业管理和全面质量管理，建立了严格的质量保证体系，今年8月荣获省先进企业称号。在市、省、部三级组织的市场抽样复查评比中，名列前茅，剑南春系列酒等7个产品再获国家商业部优质产品称号。该厂1985年以来连续3年人平税利超过一万元，取得较好的经济效益和社会效益。

这次该厂剑南春系列酒荣获国际金花奖真可谓：

天府金花香海外，国际金花独一枝。

上例广告较详细叙述了中国名酒剑南春的特点以及荣获各种称号和荣誉证书的情况，质朴无华，客观地，不动声色地介绍商品，给消费者留下了极好的印象。

（2）问答体。这种体式采用问答的方式，以激发消费者的好奇心，一般分为设问自答、设问客答两种形式。通过问题的解答，让消费者深入了解该商品。

例文6-9

爱"嘉陵"

唐杰忠：老马，您在等谁呀？

马季：我的那个"嘉陵"。

唐杰忠："嘉陵"是您"爱人"呀？

马季：我太喜欢嘉陵了，它有许多优点，容貌长得盖世无双，绝代佳人，风度潇洒、帅气，平地走路像仙女腾云驾雾，爬坡就如嫦娥奔月，唱歌优美动听。与"嘉陵"结为"伴侣"太幸福了。追求嘉陵的小伙子太多了，连姑娘们也都在追求嘉陵哪！

唐杰忠：什么，姑娘们也向您"爱人"求爱?!

马季：什么呀？瞧，它来了。

唐杰忠：呵，原来是"嘉陵牌摩托车"呵！

通过唐杰忠与马季的相声，在对白中让消费者逐步了解嘉陵牌摩托车的性能特点。

（3）证书体。借助政府业务部门对产品的评定或颁发的荣誉证书来宣传商品，以取得消费者的信任，激发购买欲，如例文6-8。

剑南春酒厂的剑南春系列酒以其独特风格，受到中外消费者赞扬，荣获本届国际金花奖。

（4）自述体。即用第一人称向消费者介绍商品，或以消费者口气介绍自己对某商品的信赖，或以拟人手法，让商品向消费作自我介绍。

例文 6-10

完达山全脂甜奶粉

每天清晨，我都会给家里每个人冲一杯牛奶，二十多年前，当我还是个小姑娘时，第一次用完达山牌奶粉，那浓郁的奶香，一冲即饮的特点便深深留在我的脑海里。

二十多年过去了，时过境迁，家里的电视换了，家具换了，当年天天吵着喝牛奶的小姑娘如今也成了母亲，但我每次买奶粉仍是"完达山"，这不仅仅是因为"完达山"始终给我的质量信心，还有那对自己人生历程回忆，就像那醇厚的奶香，让人久久回味……。

这是一则以第一人称"我"从小姑娘的时候，就饮用完达山奶粉，一直到二十几年后还在饮用，"二十几年"不仅对一种产品的嗜好，更是对一个品牌的信赖。

（5）幽默体。这种体式用幽默诙谐的方式介绍商品的名称、特点及功能，让人在轻松中记住商品，并且印象深刻。

例文 6-11

美国的箭牌衬衫广告

我的朋友乔·霍姆斯，他现在是一匹马了。乔常常说，他死后愿意变成一匹马。有一天，乔果然死了。五月初我看到一匹拉牛奶车的马，看起来像乔。

我悄悄地凑上去对他耳语："你是乔吗?"

它说："是的，可是现在我很快乐!"

我说："为什么呢?"

它说："我现在穿着一件舒服的衣领，这是我有生以来的第一次。我衬衫的领子经常收缩，简直在谋杀我。事实上有一件把我窒息死了。那就是致死的原因!"

"天哪，乔!"我惊讶失声。"你为什么不把你衬衫的事早点告诉我? 我就会告诉你关于'箭牌'衬衫 Arrow Shirt 的 事。它们永远合身而不收缩。甚至织得最紧的深灰色棉布作的也不收缩。"

乔无力地说："唉!深灰色棉布是最会收缩的了!"

我回答说："可能是，但我知道'戈登标'箭牌衬衫是不缩的。我正在穿着一件。它经过机械防缩处理。收缩率连1%都不到!此外，还有箭牌所独有的'迷淘戛'特适领!""'戈登标'每件只卖两美元!"我说的达到了高潮。

乔说："真棒，我的老板正需要一件那种样子的衬衫。我来告诉他'戈登标'的事。也许他会多给我一夸脱燕麦。天哪，我真爱吃燕麦呀!"

口号：箭牌——机械防缩处理。

如果没有箭牌的标签，

那它就不是箭牌衬衫。

箭牌衬衫机械处理防缩——如有收缩不合，免费奉送一件作赔。

这是美国广告界公认的近代著名广告大师乔治·葛里宾为箭牌防缩衬衫写的广告文案。作者以幽默的笔调，丰富的想象构思了一个人变马的故事。人由于衬衫领子收缩窒息而死变成了马，当它知道了箭牌衬衣经过机械处理不收缩，高兴得要去告诉老板，以求获得更多的燕麦饲料。作者在幽默的故事情节叙述中不露痕迹地介绍了防缩性衬衫的种种性能。

2. 诉求重点。正文写作不管采用哪一种方式，都要有明确的诉求重点。广告文由于受传播媒介等条件的限制，必须从众多的宣传信息中选取最能体现商品、劳务的功用，最能突出表现商品、劳务特殊个性的"核心点"来作为诉求重点。在确定诉求重点时，还必须注意商品进入市场的时期。

（1）引入期和成长期。其诉求重点是商品的名称和性能，以激起消费者的兴趣和关注。

（2）成熟期和饱和期。其诉求重点是商品性能的改良和商标的信誉。

（3）衰落期。其诉求重点是商品的新技术、新用途，以争取新用户，开辟新的市场。

（三）随文

随文，又称"落款"，是对广告内容的补充说明，主要包括广告单位名称、地址、邮编、电话号码、电报挂号、银行账号、负责人或业务联系人姓名等，以便于消费者联系。如福建厨师食品的联系方式：

地址：福建 漳州　漳州市龙文区下洲工业区下洲村8号
电话：86 0596-2885888
邮编：363000
传真：86 0596-2882808
网址：http://0dxpnwxy.co.sonhoo.com

（四）广告标语

为了加强公众印象，在广告中长期、反复使用的一种简明扼要的口号性语句就是广告标语，有人称其为广告的"商标"。它可以出现在正文的任何部位，一般情况下，独立于正文之外，作为广告相对独立的一部分。它高度概括，语言凝练，具有很强的号召力。广告标语的特点是简洁、整齐、有韵、上口、易记。例如：

安利AMWAY："有健康，才有将来"；
西门子移动电话："灵感点亮生活"；
百事可乐："新一代的选择"；
大众甲克虫汽车："想想还是小的好"；
诺基亚："科技以人为本"；

戴比尔斯钻石:"钻石恒久远,一颗永流传";
人头马XO:"人头马一开,好事自然来"。

六、写作广告文稿时应注意的问题

1. 要符合国家法律规定。《广告管理条例》第三条规定:"广告内容必须真实、健康、清晰、明白,不得以任何形式欺骗用户和消费者"。广告内容应有利于人民的身心健康,促进商品和服务质量的提高,保护消费者的合法权益,遵守社会公德和职业道德,维护国家的尊严和利益。

2. 要实事求是。广告中对商品的性能、产地、用途、质量、价格、生产者、有效期限作介绍,或者对服务的内容、形式、质量有表示的,应真实、可靠、清楚、明白,切忌虚夸臆造。

广告使用的数据、统计资料、调查结果、文摘、引用语,应当真实、准确,并表明出处。

3. 语言要准确,文字要有感染力。广告语言要准确、鲜明、生动,要简明扼要,琅琅上口,浅显易懂,便于记忆;切忌深奥难懂、冗长枯燥,生硬呆板。广告语言有无感染力,是广告成败的关键之一。因此,撰写广告文稿,一定要反复推敲,千锤百炼。

【思考与练习】

一、简答题

1. 试说明广告的特点和作用。
2. 广告的标题和正文各有哪几种写法?
3. 认真阅读《中华人民共和国广告法》,了解广告准则和如何进行广告活动。

二、写作题

1. 就你所熟悉的某一商品写一则广告,注意广告的写作要求。
2. 请分析你最喜欢的一则广告的创新性和艺术性,并为其拟写一份对话体广告。
3. 请你为所学专业的应届毕业生写一则广告文。发布对象为需要此专业的用人单位。广告目的是为了推销人才;广告媒介是报纸、人才交流市场;内容要求有广告标题、正文、随文,要突出专业特点和人才的素质结构等。

第七章 规章制度

【知识与技能】
1. 了解规章制度的概念、特点、作用。
2. 掌握规章制度的种类和内容；重点掌握规章制度的结构与写法。
3. 参考例文，能够撰写各种规章和制度。

第一节 概 述

一、规章制度的含义及其作用

规章制度是国家机关、社会团体、企事业单位为了建立正常的工作、劳动、学习、生活秩序，依照法律、法令、政策而制定的，具有法规性、指导性和约束力的文件，它是行政法规、章程、制度、公约的总称。

规章制度的使用范围极为广泛，大至国家机关、社会团体、各个行业、系统，小至单位、部门、班组。因此，建立和健全规章制度，有利于明确职责，协调工作，统一步伐，严格组织纪律，建立和维护正常秩序；有利于约束行为，规范道德，使社会成员得到教育和自我教育，加强物质文明和精神文明建设；有利于企业加强管理，保证产品质量，提高服务质量，取得更大的社会效益。总之，它是国家法律、法令、政策的具体化，是人们行动的准则和依据；它对经济建设、科学技术和教育事业的发展，对社会秩序的维护，都有十分重要的作用。

二、规章制度的种类和内容

规章制度是一个总称，它包括条例、规定、办法、细则、章程、制度、规则、规程、守则、须知、公约等；另外，标准、准则、补充规定等也可属规章制度。

各种不同的规章制度，反应不同的需要、适用不同的范围，起着不同的作用，它们的制发者也不一样，见表7-1。

表 7-1 部分规章制度比较简表

类别	种类	内容和作用	制发者	例子
行政法规	条例	对某方面的行政工作作比较全面、系统地规定，具有法律性质的文件	国家最高权力机关	《行政法规制定程序条例》
	规定	对某一方面的行政工作作部分的规定，是法律、政策、方针的具体化形式，处理问题的法则	国务院各部委、各级人民政府及所属机关	《高等学校校园秩序管理若干规定》
	办法	对某一方面的行政工作作比较具体地规定，包括处理某些问题的具体方法、标准	同上	《国家助学奖学金管理办法》
	细则	为实施"条例"、"规定"、"办法"作详细、具体或补充的规定，对贯彻方针、政策起说明和指导的作用	同上	《××学院关于学生违反考场纪律处分实施细则》
章程	章程	政党或社会团体以说明该组织的宗旨、性质、组织原则、机构设置、职责范围等的纲领性文件，具有准则性与约束性的作用	政党、社会团体	《××市电子协会章程》
制度	制度	有关单位和部门制定要求所属人员共同遵守的准则	机关团体、企事业单位及其部门	《通用电子实验室制度》
	规则	有关单位和部门为维护劳动纪律和公共利益而制定的要求大家遵守的条规	同上	《××图书馆借书规则》
	规程	生产单位或科研机构，为了保证质量，使工作、试验、生产按程序进行而制定的一些具体的规定	同上	《××型计算机操作规程》
	守则	机关团体、企事业单位要求其成员遵守的行为准则	同上	《大学生守则》
	须知	有关单位和部门为维护正常秩序，搞好某项具体活动，完成某项工作而制定的具体指导性、规定性的守则	有关单位、部门	《观众须知》《考生须知》
公约	公约	人民群众或团体经协商决议而定出的共同遵守的准则，对参加协议者有约束力	人民群众、团体	《首都人民公约》《班级公约》

三、规章制度的特点

1. 执行的严格性。规章制度是依照法律、法令、政策制定的法规性文书，它起到某些行政法规的作用。它一经公布，对有关方面及有关人员就有强制力或约束力，必须贯彻实施，不得违反。否则，就要受到行政、法律、经济制裁或公众舆论的谴责。

2．表达的直接性。规章制度是规定人们应该做什么，怎样做，不能做什么，如有违反将怎样处理。对这些内容都应当直接提出，至于为什么则不必说明，不摆事实，不谈道理，更不能拐弯抹角，一切都照直说，这样才简易可行。

3．语言的准确性。规章制度的所有规定都要不折不扣地实行，因此其所有的内容都要旗帜鲜明地与党和国家的方针政策保持一致，用语应仔细推敲，对所规定的条款含义不能含糊，务必做到准确严密，没有歧义和漏洞，实行起来毫无疑问。

4．制定的严肃性。规章制度是具有法律效力的文件，凡法规涉及的有关方面均应做出相应的规章制度。规章制度的起草应广泛调查、认真分析研究、慎重制定，多次修改讨论，防止偏颇疏漏，避免矛盾。同时要做到令行禁止，保证文件的相对稳定，保持文件的严肃性。既有针对性，又必须符合实际情况，做到合情、合理、合法。

5．形式的条文化。《行政法规制定程序暂行条例》中规定，"行政法规的内容用条文表达，每条可分为款、项、目，款不冠数字，项和目冠数字。法规条文较多的，可以分章，章还可以分节。"它通常用章、条、款三级；最多时用到"章"、"节"、"条"、"款"、"项"、"目"六级。

【思考与练习】

简答题
1．什么是规章制度？规章制度的作用有哪些？
2．规章制度的种类和内容？
3．规章制度的特点有哪些？

第二节 规章制度的结构和写法

一、规章制度的结构体例

《中华人民共和国立法法》规定："法律根据内容需要，可以分编、章、节、条、款、项、目。"《行政法规制定程序暂行条例》规定："行政法规根据内容需要，可以分章、节、条、款、项、目。"可见，规章制度写作主要应当采用章条式结构体例。

章条式结构体例按其所对应的结构层次，从大到小可以分为三大类，每一大类下面又可分出若干等级的结构层次，每一个等级的结构层次有其特定的体例名称、功能以及表述方法。

（一）第一结构层次——编、章、节

第一结构层次的主要功能是对条文较多、结构较为复杂的规章制度划分较大的层次。在第一结构层次中，章是基本层次。当规章内容表述需要设置第一结构层次时，应当首先设章。一般情况下，章下面直接设条。如果章下所设的条较多，章与条之间需要增加一级层次，可采用分节的方法。如下例：

第一章　总　则

第一条　本团体的名称：××市电子协会，英文译名为：×× Electronic Association（ZZAAET）

节是一种辅助性结构层次。在同一文本中，有的章下面可以分节，有的章下面也可以不分节而直接设条。

编属于最高的结构层次，只有当设立章和节两个宏观层次后还不能满足结构表达的需要时，才考虑使用。

编、章、节作为第一结构层次，应当在名称前冠以汉字的序数词，后空1~2字缀以标题，以较醒目的字体字号居中标识于该层次的上方，如"第一章　总则"。章和节一律依各自的上位层次从头开始编码。

（二）第二结构层次——条

在规章制度中，条具有核心地位，具体表现为三个方面。

1．条是规章结构表达的独立单位，对上不必依附于编、章、节，对下也可不设款、项、目。

2．条是贯穿规章结构体系的基本线索。规章的结构层次无论复杂还是简单，除少数文本的序言外，从头至尾都必须按条的先后顺序依次连续编码，不受编、章、节编码的制约。

条可用两种表述方法。

一种是单纯用序号表达，即在条的名称前面冠以汉字的序数词，如"第一条"，后面不加标题，左空2字置于条的开头，后空1字直接书写条文。

第一条　为了优化育人环境，加强高等学校校园管理，维护教学、科研、生活秩序和安定团结的局面，建立有利于培养社会主义现代化建设专门人才的校园秩序，制定本规定。

另一种是序号加标题，即在序号后面空1字，如"第×条　股东的名称、出资方式及出资额"，另起1行左空2字书写条文。

第五条　股东的名称、出资方式及出资额

××综合商社出资额640万元，占注册资本的53.3%，出资方式为货币。

××××中心出资总额560万，占注册资本的46.7%，其中实物出资70万元，货币出资490万元。

（三）第三结构层次——款、项、目

微观结构层次的主要功能是对各自的上位层次进行细化，因而它们相对于各自的上位层次都具有较强的隶属性，不能单独设立。

1. 款。款是直接设于条下的、意义完整的自然段落，也是直接构成条的基本要素。条下面可以只有一款，也可以由若干款组成。款与款之间既可以是意义上平行并列或程序上先后承接的关系，也可以是内容上补充完善的关系，这一点同款与项之间是总与分关系有着明显的区别。

款在写作上必须遵循完整性和单一性原则。所谓完整性，是指一款应当完整表达一个主题或说明一个问题。当款下面需要再设若干项时，一款中会出现若干自然段，而每个自然段所表达的意义并不完整，如：

第十八条　行政法规送审稿有下列情形之一的，国务院法制机构可以缓办或者退回起草部门：

（一）制定行政法规的基本条件尚不成熟的；

（二）有关部门对送审稿规定的主要制度存在较大争议，起草部门未与有关部门协商的；

（三）上报送审稿不符合本条例第十五条、第十六条规定的。

上例第一自然段为总领句，即总说部分，（一）至（三）为分说部分。由于每个自然段所表达的意义并不完整，故不能将自然段视作款，而应当将整个意义完整的段落（包括总领句及其下属的分说部分）视作一款。

所谓单一性，即在一个款内只能表达一个主题或说明一个问题，如果需要对前一个主题作进一步说明或补充完善，或者需要表达另一个与之相关但又并列的主题，则应当另设下一款。

款不标序号，也不标识款的名称，按条下面所设的自然段辨识和读作。第一款直接书写于"第×条"的标识之后，中间空1字。如条有标题，则第一款移至下1行左空2字书写。其余款均另起一行左空2字书写，独立成段（下设项的款除外）。

2. 项和目。项与目都是较低的结构层次，它们同上位层次的关系都是总分关系。也就是说，款如果需要用下设项或者项如果需要下设目，第一自然段一般应当是总领句，下设若干自然段构成项或目（至少设两项或两目），如上例。这样，项与项之间或者目与目之间在逻辑上就构成平行并列关系或先后承接的关系，而不是如同款与款之间可以相互补充完善的关系。

项与目都是用序号表述的第三结构层次。表述时应当注意下列问题。

第一，项用汉字的基数词外加圆括号依次表述，如"（一）"；目用阿拉伯数字加点号依次表述，如"1."。

第二，序号后面不用标出"项"和"目"，也不用空格，直接书写该项的内容。

第三，款与项、项与目之间的结构层次关系是总分关系，因此第一项和第一目之前应当设有总领句，后加冒号。项与项、目与目都是并列的分句，均另起一行左空2字书写；分句之间一般用分号隔开。

第四,项和目一律依各自的上位层次从头开始编码。这一点与条的编码方法明显不同。

二、规章制度的格式构成

根据《行政法规制定程序暂行条例》的规定,"行政法规的内容用条文表达",规章制度的结构通常包括标题、正文和落款三部分。

(一)标题

标题通常由发文单位、事由和文种组成,如《中华人民共和国交通管理条例》,也有的只用事由和规章制度的种类组成,如《公司考勤制度》、《考生须知》等。规章制度如果是暂行或试行的,应当在标题中标明,如《保守国家机密暂行条例》、《高等学校学生行为准则(试行)》等。

(二)题注

正式发布的规章制度应标明题注。题注一般应当写明发布机关名称(通过此规章的会议名称)、发布(或通过)日期,有时也可写明实施时间、修订时间。如果标题中已经写明发布机关,题注中只需注明发布日期。如:

××市长园新材料股份有限公司章程

(经公司 2005 年度股东大会修订)

(三)正文

正文一般由总则、分则和附则三个部分组成。

1. 总则。总则即开头,需写明制定该项法规或规章的目的、指导思想、基本原则以及法律依据和适用范围,以确定和保证其法律效力。

2. 分则。分则即主体部分,是对各项规定分门别类地进行具体表述,是最核心、最重要的部分,一般要说明该项法规或规章适用的对象,对象的权利和义务及其履行的程序、方法,如果违反规定应负的法律责任以及相应的制裁方式等。要写得周密、准确、层次清楚、条理分明,一般分成若干章或若干条分别加以说明。

3. 附则。附则是最后部分,即结尾部分。一般作为最后一章,是对所制定的规章制度的补充和说明。用以说明与主体部分有关的事项,如该文件的解释权,生效或实施的时间,授权什么单位制定具体实施办法或实施细则,比照执行的范围或不适用的对象,与原有或其他规章的关系,以及补充说明的其他规定等。还要声明和其他相关的规章制度的关系,对原有的文件若与刚刚制定的文件相抵触的应在声明有效期的同时宣布原来文件予以废止,有以下几种情况及其表述方法。

(1)新的规章实施后,旧的规章同时废止。可表述为:"本办法自××××年××月××日起实施,原《××××办法》同时废止。"

(2)新规章的有关规定与其他规章相关规定不一致的,以新的规定为准。可表述为:

"其他有关规定与本条例（办法）不一致的，以本条例（办法）为准。"

（3）新规章涉及的有关问题仍需按已经颁布的相关规章办理。可表述为"有关×××事项，仍按《××××规定（实施细则）》办理。"

由于规章制度繁简不同，正文的形式也有所不同。归纳起来，主要有以下两种惯用形式。

（1）条例式。即由总则、分则、附则三部分组成。每一部分可根据内容多少，分若干章，每章又可分若干条。总则，常常是第一章，简要说明该规章制度的宗旨、任务、性质，对全文起统领作用。分则，是规章制度的主要部分，分章分条写明有关内容。附则，多是最后一章，一般是说明规章制度的生效日期、适用范围、修改、解释、批准的权限，以及未尽事宜的补充说明。附则可以单独成章，也可附在最后不单独成章。

（2）条目式。即先写一个前言，说明依据、目的，然后用"特制定本条例（制度、守则……）"作过渡语，引起下文。条目是主要部分，一般按先主后次、先原则后具体的顺序，逐条写来。

内容简单的规章制度，诸如守则、公约、须知、制度等，正文多由前言、主体、结尾组成。前言说明目的意义，主体分条叙述，结尾提出执行要求。

（四）落款

1．制定单位。基层单位制定的规章，应在正方右下方写明制定单位的名称（也可写在标题下方）。

2．制定时间。基层单位制定的规章，在制定单位名称下方写明制定的具体日期（也可写在标题下方）。

写明制定单位和日期的规章，无需再标写题注。

三、制定规章制度的要求

1．制定规章制度，应当遵循下列原则。

（1）坚持四项基本原则，为贯彻改革、开放总方针和社会主义现代化建设服务。

（2）符合宪法和法律，符合党和国家的路线、方针、政策。

（3）从实际出发，实事求是。

（4）贯彻民主集中制，充分发扬民主。

2．要明确制定的权限。规章制度的制定有明确的权限规定。中央、国务院制定全国性的行政法规。国务院各部、委以及省、市、自治区一级根据中央的方针、政策制定一些部门性、地方性的行政法规。其他机关团体、企事业单位根据自己的实际情况制定本部门、本单位的规章制度。要注意不能超越权限、越级制定，也要注意不能同上级已制定的有关规章相抵触。

3．在写法上，内容要完备规范，切实可行；篇章要条理清楚，款项分明；文字要简练准确、明白无误。对规定的事项，要求做什么，不准做什么，语气要肯定；行文要概括、周密,通俗易懂,便于记忆。要使人看后明白"必须这样做,不许那样做"。

例文 7-1

行政法规制定程序条例

第一章 总 则

第一条 为了规范行政法规制定程序,保证行政法规质量,根据宪法、立法法和国务院组织法的有关规定,制定本条例。

第二条 行政法规的立项、起草、审查、决定、公布、解释,适用本条例。

第三条 制定行政法规,应当遵循立法法确定的立法原则,符合宪法和法律的规定。

第四条 行政法规的名称一般称"条例",也可以称"规定"、"办法"等。国务院根据全国人民代表大会及其常务委员会的授权决定制定的行政法规,称"暂行条例"或者"暂行规定"。

国务院各部门和地方人民政府制定的规章不得称"条例"。

第五条 行政法规应当备而不繁,逻辑严密,条文明确、具体,用语准确、简洁,具有可操作性。

行政法规根据内容需要,可以分章、节、条、款、项、目。章、节、条的序号用中文数字依次表述,款不编序号,项的序号用中文数字加括号依次表述,目的序号用阿拉伯数字依次表述。

第二章 立 项

第六条 国务院于每年年初编制本年度的立法工作计划。

第七条 国务院有关部门认为需要制定行政法规的,应当于每年年初编制国务院年度立法工作计划前,向国务院报请立项。

国务院有关部门报送的行政法规立项申请,应当说明立法项目所要解决的主要问题、依据的方针政策和拟确立的主要制度。

第八条 国务院法制机构应当根据国家总体工作部署对部门报送的行政法规立项申请汇总研究,突出重点,统筹兼顾,拟订国务院年度立法工作计划,报国务院审批。

列入国务院年度立法工作计划的行政法规项目应当符合下列要求:

(一)适应改革、发展、稳定的需要;

(二)有关的改革实践经验基本成熟;

(三)所要解决的问题属于国务院职权范围并需要国务院制定行政法规的事项。

第九条 对列入国务院年度立法工作计划的行政法规项目,承担起草任务的部门应当抓紧工作,按照要求上报国务院。

国务院年度立法工作计划在执行中可以根据实际情况予以调整。

第三章 起 草

第十条 行政法规由国务院组织起草。国务院年度立法工作计划确定行政法规由国务院的一个部门或者几个部门具体负责起草工作,也可以确定由国务院法制机构起草或者组织起草。

第十一条 起草行政法规,除应当遵循立法法确定的立法原则,并符合宪法和法律的规定外,还应当符合下列要求:

(一)体现改革精神,科学规范行政行为,促进政府职能向经济调节、社会管理、公共服务转变;

(二)符合精简、统一、效能的原则,相同或者相近的职能规定由一个行政机关承担,简化行政管理手续;

(三)切实保障公民、法人和其他组织的合法权益,在规定其应当履行的义务的同时,应当规定其相应的权利和保障权利实现的途径;

(四)体现行政机关的职权与责任相统一的原则,在赋予有关行政机关必要的职权的同时,应当规定其行使职权的条件、程序和应承担的责任。

第十二条 起草行政法规,应当深入调查研究,总结实践经验,广泛听取有关机关、组织和公民的意见。听取意见可以采取召开座谈会、论证会、听证会等多种形式。

第十三条 起草行政法规,起草部门应当就涉及其他部门的职责或者与其他部门关系紧密的规定,与有关部门协商一致;经过充分协商不能取得一致意见的,应当在上报行政法规草案送审稿(以下简称行政法规送审稿)时说明情况和理由。

第十四条 起草行政法规,起草部门应当对涉及有关管理体制、方针政策等需要国务院决策的重大问题提出解决方案,报国务院决定。

第十五条 起草部门向国务院报送的行政法规送审稿,应当由起草部门主要负责人签署。几个部门共同起草的行政法规送审稿,应当由该几个部门主要负责人共同签署。

第十六条 起草部门将行政法规送审稿报送国务院审查时,应当一并报送行政法规送审稿的说明和有关材料。

行政法规送审稿的说明应当对立法的必要性,确立的主要制度,各方面对送审稿主要问题的不同意见,征求有关机关、组织和公民意见的情况等作出说明。有关材料主要包括国内外的有关立法资料、调研报告、考察报告等。

第四章 审 查

第十七条 报送国务院的行政法规送审稿,由国务院法制机构负责审查。

国务院法制机构主要从以下方面对行政法规送审稿进行审查:

(一)是否符合宪法、法律的规定和国家的方针政策;

（二）是否符合本条例第十一条的规定；
（三）是否与有关行政法规协调、衔接；
（四）是否正确处理有关机关、组织和公民对送审稿主要问题的意见；
（五）其他需要审查的内容。

第十八条 行政法规送审稿有下列情形之一的，国务院法制机构可以缓办或者退回起草部门：
（一）制定行政法规的基本条件尚不成熟的；
（二）有关部门对送审稿规定的主要制度存在较大争议，起草部门未与有关部门协商的；
（三）上报送审稿不符合本条例第十五条、第十六条规定的。

第十九条 国务院法制机构应当将行政法规送审稿或者行政法规送审稿涉及的主要问题发送国务院有关部门、地方人民政府、有关组织和专家征求意见。国务院有关部门、地方人民政府反馈的书面意见，应当加盖本单位或者本单位办公厅（室）印章。

重要的行政法规送审稿，经报国务院同意，向社会公布，征求意见。

第二十条 国务院法制机构应当就行政法规送审稿涉及的主要问题，深入基层进行实地调查研究，听取基层有关机关、组织和公民的意见。

第二十一条 行政法规送审稿涉及重大、疑难问题的，国务院法制机构应当召开由有关单位、专家参加的座谈会、论证会，听取意见，研究论证。

第二十二条 行政法规送审稿直接涉及公民、法人或者其他组织的切身利益的，国务院法制机构可以举行听证会，听取有关机关、组织和公民的意见。

第二十三条 国务院有关部门对行政法规送审稿涉及的主要制度、方针政策、管理体制、权限分工等有不同意见的，国务院法制机构应当进行协调，力求达成一致意见；不能达成一致意见的，应当将争议的主要问题、有关部门的意见以及国务院法制机构的意见报国务院决定。

第二十四条 国务院法制机构应当认真研究各方面的意见，与起草部门协商后，对行政法规送审稿进行修改，形成行政法规草案和对草案的说明。

第二十五条 行政法规草案由国务院法制机构主要负责人提出提请国务院常务会议审议的建议；对调整范围单一、各方面意见一致或者依据法律制定的配套行政法规草案，可以采取传批方式，由国务院法制机构直接提请国务院审批。

第五章 决定与公布

第二十六条 行政法规草案由国务院常务会议审议，或者由国务院审批。
国务院常务会议审议行政法规草案时，由国务院法制机构或者起草部门作说明。

第二十七条 国务院法制机构应当根据国务院对行政法规草案的审议意见，对行政法规草案进行修改，形成草案修改稿，报请总理签署国务院令公布施行。

签署公布行政法规的国务院令载明该行政法规的施行日期。

第二十八条 行政法规签署公布后，及时在国务院公报和在全国范围内发行的报纸上刊登。国务院法制机构应当及时汇编出版行政法规的国家正式版本。

在国务院公报上刊登的行政法规文本为标准文本。

第二十九条 行政法规应当自公布之日起30日后施行；但是，涉及国家安全、外汇汇率、货币政策的确定以及公布后不立即施行将有碍行政法规施行的，可以自公布之日起施行。

第三十条 行政法规在公布后的30日内由国务院办公厅报全国人民代表大会常务委员会备案。

第六章　行政法规解释

第三十一条 行政法规条文本身需要进一步明确界限或者作出补充规定的，由国务院解释。

国务院法制机构研究拟订行政法规解释草案，报国务院同意后，由国务院公布或者由国务院授权国务院有关部门公布。

行政法规的解释与行政法规具有同等效力。

第三十二条 国务院各部门和省、自治区、直辖市人民政府可以向国务院提出行政法规解释要求。

第三十三条 对属于行政工作中具体应用行政法规的问题，省、自治区、直辖市人民政府法制机构以及国务院有关部门法制机构请求国务院法制机构解释的，国务院法制机构可以研究答复；其中涉及重大问题的，由国务院法制机构提出意见，报国务院同意后答复。

第七章　附　则

第三十四条 拟订国务院提请全国人民代表大会或者全国人民代表大会常务委员会审议的法律草案，参照本条例的有关规定办理。

第三十五条 修改行政法规的程序，适用本条例的有关规定。

行政法规修改后，应当及时公布新的行政法规文本。

第三十六条 行政法规的外文正式译本和民族语言文本，由国务院法制机构审定。

第三十七条 本条例自2002年1月1日起施行。1987年4月21日国务院批准、国务院办公厅发布的《行政法规制定程序暂行条例》同时废止。

本条例标题是由"事由+文种"两部分组成，如果条例是"暂行"或"试行"，则要在标题中写明。正文由三部分组成：一是制定条例的目的、依据；二是条例主体内容；三是条例的实施说明。

上例是章条式。第一章为总则，最后一章为附则，中间各章为分则。条例总则即制定的目的和依据部分是用来说明其法律依据和政策依据，行文直截了当、庄重简洁，强调其权威性。条例的主体内容即分则是条例的核心部分，本部分作出定性、定量规定。条例法规性的强与弱，约束力的大与小，就取决于这一部分。条例实施说明部分即附则阐述了生效日期、解释权的说明及其他未尽事宜的处置办法等事项。

例文 7-2

互联网电子公告服务管理规定

（信息产业部 2000 年 10 月 8 日第 4 次部务会议通过）

第一条 为了加强对互联网电子公告服务（以下简称电子公告服务）的管理，规范电子公告信息发布行为，维护国家安全和社会稳定，保障公民、法人和其他组织的合法权益，根据《互联网信息服务管理办法》的规定，制定本规定。

第二条 在中华人民共和国境内开展电子公告服务和利用电子公告发布信息，适用本规定。

本规定所称电子公告服务，是指在互联网上以电子布告牌、电子白板、电子论坛、网络聊天室、留言板等交互形式为上网用户提供信息发布条件的行为。

第三条 电子公告服务提供者开展服务活动，应当遵守法律、法规，加强行业自律，接受信息产业部及省、自治区、直辖市电信管理机构和其他有关主管部门依法实施的监督检查。

第四条 上网用户使用电子公告服务系统，应当遵守法律、法规，并对所发布的信息负责。

第五条 从事互联网信息服务，拟开展电子公告服务的，应当在向省、自治区、直辖市电信管理机构或者信息产业部申请经营性互联网信息服务许可或者办理非经营性互联网信息服务备案时，提出专项申请或者专项备案。

省、自治区、直辖市电信管理机构或者信息产业部经审查符合条件的，应当在规定时间内连同互联网信息服务一并予以批准或者备案，并在经营许可证或备案文件中专项注明；不符合条件的，不予批准或者不予备案，书面通知申请人并说明理由。

第六条 开展电子公告服务，除应当符合《互联网信息服务管理办法》规定的条件外，还应当具备下列条件：

（一）有确定的电子公告服务类别和栏目；

（二）有完善的电子公告服务规则；

（三）有电子公告服务安全保障措施，包括上网用户登记程序、上网用户信息安全管理制度、技术保障设施；

（四）有相应的专业管理人员和技术人员，能够对电子公告服务实施有效管理。

第七条 已取得经营许可或者已履行备案手续的互联网信息服务提供者，拟开展电子公告服务的，应当向原许可或者备案机关提出专项申请或者专项备案。

省、自治区、直辖市电信管理机构或者信息产业部，应当自收到专项申请或者专项备案材料之日起60日内进行审查完毕。经审查符合条件的，予以批准或者备案，并在经营许可证或备案文件中专项注明；不符合条件的，不予批准或者不予备案，书面通知申请人并说明理由。

第八条　未经专项批准或者专项备案手续，任何单位或者个人不得擅自开展电子公告服务。

第九条　任何人不得在电子公告服务系统中发布含有下列内容之一的信息：

（一）反对宪法所确定的基本原则的；

（二）危害国家安全，泄露国家秘密，颠覆国家政权，破坏国家统一的；

（三）损害国家荣誉和利益的；

（四）煽动民族仇恨、民族歧视，破坏民族团结的；

（五）破坏国家宗教政策，宣扬邪教和封建迷信的；

（六）散布谣言，扰乱社会秩序，破坏社会稳定的；

（七）散布淫秽、色情、赌博、暴力、凶杀、恐怖或者教唆犯罪的；

（八）侮辱或者诽谤他人，侵害他人合法权益的；

（九）含有法律、行政法规禁止的其他内容的；

第十条　电子公告服务提供者应当在电子公告服务系统的显著位置刊载经营许可证编号或者备案编号、电子公告服务规则，并提示上网用户发布信息需要承担的法律责任。

第十一条　电子公告服务提供者应当按照经批准或者备案的类别和栏目提供服务，不得超出类别或者另设栏目提供服务。

第十二条　电子公告服务提供者应当对上网用户的个人信息保密，未经上网用户同意不得向他人泄露，但法律另有规定的除外。

第十三条　电子公告服务提供者发现其电子公告服务系统中出现明显属于本办法第九条所列的信息内容之一的，应当立即删除，保存有关记录，并向国家有关机关报告。

第十四条　电子公告服务提供者应当记录在电子公告服务系统中发布的信息内容及其发布时间、互联网地址或者域名。记录备份应当保存60日，并在国家有关机关依法查询时，予以提供。

第十五条　互联网接入服务提供者应当记录上网用户的上网时间、用户账号、互联网地址或者域名、主叫电话号码等信息，记录备份应保存60日，并在国家有关机关依法查询时，予以提供。

第十六条　违反本规定第八条、第十一条的规定，擅自开展电子公告服务或者超出经批准或者备案的类别、栏目提供电子公告服务的，依据《互联网信息服务管理办法》第十九条的规定处罚。

第十七条　在电子公告服务系统中发布本规定第九条规定的信息内容之一的，依据《互联网信息服务管理办法》第二十条的规定处罚。

第十八条　违反本规定第十条的规定，未刊载经营许可证编号或者备案编号、未刊载电子公告服务规则或者未向上网用户作发布信息需要承担法律责任提示的,依据《互联网信息服务管理办法》第二十二条的规定处罚。

第十九条 违反本规定第十二条的规定,未经上网用户同意,向他人非法泄露上网用户个人信息的,由省、自治区、直辖市电信管理机构责令改正;给上网用户造成损害或者损失的,依法承担法律责任。

第二十条 未履行本规定第十三条、第十四条、第十五条规定的义务的,依据《互联网信息服务管理办法》第二十一条、第二十三条的规定处罚。

第二十一条 在本规定施行以前已开展电子公告服务的,应当自本规定施行之日起60日内,按照本规定办理专项申请或者专项备案手续。

第二十二条 本规定自发布之日起施行。

上例正文采用的是条贯式,即不分章,只分条,条贯到底。尽管如此,我们仍然可以看出它是写了总则、分则和附则三部分内容,第一条至第二条分别写目的和根据、适用范围、规定所指对象的含义,这是总则部分。第三条至第二十一条,分别就作为与不作为、本规定的处罚办法等也作了规定,这是分则部分。第二十二条指明施行时间是附则部分。

上例各条规定,要求明确,表达准确,切实可行。如果不在分则各条中对普遍情况和例外情况做出不同的规定,并明确规定奖惩办法,那么就难以执行和落实。

例文 7-3

国家助学奖学金管理办法

第一条 为进一步做好资助高校贫困家庭学生工作,帮助他们顺利完成学业,激励他们勤奋学习、努力进取,并在德、智、体、美等方面得到全面发展,特设立国家助学奖学金。

第二条 国家助学奖学金由中央政府出资设立,面向全国公办全日制普通高等学校(以下简称"高校")在校本专科学生中的贫困家庭学生。分为国家奖学金和国家助学金两种形式。

国家奖学金的资助对象为高校中家庭经济困难、品学兼优的全日制本专科学生。国家奖学金额度为每人每年4 000元,每年资助5万名学生。

国家助学金的资助对象为高校中家庭经济特别困难的全日制本专科学生。国家助学金以资助家庭经济特别困难学生的生活费为目的,标准为每人每月150元,每年按10个月发放,每年资助约53.3万名学生。

第三条 国家奖学金的基本申请条件:
1. 热爱社会主义祖国,拥护中国共产党的领导;
2. 自觉遵守宪法和法律,遵守学校各项规章制度;
3. 诚实守信,道德品质优良;
4. 在校期间学习成绩优秀或全国统一考试成绩优秀;

5. 家庭贫困，生活俭朴。

第四条 国家助学金的基本申请条件：

1. 热爱社会主义祖国，拥护中国共产党的领导；
2. 自觉遵守宪法和法律，遵守学校各项规章制度；
3. 诚实守信，道德品质优良；
4. 勤奋学习，积极上进；
5. 家庭经济特别困难，生活俭朴。

第五条 高校可按照上述国家奖学金、国家助学金的基本申请条件，分别制定相应的综合测评办法，并根据学生家庭经济状况、思想道德、学习状况、校规校纪等具体指标对学生进行评审。

第六条 国家助学奖学金按年度申请和评审。每年9月开始受理申请，当年10月31日前评审完毕。

第七条 学生可根据国家助学奖学金申请条件，按学年向所在学校申请（每学年一次，符合条件的学生可连续申请），并递交《国家奖学金申请表》或《国家助学金申请表》（见附表1、2），但在同一学年内不得同时享受国家奖学金和国家助学金。

第八条 国家助学奖学金的评审程序如下：

1. 财政部根据中央高校和地方高校上一年度在校本专科学生人数，于每年9月1日前确定并下达对各中央主管部门和各地的国家助学奖学金预算及分配名额。分配名额时，对西部地区的高校适当予以倾斜。

2. 中央主管部门和各地财政厅（局）（会同教育主管部门）按照财政部确定的国家助学奖学金名额，确定各高校的国家助学奖学金名额。对农林、水利、师范、民族、地质、矿产、石油、航海等专业的学生占在校生比例较大的高校适当倾斜。

3. 各高校根据上级主管部门下达的国家助学奖学金名额，受理学生的申请材料，组织等额评审，并在正式确定资助学生名单之前，按照公开、公平、公正的原则，将初审合格学生名单向全校师生公示，以防止不正之风，杜绝弄虚作假行为。

4. 公示结束后，由各高校每年10月31日前将正式确定的获资助学生名单按照隶属关系分别报送中央主管部门或省教育厅（局）、财政厅（局）备案。

第九条 各中央主管部门和各省财政厅（局）（通过省教育主管部门）在接到各高校上报的国家助学奖学金获资助学生备案名单后，于15日内将资金全部拨付给高校。

第十条 国家奖学金由各高校统一发放给获奖学生本人；国家助学金由学校按月发放给学生，或直接打入学生每月的伙食卡。

第十一条 各高校要切实加强管理，认真做好评审和发放工作，确保国家奖学金真正用于品学兼优的贫困家庭学生，确保国家助学金切实用于学生生活费开支。

第十二条 各有关部门必须严格执行国家有关财政法规和本办法的规定，对国家助学奖学金专款专用，不得截留、挪用和挤占，同时要接受财政、主管机关等部门的检查和监督。

第十三条　各省、自治区、直辖市及计划单列市由本级财政安排专项资金，参照本办法设立本地区的政府助学奖学金，可以称为"××省（市、区）政府助学奖学金"。具体资助人数及实施细则，由各省自定。

第十四条　本办法由财政部、教育部负责解释。

第十五条　本办法自发布之日起开始执行。原《财政部、教育部关于印发<国家奖学金管理办法>的通知》（财教[2002]）33号）同时废止。

通常办法正文的格式有三种形式："前言——主体——结语"；"总则——分则——附则"和条目式。上例采用的是条目式，这种结构方法最能体现"办法"的文件结构特点，既无前言、结语，也不分总则、分则、附则。从头到尾，用"条"通下来，依次排列。故这种格式又称"条贯式"。

例文 7-4

<h3 style="text-align:center">××学院关于学生违反考场纪律处分实施细则</h3>

为了严肃考场纪律，杜绝考试舞弊现象，端正学习态度，树立良好考风，结合我院具体情况，特制定本细则：

第一条　学生要自觉遵守考场秩序，按指定位置就座，并且服从主考教师的临时调配和安排，不服从者根据情节轻重给予口头警告或警告处分。

第二条　迟到15分钟或未能证明本人身份者不得进入考场，不听劝告强行进入者，给予警告处分。

第三条　开考前考生应把有关的教材、笔记、参考资料集中放在监考教师指定的地方。凡不按规定私自将上述材料带进座位，以夹带论处，给予警告处分；夹带舞弊者视情节轻重，给予记过、留校察看直至开除学籍。

第四条　在考场中高声谈话、抽烟；交卷后在考场及附近逗留谈论，以及有其他影响考场秩序行为者，视情节轻重给予警告及其以上处分。

第五条　考试进行中未经监考人员许可，中途离开考场者作自动结束考试处理，不得再进入考场。若强行要进入考场者，给予警告处分。

第六条　考试中互相交谈，左顾右盼，经屡次劝告不改者以作弊论处，并给予警告处分。偷看抄袭，传递交换有关考试内容或以其他形式作弊，协助他人作弊或强迫他人为自己作弊提供方便者，视情节给予严重警告、记过直至留校察看处分。

第七条　进入考场不得携带手提电话、BP机，经劝告不听者给予警告处分。

第八条　宣布考试结束后仍不交卷并继续作答，经劝告无效者以作弊论处，并予以警告处分。

第九条　有以下行为之一者给予开除学籍处分：利用手提电话或BP机等通信工具进行作弊，由他人代替考试，替他人参加考试，以威胁手段强迫他人为自己替考，强拿别人考卷进行抄袭者，考试舞弊累计达两次者。

第十条 违反考场纪律，拒不认错、态度恶劣者，查清事实后均加重一级处分。

第十一条 所有违反考场纪律者，一律取消考试资格，成绩以零分计算。不予重考必须参加课程重修。毕业班学生舞弊受记过及其以上处分者，作结业处理。

第十二条 凡与本规定不符的，以本规定为准。解释权归教务处。

上例正文采用的是条贯式。开头用"为了……"的句式，表明了制定本细则的目的和根据。从本细则的各条内容中可以看出，从开头到结束，全文紧扣所要贯彻执行的法规或规章，并抓住那些令人易出现问题的关键地方进行阐述与说明，眉目清晰，表述严谨，制定的规则详细具体。

例文 7-5

××市电子协会章程

××市电子协会制
二〇〇五年十二月二十五日

第一章　总　则

第一条 本团体的名称：××市电子协会，英文译名为：×× Electronic Association（ZZAAET）。

第二条 本团体的性质：××市电子协会是由从事电子、信息技术或管理工作的个人和相关单位在自愿的基础上结成的，是专业性、行业性、非营利性的综合科技社会团体，是××市科学技术协会的组成部分。

第三条 ××市电子协会的宗旨是：拥护共产党，遵守中华人民共和国宪法和法律、法规、政策，遵守社会道德风尚和职业道德。以邓小平理论、"三个代表"和以人为本重要思想为指导，团结本组织成员围绕科教兴国和可持续发展战略，坚持实事求是的科学态度，学术上贯彻"百花齐放，百家争鸣"方针；尊重劳动，尊重知识、尊重人才、尊重创造；资源共享，服务会员，服务社会，科学发展；推进电子、信息科学技术进步与社会经济的发展、人才的成长相结合；促进人才的全面发展，加快全面建设小康和谐社会进程。

第四条 ××市电子协会接受××市科学技术协会的业务指导和社团登记管理机关××市民政局的监督管理。

第五条 ××市电子协会的地址是福建省××市新华东路商会大厦（打锡巷47号）三楼。本会网址域名：www.××××.com.cn。

第二章　业务范围

第六条 ××市电子协会的业务范围。

（一）学习、研究现代电子、信息、网络技术，宣传、普及、展教先进电子、信息技术知识与管理。

（二）推广、应用先进的电子、信息、网络技术、成果、产品、元器件及仪器仪表。

（三）开展学术交流和讨论，鼓励自学成才，发现并荐举优秀技术与管理人才，鼓励、表彰在本协会工作中做出突出成效的先进集体和先进会员。

（四）接受行业委托，承担电子、信息、网络等科技相关项目的设计、评估、查新、成果等的申报与鉴定文书代理。

（五）开展电子、信息、网络及相关学科的技术论证、技术咨询、技术开发和技术服务等有偿服务活动，向有关单位部门提出决策性建议。

（六）开展继续教育，举办各种电子、自动化技术应用、计算机、数字媒体、网络与传输及相关信息等的应用技术培训，为社会培养具有聘任资质的实用技术与管理人才。

（七）配合有关部门开展科技"三下乡""科技普及宣传"、"维护消费者权益"等活动；举办下岗人员再就业培训。

（八）创办为个人会员和单位会员服务的事业，研究、开发电子、网络器材及监测仪表等。

（九）编辑出版电子科技图书、报刊、科普资料和相关的各种声像制品教材，以飨城乡人民群众对新世纪电子、信息、网络新科技的需求。

（十）兴办符合本章程宗旨的社会公益性事业，按照国家有关法规，创办科技经济实体。

第三章 会 员

第七条 ××市电子协会会员分为单位会员和个人会员。

第八条 加入××市电子协会会员，必须具备下列条件：

（一）拥护××市电子协会的章程；

（二）有加入本会的意愿；

（三）在本协会业务（行业、学科）领域内具有一定的影响；

（四）具有一定电子理论和实际技能的专业人员或业余电子工作者与管理人员均可申请入会。

第九条 会员入会的程序是：

（一）提交入会申请书（经会员二人介绍）；

（二）支持本会工作的相关单位，经单位的法人代表提交书面申请并加盖公章。

（三）经理事会讨论通过；

（四）由理事会发给会员证。

第十条 会员享有下列权利：

（一）本协会的选举权、被选举权和表决权；

（二）参加本协会的活动；

（三）获得本协会服务的优先权；

（四）对本协会工作的批评建议权和监督权；

（五）入会自愿、退会自由；

（六）优先取得本会的有关学术、技术等资料；

（七）单位会员还享有下列权利：

1. 可要求优先给予技术咨询、技术服务和技术开发；
2. 可请求协助举办本协会力所能及的技术培训或继续教育等。

第十一条　会员履行下列义务：

（一）执行本会的决议；

（二）维护本会合法权益；

（三）完成本会交办的工作；

（四）积极撰写学术论文、技术材料及有关的科普文章、宣传报道材料、工作总结等。

（五）按规定交纳个人会费或单位会员费；

（六）向本协会反映情况，提供有关信息资料；

（七）坚持"优势互补、资源共享、科技领先、共同发展"的原则，遵纪守法，崇尚科技道德规范。

第十二条　会员退会应书面通知本会，并交回会员证。

会员如果壹年不交纳会费或不参加本会活动的，视为自动退会。

第十三条　会员如有严重违反本章程的行为，经理事会表决通过，予以除名。

第四章　组织机构和负责人产生、罢免

第十四条　本会的最高权力机构是会员大会（或会员代表大会）。会员大会（或会员代表大会）的职权是：

（一）制定和修改章程；

（二）选举和罢免理事；

（三）审议理事会的工作报告和财务报告；

（四）决定开展或终止事宜；

（五）根据工作需要设立若干工作委员会；

（六）决定其他重大事宜。

第十五条　会员大会（或会员代表大会）须有 2/3 以上的会员（或会员代表）出席方能召开，其决议须经到会会员（或会员代表）半数以上表决通过方能生效。

第十六条　会员大会（或会员代表大会）每届 4 年，（会员大会或会员代表大会每届最长不超过 5 年）。因特殊情况需提前或延期换届的，须由理事会表决通过，报业务主管单位审查并经社团登记管理机关批准同意。但延期换届最长不超过壹年。

第十七条　理事会是会员大会（或会员代表大会）的执行机构，在闭会期间主持协会日常工作，对会员大会（或会员代表大会）负责。

第十八条 理事会的职权是：
（一）执行会员大会（或会员代表大会）的决议；
（二）选举和罢免理事长、副理事长、秘书长；
（三）筹备召开会员大会（或会员代表大会）；
（四）向会员代表大会报告工作和财务状况；
（五）决定会员的吸收或除名；
（六）决定设立办事机构、分支机构、代表机构和实体机构；
（七）决定副秘书长、各机构主要负责人的聘任；
（八）领导本团体各机构开展工作；
（九）根据事业发展需要，聘请专家、行家及顾问（任期一届）和决定授予荣誉职务；
（十）制定内部管理制度；
（十一）制订工作计划，组织开展活动；
（十二）决定其他重大事项。

第十九条 理事会须有 2/3 以上理事出席方能召开，其决议须经到会理事 2/3 以上理事表决通过方能生效。

第二十条 理事会每年至少召开一次；情况特殊的也可采用通讯形式召开。

第二十一条 本协会设常务理事会，常务理事会由理事会选举产生，在理事会闭会期间行使第十八条第一、三、五、六、七、八、九项的职权，对理事会负责（常务理事人数不超过理事人数的 1/3）。

常务理事会须有 2/3 以上常务理事出席方能召开，其决议须经到会常务理事 2/3 以上表决通过方能生效。常务理事会至少半年召开一次会，情况特殊的也可采用通讯形式召开。

第二十二条 本会的理事长、副理事长、秘书长必须具备下列条件：
（一）坚持党的路线、方针、政策，政治素质好；
（二）在本会业务领域内有较大影响；
（三）理事长、副理事长最高任职年龄不超过 70 周岁；秘书长最高任职年龄不超过 65 周岁；
（四）身体健康，能坚持正常工作；
（五）未受过剥夺政治权利的刑事处罚的；
（六）具有完全民事行为能力。

第二十三条 本会理事长、副理事长、秘书长如超过最高任职年龄的，须经理事会表决通过，报业务主管单位审查并经社团登记管理机关批准同意后，方可任职。

第二十四条 本会理事长、副理事长、秘书长任期四年（理事长、副理事长、秘书长任期最长不得超过两届）因特殊情况需延长任期的，须经会员大会（或会员代表大会）2/3 以上表决通过，报业务主管单位审查，并经社团登记管理机关批准同意后方可任职。

第二十五条 本会理事长，为本会法定代表人。

本会法定代表人不兼任其他社团的法定代表人。

第二十六条 本会理事长行使下列职权：

（一）召集和主持理事会（或常务理事会）；

（二）检查会员大会（或会员代表大会）、理事会（或常务理事会）决议的落实情况

（三）代表本团体签署有关重要文件。

第二十七条 本会秘书长行使下列职权：

（一）主持办事机构开展日常工作，组织实施年度工作计划；

（二）提名副秘书长以及各办事机构、分支机构、代表机构和实体机构主要负责人，交理事会决定。

（三）协调各分支机构、代表机构、实体机构开展工作。

（四）提名办事机构、代表机构、实体机构专职工作人员的聘用。

（五）处理其他日常事务。

第五章 资产管理、使用原则

第二十八条 本会经费来源：

（一）会费；

（二）捐赠；

（三）政府及有关单位的资助；

（四）在核准的业务范围内开展活动或服务的收入；

（五）利息；

（六）其他合法收入。

第二十九条 本会按照国家有关规定收取会员会费。

第三十条 本会经费必须用于本章程规定的业务范围和事业的发展，不在会员中分配。

第三十一条 本会建立严格的财务管理制度，保证会计资料合法、真实、准确、完整

第三十二条 本会配备具有专业资格的会计人员。会计不兼任出纳。会计人员必须进行会计核算，实行会计监督。会计人员调动工作或离职时，必须与接管人员办清交接手续。

第三十三条 本会的资产管理必须执行国家规定的财务管理制度，接受会员大会（或会员代表大会）和财政部门的监督。资产来源属于国家拨款或者社会捐赠、资助的，接受审计机关的监督，并将有关情况以适当方式向社会公布。

第三十四条 本会换届或更换法定代表人之前必须接受社团登记管理机关和业务主管单位组织的财务审计。

第三十五条 本会的资产，任何单位、个人不得侵占、私分或挪用。

第三十六条 本会专（兼）职工作人员的工资津贴和保险、福利待遇，在条件许可时，可参照国家对事业单位的有关规定执行。

第六章 章程的修改程序

第三十七条 对本会章程的修改,须经理事会表决通过后报会员大会(或会员代表大会)审议。

第三十八条 本会修改的章程,须在会员大会(或会员代表大会)后15日内,经业务主管单位审查同意,并报社团登记管理机关核准后生效。

第七章 终止程序及终止后的财产处理

第三十九条 本会完成宗旨或自行解散或由于分立、合并等原因需要注销的,由理事会或常务理事会提出终止动议。

第四十条 本会终止动议须经会员大会(或会员代表大会)表决通过,并报业务主管单位审查同意。

第四十一条 本会终止前,须在业务主管单位及有关机关指导下成立清算组织,清理债权、债务、处理善后事宜。清算期间,不得开展清算以外的活动。

第四十二条 本会经社团登记管理机关办理注销登记手续后即为终止。

第四十三条 本会终止后的剩余财产,在业务主管单位和社团登记管理机关的监督下,按照国家有关规定,用于发展与本会密切相关的事业。

第八章 附 则

第四十四条 本章程经2005年12月25日会员大会(或会员代表大会)表决通过。

第四十五条 本章程的解释权属本会的理事会。

第四十六条 本章程自社团登记管理机关核准之日起生效。

上文在写作上因内容较多,采用章条式写法。第一章写总则,说明本组织性质、宗旨等总的原则事项。以下各章写分则,根据组织的性质、任务写明任务;会员条件、权利、义务;组织机构及其职权;会议制度等。最后一章写附则,写本章程的解释机关和施行时间等总则和分则未尽事宜。

例文 7-6

公司考勤制度

一、出勤要求

1. 员工必须准时上、下班,并按公司规定进行出勤打卡,不得找人替代。违者给予当事双方经济处罚。

2. 员工因工作无法到公司进行上、下班打卡登记,需提前向办公室负责考勤人员进行说明,以便其补充登记。

3. 员工不得无故迟到、早退、请假或旷工，违者视其情节轻重给予警告或经济处罚。

4. 各部门指定专人负责考勤登记，考勤分出勤、迟到、早退、事假、病假和旷工，每月最后一个工作日将考勤表汇总至办公室。

二、出勤时间

1. 公司实行双休日制度，每周 5 个工作日；
2. 每日工作时间为：9：00～17：00，其中 12：00～13：30 为午餐时间。

三、考勤制度

1. 部门员工因事、病请假，须提前一天向部门经理申请批准，部门经理以上员工需向主管领导提出申请批准。

2. 如遇突发事件不能及时到岗，须在上班后 1 小时内电话通知有关负责人。

3. 员工请假时间不超过一天（含一天）可由部门经理派驻；一天以上的须报请总经理批准。部门经理以上员工需向主管领导提出申请批准。

4. 请病假 3 天者，须提供区以上医院证明，请事假须提交假条给部门负责人。

5. 员工超过上班时间 10 分钟到岗视为迟到；未到下班时间视为早退；半天无故不到视为旷工一天。

四、管理规定

1. 员工享受国家规定的法定假日。
2. 员工因工作需要加班，可由主管领导视工作需要，进行调休。
3. 员工享受国家规定的婚假。
4. 员工享受带薪直系亲属丧假 3 天。
5. 员工享受带薪工资病假半天。
6. 员工请事假并获得批准，扣发当天伙食补贴。
7. 员工在一个月内连续或累计请病、事假 3 天以上（含 3 天），按薪金全部扣发相应天数的工资。

计算公式为：全部薪金所得÷22×实际请假天数

8. 迟到一次从当月工资中扣发 5 元；二次从当月工资中扣发 10 元；旷工半天扣发一天基本工资和岗位工资；旷工一天扣发二天基本工资和岗位工资；旷工二天扣发三天基本工资和岗位工资；月旷工三天以上（含三天者）予以除名。

9. 一经发现代替打卡，扣发当事人双方本月基本工资 50%；

10. 公司负责现场施工人员，因工作的特殊性，不要求每天打卡，考勤由工程部负责人考核登记，所有现场工程师要严格遵守相关考勤规定，并随时准备接受公司领导检查。

本制度自 2006 年 6 月 1 日起实施。

×× 有限公司

2006 年 5 月 24 日

上例由于内容较为简单，只采用两层结构形式，第一层分四个部分，每一层又设若干小点作为第二层次，虽然通篇内容简单但目标制定相当详细，事宜表述清楚，适合现实管理的需要。

例文 7-7

电视机实验室规则

一、本实验室进行彩色、黑白电视机维修实习等内容。

二、实验室人员应熟悉本学科的教材，根据教学计划和教学大纲的要求，做好实验前的准备工作，配合实习指导老师完成教学实习任务。

三、实验员应填写好仪器使用登记表和实验实习情况登记表。

四、实习指导老师要认真钻研业务，按训练大纲精心设计实习报告，规范学生操作。

五、学生实习应遵守老师的指导，对号入位，对学生违纪行为，实验员、指导老师有权批评，情节严重的，有权停止其实验实习。

六、学生不按操作规程损坏显像管，示波器等设备照价赔偿。

七、实习结束，实验员应组织学生整理好实验室，归还仪器、元件、材料等。

八、每天学生应分组打扫卫生，人离开实验室时关好门窗，断开电源，上锁。

上例较为简单，只有一个层次，分 8 个部分来阐述。第一部分明确了实验室的用途，第二部分对实验人员提出了要求，第三部分明确了实验员的任务，第四部分到第七部分分别对实习指导老师及学生的作为与不作为做了明确的规定，通篇语言简洁，目的明确。

例文 7-8

车床安全操作规程

一、实习学生进车间必须穿好工作服，并扎紧袖口，女生须戴安全帽。加工硬脆工件或高速切削时，须戴眼镜。

二、实习学生必须熟悉车床性能，掌握操作手柄的功用，否则不得动用车床。

三、车床启动前，要检查手柄位置是否正常，手动操作各移动部件有无碰撞或不正常现象，润滑部位要加油润滑。

四、工件、刀具和夹具，都必须装夹牢固，才能切削。

五、车床主轴变速、装夹工件、紧固螺钉、测量工作、清除切屑或离开车床等都必须停车。

六、装卸卡盘或装夹重工件时，要有人协助，床面上必须垫木板。

七、工件转动中，不准手摸工件，或用棉丝擦拭工件，不准用手去清除切屑，不准用手强行刹。

八、车床运转不正常，有异声或异常现象，轴承温度过高，要立即停车，报告指导老师。

九、工作场地保持整洁，刀具、工具、量具要分别放在规定地方，床面上禁止放各种物品。

十、工作结束后，应擦净车床并在导轨面上加润滑油，关闭车床电门，拉开墙壁上的电闸。

上例较为简单，只有一个层次，分10个部分来阐述。分别对进入车间的要求、注意事项及工作结束后的清洁工作做了明确的规定和详细的阐述，通俗易懂。

例文 7-9

高等学校学生行为准则

一、志存高远，坚定信念。努力学习马克思列宁主义、毛泽东思想、邓小平理论和"三个代表"重要思想，面向世界，了解国情，确立在中国共产党领导下走社会主义道路、实现中华民族伟大复兴的共同理想和坚定信念，努力成为有理想、有道德、有文化、有纪律的社会主义新人。

二、热爱祖国，服务人民。弘扬民族精神，维护国家利益和民族团结。不参与违反四项基本原则、影响国家统一和社会稳定的活动。培养同人民群众的深厚感情，正确处理国家、集体和个人三者利益关系，增强社会责任感，甘愿为祖国为人民奉献。

三、勤奋学习，自强不息。追求真理，崇尚科学；刻苦钻研，严谨求实；积极实践，勇于创新；珍惜时间，学业有成。

四、遵纪守法，弘扬正气。遵守宪法、法律法规，遵守校纪校规；正确行使权利，依法履行义务；敬廉崇洁，公道正派；敢于并善于同各种违法违纪行为作斗争。

五、诚实守信，严于律己。履约践诺，知行统一；遵从学术规范，恪守学术道德，不作弊，不剽窃；自尊自爱，自省自律；文明使用互联网；自觉抵制黄、赌、毒等不良诱惑。

六、明礼修身，团结友爱。弘扬传统美德，遵守社会公德，男女交往文明；关心集体，爱护公物，热心公益；尊敬师长，友爱同学，团结合作；仪表整洁，待人礼貌；豁达宽容，积极向上。

七、勤俭节约，艰苦奋斗。热爱劳动，珍惜他人和社会劳动成果；生活俭朴，杜绝浪费；不追求超越自身和家庭实际的物质享受。

八、强健体魄，热爱生活。积极参加文体活动，提高身体素质，保持心理健康；磨砺意志，不怕挫折，提高适应能力；增强安全意识，防止意外事故；关爱自然，爱护环境，珍惜资源。

这个准则共8条，整个准则行文概括，要求适度，语言简洁、准确，通俗易懂，不失为规章制度类公文的范例。

【思考与练习】

一、简答题

1. 简述规章制度的结构体例。
2. 规章制度有哪些格式？

二、写作题

1. 结合你的专业，请为某一实验室拟写管理制度、操作规程。
2. 请你为你所在的班级拟写一份班级公约。

第八章 诉讼文书

【知识与技能】
1. 了解诉讼文书的概念、种类、特点；熟悉诉讼文书的专有用语。
2. 重点掌握起诉状、上诉状、申诉状、答辩状；判决书、裁定书、公证书等诉讼文书的结构与写法。
3. 把握例文的基础上，模拟各类诉讼文书的写作。

第一节 诉讼文书概述

一、诉讼文书的定义及种类

1. 诉讼文书的定义。在我国的诉讼活动中，公安机关、检察院、法院和诉讼当事人依照法律规定的诉讼程序，为解决各类民事、刑事和行政诉讼案件而写成的法律文件，称之为诉讼文书。

2. 诉讼文书的种类。在我国的诉讼和司法实践中，诉讼文书通常包括两大种类：一类是具有相关法律效力的司法文件——判决书、裁定书、公证书等；一类是具有诉讼意义的法律文件——起诉状、上诉状、申诉状和答辩状等。

二、诉讼文书的功能与特点

（一）诉讼文书的功能

诉讼文书是诉讼活动和非诉讼活动的必然产物，是诉讼活动和部分非诉讼活动的法律文字结论和推动其正常运作的凭证。其功能如下。
1. 具体实施法律的重要手段。
2. 进行法制宣传的生动教材。
3. 有关法律活动的忠实记录。
4. 综合考核干部的重要尺度。

（二）诉讼文书的特点
1. 制作的合法性。各种诉讼文书都必须依法制作，这是诉讼文书制作的前提，也可以说是文书立意的法律依据。

2．形式的程式性。诉讼文书的程式性特点主要表现在以下两个方面：结构固定化，用语成文化。

3．内容的法定性。任何一种诉讼文书都有其明确的法定内容。

4．语言的精确性。语言运用必须高度精确、言简意赅。

5．使用的实效性。司法机关和仲裁机构等所制作的处理诉讼案件或非诉讼案件的法律文书，都有明显的法律效力或执行意义的强制力。

三、诉讼文书的格式及结构

诉讼文书通常由首部、正文和尾部三部分构成，并按一定程序写作。

（一）首部

由标题和双方当事人（原、被告）的基本情况组成。

1．标题。写在页面上部居中的位置，独立一行。

诉状的名称，一般根据具体案件的类别来确定。如"民事起诉状"、"刑事上诉状"、"民事裁定书"、"行政申诉状"等。

2．原、被告（双方当事人）的基本情况（原、被告各另起一行）以上包括姓名、性别、年龄、民族、工作单位和地址。如是单位的应写明单位的名称、所在地及法定代表人的姓名、职务等。双方当事人的书写顺序：原告、被告、第三人、第四人等。

（二）正文

由诉讼请求、阐明理由、事实和证据等组成。

1．请求事项（独立成段）。诉讼请求，必须明确提出原告希望通过法院解决有关权益纠纷的具体事项，反映原告提起诉讼的目的和要求。如果同时为刑事伤害案件的可写上"被告犯伤害罪，请依法判处"、"原告的医疗费用具体金额、由被告负担"；如果是民事案件要写明请求的标的，即争议的权益和争议的事物，请求法院依法判处。书写简明扼要。

2．阐明理由（独立成段）。要在讲明事实的基础上，分析和总结被告的侵权行为或双方争议权益的性质所造成的后果，以及被告应承担的相关责任，以论证其诉讼请求的合法合理。具体操作有两个方面：一是根据诉讼的事实和证据，用有关法律、法规分析案件的性质及被告的责任；二是依据法律条文、政策规定，具体阐明理由，分清是非责任，论证请求事项的合理性和合法性。

3．事实和证据（独立成段）。事实和证据是原告请求法院解决问题的依据，主要指原告与被告之间产生纠纷的事实和证据，包括原告与被告之间的法律关系，矛盾纠纷发生和发展的整个过程，纠纷争执的中心问题，原告与被告之间各自应负的责任等。

对诉讼中涉及和提出的证据，应当实事求是，确保证据的客观性和可靠性；材料必须说明证据的来源，证据的内容和目的，还要出示相关的情况证明以便于法庭调查，公安侦查，肯定证据的可靠程度。

（三）尾部

由递交的法院名称、具状人姓名、具状日期和附件等组成。

1．递交的法院名称（另行靠左）。写明送达的法院名称。

2．具状人署名（另行靠右）。写明具状人的姓名（签字或盖章）。

3．具状日期（另行靠右）。写明具状的具体年、月、日（以公历日期为准）。

4．附项（文书末尾）。按顺序依次列出本状副本几份，物件几件，书证几件。如有必要还可列出证人的姓名、住址。如用抄件或复制件送达，应加注明"经核对，抄件或复制件与原件无异"。

【思考与练习】

简答题

1．诉讼文书有哪些功能和特点？

2．诉讼文书的结构形式如何？

3．书写诉讼文书应该注意哪些事项？

第二节 起 诉 状

起诉状，旧称"诉状"或"状纸"。它是诉讼当事人为维护其合法权益或行使法律、法规所赋予的正当权利，按照法律程序向司法机关递交的书面文件，也是进行诉讼的起始法律文书。

起诉状可分为民事起诉状、刑事自诉状和行政起诉状三种类型。

一、民事起诉状

（一）民事起诉状的定义

民事起诉状是民事案件的原告（或法定代理人、律师）在原告的民事权益受到侵害或与他人发生争执时为维护自身权益，依照法律向当地人民法院提起民事诉讼的书状文件。

（二）受理条件

1．原告必须与本案有直接的利害关系。

2．有明确的被告对象。

3．有具体而明确的诉讼请求和事实依据及充分理由。

4．属于人民法院受理的范围和受诉人民法院管辖。

（三）案件分类

民事案件主要有三类：一是婚姻家庭纠纷案件，如离婚、赡养、抚养等；二是财产权益纠纷案件，如继承权、损害赔偿、合同纠纷等；三是知识产权纠纷案件，如著作权、专利权等。

例文 8-1

民事起诉状

原告：闵正玢，女，34岁，汉族，×省×县×镇×村农民。

被告：闵正文，男，37岁，汉族，×省×县×镇×村农民。

诉讼请求：要求与被告共同等额继承父母遗产四间新瓦房，各得两间。

事实与理由：原告闵正玢与被告闵正文系兄妹关系。原、被告自幼由父亲闵江水与母亲王春雨抚养成人。兄妹二人先后于1991年和1993年成家，结婚后，被告住在其妻子家中，原告住在其丈夫家中，均与父母分开生活。父母靠工资维持生活，退休后靠退休金养老，从不要子女在经济上资助。原、被告家原住四间旧式瓦房，1997年原、被告父母用多年积蓄下来的钱，将四间旧式瓦房翻建成四间新瓦房。屋内装修也比较讲究，花去四万元。新瓦房一直由父母居住。

2002年2月，原、被告的母亲病故，为母亲办理后事所花款项全部由父亲支付，原、被告均未出钱。2003年8月，原、被告的父亲突发心脏病住院医治，原、被告轮流到县医院护理，尽了子女孝敬父母的义务。父亲去世后，原、被告共同负责办理丧事，平均负担丧葬费用。

父亲去世不久，被告一家突然搬回家居住，独占了父母遗留下来的四间新瓦房。原告知道后，对被告的行为提出了批评，并要求与被告共同等额继承父母遗产四间新瓦房，各得两间。父母家中的衣物，原告自愿放弃继承的权力。但原告提出的要求，遭到了被告的断然拒绝，因此引起纠纷。

原告认为，被告独占父母遗产的做法是错误的，独占的理由是荒唐可笑的。根据《中华人民共和国继承法》第九条规定："继承权男女平等。"第十条又规定：原、被告都是第一顺序继承人，都有权继承父母的遗产。父母生病住院期间，原、被告都尽了照顾老人的义务，而且平均负担了丧葬费，二人所尽的义务大体上相当，根据权利和义务一致的原则，继承的权利应当是平等的。被告说："我们乡下向来是儿子继承父母的遗产，哪有女儿继承父母遗产之理。"这种说法是封建思想的表现，违反我国法律规定，不能成立。

根据上述的事实和证据、理由和法律依据，请依法判决，以实现原告的诉讼请求。

此致
××县人民法院

起诉人：闵正玢
2003年11月10日

附： 1. 本起诉状副本 1 份；
    2. 证据材料 3 份。

这份起诉状的目的是请求析产。标题已根据案件的具体类别确定为"民事起诉状"；起诉状的原告和被告的基本情况也按顺序交代清楚。正文的请求事项明确、要求具体。事实与理由部分，原告将析产标的的历史和焦点一一交代清楚，先从情理上陈述，指出被告的行为悖理，之后从法律上证明其要求是有法律依据的。尾部清楚地交代了要递交法院的名称、起诉人、时间、附件等内容。

二、刑事自诉状

（一）刑事自诉状的定义

刑事自诉状就是被告（或其法定代理人、律师）直接向人民法院控告被告人的犯罪行为，请求追究被告人刑事责任或者同时承担民事责任所提交的书状文件。

（二）刑事诉状的受理

1. 自诉人必须是被害人或其法定代理人，其他人无权提起诉讼。
2. 被告人的行为必须是构成犯罪的行为。
3. 必须是对法定的自诉案件提起诉讼。
4. 必须是向对本案具有行使管辖权的第一审人民法院起诉。

（三）刑事案件的分类

刑事起诉有两种形式：一是由人民检察院提起公诉；二是由被害人或其法定代理人提出起诉。刑事自诉状和人民检察院提起的起诉书，在法律上具有相同的性质和法律效力，一个是以公民个人名义的自诉；一个是代表国家提起公诉。刑事自诉是国家公诉以外的一种补充。但是，使用刑事自诉状提起诉讼的案件，仅限于告诉刚处理和其他不需要进行侦查的轻微的刑事案件，主要包括伤害案、侮辱诽谤案、暴力干涉婚姻自由案、破坏现役军人婚姻案、重案、虐待案和遗弃案等。至于其他需要侦查的刑事案件则由人民检察院提起公诉。

例文 2-2：

刑事自诉状

自诉人：刘××，男，×年×月×日出生，汉族，×省×县人，×省×县通用机械厂第二车间工人，住×市×路本厂宿舍区五号楼 206 室。

被告人：王××，男，25 岁，汉族，山东省嵊县人，×乡×村村民。

被告人：王××，男，22 岁，汉族，山东省嵊县人，×乡×村村民。系第一被告人之弟。

案由和请求：就上述被告人故意伤害自诉人一案，请求人民法院依法追究其刑事责任，并责令其承担医药费 4 500 元，赔偿自诉人误工损失费 558 元。

事实和理由：自诉人在本厂轮休期间，于 5 月 23 日，到姑父家作客，遇到二被告人及其父亲仗着人多势众，动手厮打正在锯木的我姑父和表弟。我上前劝解阻拦，要求他们请村委会干部处理，二被告人转身朝我胸背猛打，并将我打倒在地，脚踢棍打使我身体多处受伤，后众邻居赶来规劝，二被告人才罢手。因此，我住进了医院，经检查除胸部和背部四处青肿淤伤外，左腿下肢呈线性骨折，治疗 35 天后出院回家调理，前后共 48 天未能上班。

综上所述，二被告人打伤我是一种故意伤害行为，侵犯了我的人身权利，根据《中华人民共和国刑法》第一百三十一条的规定，二被告人应当受到法律的制裁。为此，依照《中华人民共和国刑事诉讼法》第十三条一款的规定，特向贵院起诉，请求依法判处。

此致
××县人民法院

自诉人：刘××
×年×月×日

附项： 1. 本状副本 1 份；
   2. 医院诊断证明 2 份；
   3. 医疗费票据 31 张；
   4. 本单位职工误工证明 1 份。

此份自诉状的标题依据案件的具体类别确定为"刑事自诉状"。自诉人（原告）和被告人的基本情况介绍清楚，顺序井然；正文的案由和请求、事实和理由及结束语已作了详尽而全面的阐述，结语再次提出请求；尾部交代具体要递交的人民法院名称、自诉人、时间、附项等都齐全。

三、行政起诉状

（一）行政起诉状的定义

行政起诉状是公民、法人或其他团体组织，认为行政机关和行政机关的工作人员的具体行为侵犯其合法权益，向人民法院提起诉讼，要求依法裁决所提交的书状文件。

（二）行政诉讼的受理
1. 原告只能是行政管理行为的相对人，被侵犯的公民、法人或其他组织。
2. 原告必须以自己的名义向人民法院提起诉讼。
3. 被告只能作出具体行为的行政机关或法律授权的组织。
4. 必须属于人民法院受案范围和受诉人民法院管辖。

（三）行政起诉状的分类

它可以根据《中华人民共和国行政诉讼法》所规定的内容提出相应的起诉。行政起诉应当附有行政处罚决定书或行政复议决定书。

例文 8-2

行政起诉状

原告：王××，男，36岁，×县×乡×村农民。

被告：×县公安局。

诉讼请求：请求×县人民法院依法撤销×县公安局（04）号第7号处罚决定。

事实与理由：2004年1月28日，杜××承包某工厂扩建工程，在施工中，杜××事先未征得我的同意，便在我的责任田东南角处拌石灰，对我小麦生长造成一定影响。我当面同杜××交涉，为制止杜××的侵害行为，双方发生口角，并相互撕扯。2004年3月5日×县公安局依据《治安管理处罚条例》第二十二条的规定，以我干扰杜××正常施工，殴打他人，造成杜某轻微伤害为由，对我处以50元的罚款。上述事实没有依据。对此，向×县人民法院提起诉讼。

一是×县公安局认定我干扰杜××正常施工与事实不符。当时杜××挖池拌灰，众多的石灰水直接流进我麦田，使小麦受害，枝叶枯萎。为此，我进行干预，属于保护我的合法权益，根本不存在我干扰杜××的正常施工问题。×县公安局对这一事实的认定是错误的。

二是×县城公安局认定我殴打他人，造成杜××轻微伤害，不是事实。在制止杜××不法侵害中，双方确实发生了争吵，但双方均未被对方打伤，有在场劝架的群众可以作证。×县级公安局偏听杜××一方言辞，不调查，主观臆断地认定我伤人，不仅违背事实真相，而且对杜××伤在何处，何人致伤以及医生诊断结果如何，均不能提出有力的证据。依据《治安管理处罚条例》第二十二条之规定，对我处以50元罚款的处罚，是属于适用法律不当。

综上所述，我是在维护自己的合法权益，×县公安局的处罚裁定是错误的。因此，请求人民法院撤销×县公安局（04）第7号处罚决定，以维护我的合法权益。

此致

××县人民法院

起诉人：王××

2004年3月9日

这份起诉状是根据案件的具体类别确定为"行政起诉状"。原告的基本情况和被告具体单位已交代清楚；正文的诉讼请求、事实和理由以及结束语是诉讼的核心部分，已经作了详尽的阐明，结束语部分依法查处提出请求；尾部交代具体要递交的法院名称、具状人、时间等。

【思考与练习】

一、简答题

比较民事起诉状、刑事自诉状、行政起诉状的结构和写法有何异同。

二、写作题

根据下列案情材料,拟写一份起诉书。

被告人郑××,男,30岁,初中文化,汉族,××省×县人,是××县×乡××村运输专业户。2003年12月31日晚,郑××和其雇用的驾驶员王××驾驶×牌汽车由本县到×县拉沙子。王××是郑××的小学同学,二人关系很好,2003年×月×日王××考取汽车驾驶执照。郑××家里买了车,虽然会开,但没有驾驶执照,开车技术也不高,于是,雇用王××为其开车。当车行至×县×村时,郑提出替王开车。晚上11时40分,当郑××驾车行驶至××县城土产公司十字路口南侧时,迎面开来一辆东风牌汽车,此车没有按规定发出会车信号,由于灯光太刺眼,致使郑××看不清路,但郑××驾车继续行驶,将一名步行去上夜班的女工陈×撞倒在地。陈×,31岁,××县×厂工人,已婚,有一3岁男孩。在厂里是骨干,工作任劳任怨,人际关系也非常好。郑××撞倒陈×后,忙向左方打方向盘,又把居住在路旁的马×家的房子撞毁,马×让郑××包赔损失,二人争吵不休。当马×和王××离开肇事现场到村中叫人时,郑××走到陈×跟前,听到陈×在呻吟,为了逃避罪责,郑××产生杀人邪念,把陈×拖到离现场30米处的一个小百货批发部窗下,用手卡住陈×的颈部,后来又将陈×拖到离现场100米的县土产公司大门口路西一涵洞内,并用泥巴把陈×的嘴堵上,把洞口堵住,致使陈×死亡。事后,郑××逃离现场。2003年×月×日,×县公安局将郑××刑事拘留;2003年×月×日郑××被×县公安局依法逮捕。

上述事实,有现场勘验笔录、现场照片,郑××遗留在现场的脚印,带有其右手拇指指纹的泥团,××地区公安处尸体检验报告,××省公安厅刑事技术鉴定书为证。郑××被逮捕后,交代犯罪事实避重就轻,认罪态度不好。

×县公安局侦查终结后,于2003年×月×日以故意杀人罪和交通肇事罪将案件移送×县人民检察院审查起诉。×县人民检察院将案件报送至×市人民检察院。×市人民检察院拟以故意杀人罪和交通肇事罪对郑××提起公诉。

第三节 上诉状

一、上诉状概述

(一)上诉状的定义

上诉状是民事、刑事或行政案件的当事人不服人民法院第一审的判决或裁定,在法定的期限内,向上一级人民法院提出请求,要求上一级人民法院重新审理,引起第二审人民法院对第一审裁决进行全面而细致的审查,避免错判或冤案发生的诉讼文件。

（二）上诉状的种类

上诉状可分为民事、刑事和行政上诉状三种。

（三）上诉状的受理

1. 我国法律规定，案件审理实行二审、终审制。当事人对第一审裁决不服有权提出上诉，任何人不得以任何借口剥夺其上诉权。

2. 对于终审判决以及最高一级法院的判决不服，不得上诉。

3. 民事、刑事案件当事人不服第一审判决的上诉期限为15日，境外可延长为60日。不服第一审裁定的上诉期限为10日。以上期限，从当事人接到判决书或裁定书的第二日起计算。

4. 刑事案件当事人不服第一审判决的上诉期限为10日；不服第一审裁定的上诉期限为5日。均从当事人接到判决书或裁定书的第二日起计算。但对于重案应当判处死刑的犯罪分子，上诉期限为3日。

上诉是法律赋予公民的一种诉讼权利，是第二审人民法院进行审理的根据，对于第二审人民法院作出正确的裁决有着重要的作用。

（四）上诉的方式

向上一级人民法院提出或是可以越级上诉。

二、上诉状的结构

上诉状由首部、正文、尾部和附项四部分构成。

（一）首部

由标题和当事人基本情况组成。

1. 标题。写明上诉状具体个案名称。如民事上诉状、刑事上诉状或刑事附带民事上诉状。

2. 当事人基本情况。写明上诉人和被上诉人的姓名、性别、年龄、民族、籍贯、职业、单位、住址。有法定代理人或团体组织，要写明其姓名、职务和单位。

（二）正文

由上诉原因和请求、上诉依据和理由及结尾语组成。

1. 上诉原因和请求。在上诉状中，应当直叙认定第一审判决或裁定不当，或事实不清，或证据不确切，或用法不当，或诉讼程序不合法等，现提出上诉，并提出请求。如"上诉人因××一案，不服×人民法院×年×月×日（×）字第×号判决或裁定，请求上一级人民法院重新审理，撤销或变更原审裁决。"

2. 上诉依据和理由。当事人要本着"以事实为依据，以法律为准绳"的原则，对第一审判决中的不当部分予以——辩驳，同时应提出相关给予纠正的法律依据。

3. 上诉状的结尾语。通常以简明文字结尾，如"综上所述，×人民法院所作的判决或裁定不当，特向贵院上诉，请求撤销或变更原判或裁定，予以依法改判。"

（三）尾部

由送达上一级人民法院名称、署名（签字或盖章）、日期组成。

（四）附项

由诉状副本及其他证据复制件组成。

例文 8-4

民事上诉状

上诉人：××市种子公司经营部。住址：××市市中区五一路×号。

法定代表人：罗××，男，52岁，××市种子公司经营部经理。

诉讼代理人：王××，女，××市市中区法律顾问处律师。

被上诉人（原审被告）：××县种子公司。

上诉人因不服××县人民法院××年12月24日（初）法经判字第6号判决，现依法提起上诉。

诉讼请求：

1. ××县种子公司立即给付我方货款及包装、运输费共13 358.8元。

2. ××县种子公司按每日3%（自××年8月20日起，至付款之日止）偿付延期付款的赔偿金。

3. ××车站的罚款由××县种子公司承担。

4. 一、二审诉讼费用以及由于诉讼而引起我方支出的费用，由××县种子公司承担。

事实和理由：

一、原判决认定事实部分失实

原判决称："××年9月10日被告接到××火车站提货通知单后，即派杨××到××车站提货，因货物未附植物检疫证书和种子合格证而未提货，并电告了原告。"这段话认定了两个事实：第一、被告未提货的原因是因为原告没有提供植物检疫证书和种子合格证；第二、被告当时就把未提货的上述原因告诉了原告。然而，事实并非如此，为了澄清事实不得不赘述纠纷过程。

××县种子公司（原审被告）于××年7月7日电报邀请我方签订5 000市斤的大葱种子购销合同，同年8月1日被告派杨××来与我方正式签订1 000市斤大葱种子购销合同。合同各项具体规定请见附件。××年8月15日我方如约发运大葱种子4 055斤，9月5日到达××车站，次日车站向被告发了领取货物的通知书。9月16日我方通过银行向被告托收货款及包装、运输费13258.98元。时过半月，××县农业银行以被告"要求退货，希望双方协商解决"为由，拒绝托收货款，退回了托收凭证。9月17日，我方再次要求××农行托收，由于被告仍然拒付，农行又退回了托收凭证。与此同时杨××于9月3日、8日、10日三次分别来电、来函，要求终止合同、退货。杨称"由于今年我订的承包任务重，购的货太多，领导要求我停止执行合同、停止进货，请贵部谅解为盼"。杨当时所有的函件中从未提到检疫和种子合格证问题。由于货物已发出，我方不同意退货，要求继续履行合同。在这种情况下，在我方发出托收凭证后的第39天，即9月25日，××县农行才发出通知，告诉我方，被告拒付的理由是："检疫证明和种子合格证均无。"但是令人费解的是，农行发出的拒收理由通知的次日，被告才申报了拒绝付款申请书（××农行寄来的凭证可以证明）。

由此可见，原判认定的第一点事实是错误的。被告并非因为"没有植物检疫证书和种子合格证书"而不提货，而是因为被告的代理人杨××盲目订合同，购货过剩，不得不终止合同，退掉订货。在我方不接受其无理要求的情况下，时过39天，杨才找出这样一条逃避法律、推却责任、转嫁经济损失的脱身之计。原判决认定的第二点也是失实的。9月10日杨××并未将"没有检疫证明和种子合格证"这一点电告我方，而是来电请求终止合同，并请求我方"谅解"他的过错。

二、双方签订的订购大葱种子合同是合法有效合同

原判决称：根据《经济合同法》第7条规定，原告与被告所订立的购销合同是无效合同。对照《经济合同法》第7条，我方认为我们并未违反四项规定中的任何一项。唯一可能涉嫌的大约是"违反国家利益和社会公共利益"一项。因为我方提供的大葱种子没有进行检疫。然而，我方走访了种子检疫部门，查阅了有关文件。根据我国农牧渔业部制定的全国农业植物检疫对象名单所列，大葱种子并非必须检疫的对象，是可以免检的种子。所以以我方提供的种子没有检疫为由来否定原合同是不妥当的。原合同是合法有效合同，对合同双方均具有法律约束力。也正是因为大葱种子可以免检，铁路方面承运了这批种子。有关这个问题的详细材料请见附件和原审中我方提供的代理词。

三、原判决对双方的裁决是不公正的

大葱种子至今在××车站库房存放了三个多月，造成了葱种的变质。由于被上诉人长期不提货，××车站库房根据有关规定，处以正常罚款的三倍予以重罚。这两项经济损失，不言自明，是由于被上诉人的违约过错导致的。但是，原判决称"原告已发到××的4 050市斤大葱种子由原告自行处理。并承担××车站库房罚款总额的50%"，"其他损失各自负担"。上诉人认为，这样的判决是极不公正的。原判没有弄清事实真相，因而不能分清当事人双方的是非和责任，又错误地适用法律，把一个合法有效的合同判为无效合同，从而使被告的违法行为得不到制裁，我方的合法利益得不到保护，反而要我方承担因被告违法行为造成的经济损失。这种不公正的判决，我方不能接受。

综上所述，恳请××地区中级人民法院根据《中华人民共和国经济合同法》第6条、第32条、第35条、第38条第2款第2项，《植物检疫条例》第4条、第9条、第10条，农牧渔业部制定的全国农业植物检疫对象分布名单，及《中国人民银行结算办法》第2款第6条、7条有关承付和延期付款的规定另行公正判决。

此致

××地区中级人民法院

上诉人：××市种子公司经营部
××××年×月××日

附：一、本状副本两份；
　　二、代理词（打印件）两份。

此"民事上诉状"标题明确，当事人（原、被告）的基本情况介绍清楚。过渡提出上诉请求，在陈述上诉理由时能针对第一审判决或裁定的错误和不当之处给予反驳；再次提出请求时，将上诉人的具体目的明确提出，有利于二审法院重新审理和裁决。

【思考与练习】

一、简答题

简述上诉状的结构与写法。

二、写作题

根据下列案情材料，拟写一份民事上诉状。

原告史可同于2003年3月到××市××区人民法院起诉，要求与被告任小英离婚，经审理查明，双方感情确已破裂，因此××区人民法院依法准予原、被告离婚。××区人民法院于2003年5月10日以（2003）×民初字第××号民事判决处理了此案。判决结果有三项：（1）准予原告史可同与被告任小英离婚；（2）婚生女孩史晴（13岁）由原告史可同抚养；（3）各人的衣物归各人所有，共有的财产均分，另附财产分割清单（略）。

被告接至4××区人民法院民事判决书后。对判决结果第一、三项无异议，对第二项表示不服，请×××律师代书一份民事上诉状，上诉于××市中级人民法院，要求上级法院依法变更第二项，改判婚生女孩史晴由上诉人抚养。律师听了案情介绍后，认为上诉人的诉讼请求合理合法，法院判决不当，愿意代书上诉状。

律师和上诉人共同认为，一审判决书中关于第二项判决结果的理由不能成立。原判决书说："鉴于原告收入丰厚，有足够的经济力量培养孩子成人，因此本院认为孩子归原告抚养有利于下一代健康成长。"于是就将孩子判归原告抚养了。

上诉人认为一审判决的理由不能成立。其理由是：第一，上诉人一直照顾孩子的生活与学习，孩子与上诉人结下了深厚的母女情谊；而被上诉人近十年来在××工厂担任推销员，经常出差在外，有时几个月不回家，对孩子生活、学习从来不闻不问，与孩子也没有什么感情。因此上诉人认为孩子由被上诉人抚养，不利于孩子成长，而由上诉人抚养则有益于孩子身心健康，有利于培养孩子成才。第二，上诉人经济收入也不低，完全有力量培养孩子成人。关键不在于谁有钱，而在于由谁抚养有利于孩子健康成长。被上诉人说，他有钱可以请保姆照顾孩子，法院也认为此种说法有道理，试问保姆照顾有母亲照顾好吗？

此种说法不合情理。

律师问上诉人：孩子判归谁抚养，法院征求过孩子的意见吗？上诉人说：没有。律师说，最高人民法院 1993 年 11 月 3 日印发的《关于人民法院审理离婚案件处理子女抚养问题的若干具体意见》第五条规定："父母双方对十周岁以上的未成年子女随父或随母生活发生争执的，应考虑该子女的意见。"孩子听说随父生活哭了几天，说不愿意与父亲一起生活，愿意同母亲一起生活。现在有最高人民法院的规定，上诉人要求抚养孩子又多了一条很重要的理由，打官司更有信心了。于是决定请×××律师代书一份民事上诉状。上诉人及被上诉人的基本情况如下：

上诉人：任小英，女，37岁，汉族，××市人，住××市××区××路××号。××市××公司副经理。高中毕业。

被上诉人：史可同，男，40岁，汉族，××省××县人，住××市××区××路××号。××市××工厂推销员。高中毕业。

第四节　申诉状、答辩状

一、申诉状

（一）申诉状的定义

申诉状就是诉讼当事人（或法定代理人）认为已经发生法律效力的判决或裁定有错误时，向法定机关（人民法院或人民检察院）申请复查、纠正的一种书状文件。

（二）申诉状的种类

申诉状一般分为民事、刑事和行政申诉状三种。

（三）申诉状的受理

1．申诉人可以是诉讼当事人，也可以是诉讼代理人，还可以是案件的利害关系人。

2．申诉案件可以第一审、第二审的案件或正在执行及已经执行的案件。

3．申诉时间较长，可在发生法律效力的两年内提出，刑事案件申诉不受时间限制。

4．申诉案件必须通过审判监督程序解决。

5．申诉案件如原为第一审案件，则依照第一审程序再审所作的裁决，是终审裁决的不得上诉。

（四）申诉状的写法

申诉状的写法与其他诉讼文书大体相同。但制作时必须注意如下几点：一是应针对原判决或裁定中认定事实、证据或适用法律条文的错误，提出有利依据，进行申辩和反驳；二是引述原判决认定的事实依据，不必重述，而应加以概括；三是力求理由充足，列举新证，要求合理；四是将反驳和证明二者结合起来，提高说服力；五是以法行文，以理服人。

例文 8-5

民事申诉状

申诉人：张×，女，32 岁，×省×县人，×县×村×厂合同工。住×县×路×号。

申诉原因：

申诉人因房屋产权一案，不服×省×县×人民法院（××）民终字第×号民事判决。

申诉依据和理由：

1. 我和王×婚姻关系存续其间所住的房子，房款是我独自筹集，也是我独自承担偿还的，有债权人刘×、黄×证明。2. 买房子时，我的丈夫及其双亲坚决不买，并同时写下了不愿共买房的证明。证明内容请见代写人刘×的书面证明。3. 一审法院只是简单地认定了事实，援引法律条文，对我提出的证人证言则不加调查，不作分析。这样主观武断地认定了事实、作出的判决怎能使人信服呢？4. 夫妻关系存续其间所得财产，应理解为包括双方或一方的劳动所得。但买房用款是由我个人借债支付的，还债则在我丈夫死后，靠我的劳动所得偿还的。原审法院引用我国《婚姻法》第十三条，只讲"夫妻在婚姻关系存续其间所得财产，归夫妻共同所有"，却不提该条的最后一句"双方另有约定的除外"，是不适当的。

申诉请求：

以上理由陈述，敬请地区人民法院按审判监督程序调卷审查，依法判处，以维护法制，保护公民合法财产不受侵犯。

此致

×中级人民法院

申诉人：张×
×年×月×日

附：1. 证明书四份；
  2. 房产影印本一份；
  3. 一审判决书副本一份。

该份申诉状案由简明扼要，申诉的事实和理由做到辩驳和举证相结合，证据充分，针对性强，特别指出其援用法律条文不当之处，辩驳恰当，分析详尽。

二、答辩状

（一）答辩状的定义

答辩状就是被告人、被上诉人对原告、上诉人诉讼的内容作出相应的答复或辩护的书状文件，也是一种应诉法律行为的书面回答或辩驳材料。

（二）答辩状的种类

答辩状包括民事、刑事和行政答辩三种。

（三）答辩状的受理

1．被告收到人民法院送达的起诉状副本后 15 日内应该提交答辩状。

2．人民法院收到答辩状后应当在 5 日内将答辩状副本发送原告。

3．当事人是否提交答辩状，不影响人民法院对案件的审理。

（四）答辩状的写法

答辩状的结构和写法与申诉状大致相同。但正文部分有其特殊之处：答辩原由应写明对何人或上诉的何案提出答辩；答辩理由要求答辩人明确地回答原告人、上诉人所提出的诉讼请求，清晰地阐明自己的主张和理由；答辩意见要求用简洁的语言归纳答辩理由得出的结论。一方面指出对方提出请求的错误性；一方面依据事实和法律条文提出自己的主张和要求，并请求法院依法公正裁定。

例文 8-6

仲裁答辩状

答辩人：×省×公司。×省×市×街×号。

法定代理人：周××，×省×公司经理。

委托代理人：×律师事务所律师吴×。

答辩原由：答辩人于×年×月×日收到你会转来的甲省上达公司的仲裁申请书，现提出答辩如下。

答辩理由：1. 答辩人延期交货系不可抗拒原因所致，因此不能承担延期交货的责任。2. 货物的损失是由于申请人拒绝收货造成的。3、在答辩人迟延交货无过错的情况下，申请人依法不应当拒收货物。由于申请人拒收货物，导致货物的受损，申请人有过错。4、申请人对造成损失应负全部责任。

答辩意见：综上所述，申请人所提出要求无事实和法律依据，纯属无理，应予驳回。

此致

×仲裁委员会

答辩人：×省×公司
×年×月×日

附：1. 委托书一份；
　　2. 交货凭证一份。

在答辩状中，首先要写明是民事或刑事或行政答辩状，而当事人一般只写答辩人和其委托代理人即可；案由说明因何案提出答辩；答辩理由要针对上诉状里所说的具体内容进行充分有力的答辩；答辩意见或请求是驳回上诉人的要求，要具体而明确。

【思考与练习】

一、简答题
简述申诉状与答辩状写法上的差别。

二、写作题
根据以下案件材料，拟写一份仲裁答辩书。

20××年5月，甲省A公司与乙省B公司签订了一份购销合同，约定由B公司卖给A公司洗衣粉40吨，每吨单价880元，7月30日以前交货付款，交货地点在A公司所在地火车站。

7月15日，B公司拟将货运抵A地火车站，恰遇铁路被洪水冲坏，货运中断，B公司即将货运回保管。同时电告A公司。同年8月10日，线路修复，货运恢复，B公司立即启运。8月18日运抵收货方火车站。

8月19日，B公司通知A公司验货并付款。A公司以此时已过合同履行期限为由拒绝收货。经双方多次洽谈，A公司提出，若要收货，价格必须减半。B公司拒绝降价，双方始终未达成协议。为不被铁路部门罚款，B公司租用民房一间，将货暂存保管，同时继续与A公司交涉。

天有不测风云，8月25日。该地突降暴雨，B公司存货民房被洪水冲垮，洗衣粉被洪水淹没。灾后清点，仅残留13吨，且有变质现象。经鉴定只能以每吨700元降价处理。上列损失共计26 100元。

双方就有关责任分担，损失赔偿问题，多次协商未果。由于在签订购销合同时，双方在合同中订立了仲裁条款，因此，A公司率先向双方约定的某仲裁委员会递交了仲裁申请书，以B公司逾期履行合同，行为有过错为由，请求仲裁委员会判令B公司承担违约责任以及由此造成的经济损失。

现你作为B公司的委托代理人，为B公司代书一份仲裁答辩书。

第五节 判决书或裁定书、公证书

一、判决书或裁定书

（一）判决书或裁定书的定义

判决书或裁定书是人民法院代表国家行使审判权依法对民事、刑事和行政案件就实体问题作出有法律效力的判决或裁定的司法文书。

（二）判决书或裁定书的种类
1. 根据案件所适用的不同性质可分为民事、刑事和行政判决书或裁定书。
2. 根据诉讼程序可分为一审、二审、再审和终审判决书。

（三）判决书或裁定书的写法

判决书或裁定书应写明判决或裁定的问题和理由以及其他应予记载的事项。对准许上诉的判决或裁定，应在判决或裁定书上写明上诉的期限和上诉审法院；如果终审判决或裁定也要写明。最后由制作判决书或裁定书的审判员和书记员签名并加盖法院印章。

例文 8-7

×市×区人民法院
民事裁定书

（2006）××民初字×号

原告：赵×，男，汉族，×年×月×日出生，×市人，×市×公司供销科科长，住×市×区×号。

被告：刘×，女，×年×月×日出生，×市人，×市×公司出纳员，住×市×区×号。

2005年3月，原告以夫妻感情不和为由向本院起诉要求离婚。本院依法进行了审理，原告赵×与被告刘×均出庭参加了诉讼。本案现已审理终结。

本院经审理查明，原告、被告于2001年12月登记结婚，婚后无子女。2003年10月，原告曾以夫妻感情不和为由向本院起诉，要求与被告离婚。经本院调解，原告于2004年11月撤回起诉。

本院认为，原告在没有新情况、新理由的情况下，撤诉后不满半年，持原理由再次起诉，不符合《民事诉讼法》规定的受理条件。据此，依据《中华人民共和国民事诉讼法》第一百一十一条第七款及最高人民法院《关于适用<中华人民共和国民事诉讼法>若干问题的意见》第一百三十九条规定，裁定如下：

驳回原告赵×的起诉。

案件受理费五百元，由原告负担。

以上裁定，如果不服，可在裁定送达之日起十日内，向本院递交上诉状，并按对方当事人的人数提交副本，上诉于×市中级人民法院。

审判员：魏×
2005年5月9日（院印）

本件与原件核对无异

书记员：刘×

判决书或裁定书的标题都要写明具体的审判法院及案件类别。当事人（原、被告人）的基本情况；法院审理过程，事实审查要客观、公正，参照法律条文要准确、合理；并指明允许上诉的期限及上诉机关；最后还要审判员和书记员签名并写明具体日期。

二、公证书

（一）公证书的定义

公证书是国家公证机关根据当事人的申请，依据法律证明其法律行为及持有文书的法律意义的真实性、合法性的文书。

（二）公证书的功能

1. 实施和维护法律的重要手段。公证机关行使国家证明权，监督、引导当事人正确行使民事权利，履行民事义务，达到预防纠纷，减少诉讼的目的。

2. 具有特殊的证明作用。民事诉讼法规定，经过公证的法律行为、法律事实和文书，人民法院应当作为认定事实的依据。

3. 具有法律约束力。某些法律行为在办理公证后才对当事人产生法律效力，如收养关系自公证证明之日起方能成立。

4. 国际交流合作的媒介。公证书具有真实、合法的特点，在国内外具有同样的法律证明力。

（三）公证书的种类

按适用地不同可分为国内公证和涉外公证书；按内容不同可分为民事公证书和经济公证书。民事公证书适用于继承权、遗嘱、收养、赡养、赠予、析产、出生、毕业证、借据等行为、事实、文书的证明；经济公证书适用于经济组织的资格，法定代表人身份，经济合同、招标、商标等的证明。

（四）公证书的制作方法

《中华人民共和国公证暂行条例》规定，公证文书应当按照司法部规定或批准的格式制作。共分三部分。

1. 首部。包括公证书名称和编号，有的要写当事人基本情况。

2. 正文。是公证书的主体部分。由于证明事项不同，写法不尽相同。写法要求是准确、具体、明了、易懂。

3. 尾部。包括公证机关名称、公证员签字、出具证明的日期和公章。

例文 8-8

公证书

（××××）海经字第×号

兹证明×公司的法定代表人吴××与××商场的法定代表人李××于××××年×月

×日，在本公证处，在我的面前，签订全面的《××合同》。经查，上述双方当事人签约行为符合《中华人民共和国民法通则》第×条的规定，内容符合《中华人民共和国合同法》的规定。

中华人民共和国×公证处
公证员于××
××××年×月×日

本公证是按照司法部规定或批准的格式制作，公证书名称、编号及当事人书写清楚；主体内容、证明事项具体、明了；尾部落款完整。

【思考与练习】

一、简答题

1. 了解当事人某些实际情况，学写起诉状、申诉状、反诉状和答辩状。
2. 认真体味例文，学写判决书、裁定书和公证书。

二、写作题

根据下列案情材料，拟写一份刑事裁定书。

被告人贺××，男，1970年12月5日出生，满族，辽宁省盖州市人，农民，现住××省长宁县红旗乡。自诉人陈××，男，1968年8月7日出生，汉族，辽宁省台安县人，农民，现住××省长宁县红旗乡。自诉人陈××称19××年×月×日，被告人贺××对其有故意伤害行为，但陈××提不出确凿的证据证明贺××对其有故意伤害行为的发生，并且在场目睹的群众也不能证实被告人贺××有伤害自诉人的行为，因此，本案证据不足，依据《中华人民共和国刑事诉讼法》第171条第2款的规定人民法院驳回了自诉人陈××对被告人贺××的控诉。

第九章 科技文书

【知识与技能】
1. 了解科技文书的概念、性质、特点和特征，培养科研创新意识。
2. 重点掌握毕业论文和毕业设计的格式与写法。
3. 掌握产品说明书的结构与写法；在熟悉某一产品的性能、外观的基础上能为其写作说明书。
4. 在老师的指导下，能够撰写毕业论文和毕业设计。

第一节 学术论文

一、学术论文概述

（一）学术论文的定义

学术论文也称科学论文或研究论文。它是专门讨论与研究自然科学和社会科学领域中的学术问题，并将其研究成果加以表述的一种理论性很强的议论文。

学术论文虽然是议论文体，但是它与一般论文是有区别的。一般来说，学术论文是站在一定的科学高度，剖析研究自然现象中具有学术价值的问题；而议论文仅仅就某一具体事件议论得失，介绍某方面的科学知识，较单纯地去发表感想。

（二）学术论文的特点

1. 具有学术性。学术论文是对某一学科领域里的某一问题进行专门的研究，运用专门性的知识和理论，通过自己的观察、调查、实验，获得新的发现、发明或创造，陈述自己的见解。学术论文要有一定的深度，它要求作者必须具有深厚的专业功底，熟悉学术界的研究动态，对研究的课题具有全面、深入的了解。确立的主题既可以对某一学科领域中的学术观点推陈出新，提出新见；也可以把一些分散的材料系统化，得出合理的结论。

2. 具有创造性。学术论文的最大价值在于创造。一种新理论、新观点，往往反映了人们探索自然、社会奥秘或真理的进程，揭示了某一方面的客观规律。而其理论成果反过来指导学科的发展，或指导社会实践及科学技术的运用。总之，学术论文的创造性集中体现在以下几个方面。

（1）所提出的问题在本专业学科领域内有一定的理论意义或实际意义，并通过独立研究，提出了自己一定的认识和看法。

（2）虽是别人已研究过的问题，但作者采取了新的论证角度或新的实验方法，所提出的结论在一定程度上能够给人以启发。

（3）能够以自己有力而周密的分析，澄清在某一问题上的混乱看法。虽然没有更新的见解，但能够为别人再研究这一问题提供一些必要的条件和方法。

（4）用较新的理论、较新的方法提出并在一定程度上解决了实际生产、生活中的问题，取得一定的效果，或为实际问题的解决提供新的思路和数据等。

（5）用相关学科的理论较好地提出并在一定程度上解决本学科中的问题。

（6）用新发现的材料（数据、事实、史实、观察所得等）来证明已证明过的观点。

3. 具有理论性。学术论文要求作者必须在大量占有材料的基础上，运用已知的科学理论指导研究过程，运用科学方法分析材料，获得结论。这不仅对研究的对象具有全面的认识，而且还要通过推理、论证，将自己的发现和认识提高到理论的高度。因此，论文作者不仅对本专业的理论知识要有良好的基础和相当的文化素养，而且对相关的理论有所掌握，并具备较高的理论思维能力。此外，学术论文不同于一般资料综述或经验总结，其研究过程及其内容都体现了理论应用和理论构建的特点。

（三）学术论文的功能

学术论文除了信息共享之外，具有下面三个功能。

1. 学术论文是进行科学研究的重要手段。
2. 学术论文是科学活动的一个重要环节。
3. 学术论文是记录、表述科研过程、科研成果，进行学术交流的重要工具。

（四）学术论文的分类

随着社会的发展和文化的进步，学术论文的分类也逐渐细化。就目前而言，按学术研究领域、对象可划分为两大类。

1. 自然科学论文，通常所称的科技论文。它是研究自然界物质形态、结构、性质和运动规律的科学论文，用于反映自然科学领域和技术科学的研究成果，它重在科学性、实验性和实用性。

2. 社会科学论文，它是以社会发展现象为研究对象的科学论文，研究并阐述各种社会现象、社会动态及其发展规律，它重在理论性和社会性。

二、学术论文的撰写

学术论文的撰写需要花费大量的精力和时间，其过程大致如下。

（一）选定、确立课题

选定课题关系到学术研究的成败，必须精心选择。确立课题就是选择、确定科学研究的目标与方向。它既是科研的起点,也是学术论文制作的起点。确立一个有价值的、自己能胜任的课题,才有良好的研究前景。学术论文的价值取决于两个方面:一是社会需要,现实生活中急需解决的;二是学科本身发展需要研究和解决的。

而选择有创造性的课题,可以是别人尚未涉及的研究领域,能填补学术空白;可以是探索学科前沿、突破"禁区"的课题;也可以是补充前说,有所发展的课题;还可以是纠正通说,正本清源的课题。另外,还可以考虑与本人的兴趣、特长和功底相当的,难易适中的课题。总的来说,选题要遵循扬长避短,重需轻利的原则,采用由面到点、由浅到深的逐步缩小、逐步深入的选题方法。需要注意的是,选题不要过大,太大了,容易造成面面俱到,泛泛不着边际,难以深入到问题的实质,王力教授曾提出"小题目做大文章",说的就是这个道理。

(二)搜集、筛选资料

学术论文的目的在于研究,研究的对象和依据是材料。因此,一切科学研究和学术创作,都是从充分搜集资料和潜心研讨材料开始的。

1. 搜集资料的重要性。尽量多地搜集资料对研究工作具有至关重要的作用。其一,搜集研究资料的过程,就是逐步形成结论的过程;其二,搜集、研究资料的过程,就是研究不断深入进展的过程。

2. 搜集资料的途径。亲自参加相关的实践活动和科学实验,通过观察、实验和调查,获取第一手材料;或是通过查阅书报、文献,获取第二手资料。

搜集和研究材料是两个相互关联的阶段,一般的研究方法是不断地搜集,及时分析,尽量拓宽思路,发现问题,确立自己的观点。

(三)拟写论文提纲

写作提纲是论文构成的总体构架,它是论文全篇骨架,能起到理顺思维,安排材料,形成结构作用。因此,提纲拟写要依据观点、格式和结构原则,围绕中心论点,把要写的内容,粗线条地勾勒出来。提纲大略有两种形式:一是简纲,即写明本文的主要论点、事实论据和理论论据,以及几个部分组成的结构模式;二是细纲,即把本文各层次的中心论点、主要的事实、理论论据及论证方法、逻辑顺序详细地列出,以显示论文的主体框架或梗概的具体面貌。

一般来说,一篇论文的提纲拟写,首先要划分逻辑层次,因为一个基本论点的阐述,往往需要若干分论点和基本论点之间的各种逻辑顺序关系,以此划分层次。其次在形式上安排论文的层次序号,同样道理,一篇逻辑关系较复杂的论文,大大小小的层次重叠,因此,必借助严格序号,使这些复杂层次清晰起来。例:一、二、三;(一)、(二)、(三);1、2、3;(1)、(2)、(3)。

但是,不管是哪种提纲都应该包括以下三项内容:提出全文中心论点;安排阐明中心论点的各个分论点,体现全文基本结构;为了醒目、条理,必要时给每段拟定一个段落小标题。

（四）撰写成文

学术论文的结构形式一般可以分为引论、本论和结论。即先提出问题，然后分析问题，最后得出结论。正文前有题目和内容摘要，正文后有附录，即参考文献。

1．绪论（引论）。要求简明扼要，高度概括。这部分通常是提出问题的背景，以显示该课题的重要性；要说明课题研究的目标，以便读者明了该文章是为解决什么问题而写的；要阐明课题研究的意义、学术价值，便于读者领会学术观点；要介绍展开研究的范围、方法、特点，概括本论相关的主要内容。

2．本论。要求充分展开，分析精确。本论是论文的主体、核心部分。这部分要对绪论（引论）中提出的问题加以充分地论证和分析，运用丰富翔实的材料，进行条理清晰，逻辑严密的论述。况且本论内容较多，篇幅较长，必须采用恰当的结构方式加以陈述，往往采用序号或小标题，使其眉目清晰，常见结构方式有并列式、递进式和综合式。本论部分能否写好是学术论文成败的关键。

3．结论。要求总结全文，干净利落。结论是学术论文的归结。这部分主要是对全文作概括、综合，以及对论证的结果作出结论并说明其适当范围，指出解决问题的途径和对课题研究的展望，有的还应指出尚待进一步解决的问题和方法。

（五）论文的写作格式

根据国家标准 GB7713—87《科学技术报告、学位论文和学术论文的编写格式》的规定，学术论文应当由标题、作者署名、摘要、关键词、前言、正文、注释、参考文献等部分构成。

1．标题。又称题目，是文章的一个重要组成部分，通常是对学术过程或成果的直接阐述，也是论文内容、主题的高度概括，语言要求贴切、准确、鲜明，避免歧义，也可以用副标题补充说明。

2．署名。是作者对研究成果具有著作权和责任感的体现和标志。

3．摘要。又称提要，是用简明扼要的文字对论文的主要内容加以概括和介绍。但必须注意的是：（1）文字简练，一般在 300 字以内；（2）概括全面，要把论文的研究目的、主要观点、研究角度及方法、意义略作介绍；（3）突出重点，要把最引人注目的东西，用凝练的语言来概括。但须注意：摘要一般都在文章的各部分完成之后才提炼出来。

4．关键词。又称主题词，它是从论文中选取起关键作用，并能表达中心内容的词语，以表述全文的主题内容信息数目的词、词组或术语，约为 2～8 个关键词。关键词写在摘要的下面。

5．绪论。又称引言、前言、绪言。包括研究背景、研究目的、研究范围、研究方法、主要观点及成果、评价、意义诸方面的内容。

6．正文。包括本论和结论，是论文内容的核心部分，这直接表述科研成果的全过程。（上面已详述，这里从略）

7．注释、参考文献。注释是论文对正文某些问题的解释或补充说明。一般分为尾注、脚注、段中注及章节附注等。在全文的末尾加注为尾注；在当页下面加注为脚注；在正文的引文之后用括号标注为段中注或夹注；在每节、每章的末尾将节或章的引文、资料出处作注的为章、节附注。参考文献，如是图书——注明作者、书名、出版者、出版时间、版次；如是期刊——注明作者、篇名、期刊名、年份、期号；如是报纸——注明作者、篇名、报纸名称、日期、版次。

可参阅各种学术杂志或各大学学报的相关论文。

【思考与练习】

简答题
1. 学术论文具有哪些特点？其结构如何安排？它与一般的议论文写作有何区别？
2. 搜集材料有哪些途径？
3. 结合所学的专业，目前该专业在科研（工程技术）中有哪些前沿性的问题？
4. 请到学校的期刊阅览室查阅你所学专业的学术期刊或学报。
5. 请选取一篇专业的学术论文，根据论文中的主要观点的表述，认真领会论文的创造性价值，从中把握学术论文的特殊写作要求。

第二节 毕业论文

一、毕业论文的定义

毕业论文是各类大学生综合运用已学知识及研究相关课题,表述理论创造或表达分析、应用的总结性文章。

毕业论文是大学生完成学业的必修课程之一，它对大学生具有考查作用，由于学历层次差异，考查的程度也不同，大专和本科生主要考查已学理论知识的应用能力；硕士和博士，要求具有相应的独创性，其实这种论文就是学术论文。

二、毕业论文的特点

毕业论文的特点有别于学术论文的功能，它有以下三个特点。
1. 应用能力的综合考查。主要考查运用已学专业知识、分析问题、解决问题的实际能力；考查阅读中外资料的鉴赏能力；考查运用计算机分析和数据处理的操作能力；考查语言的表达能力和行文的撰写能力。
2. 综合素质的集中体现。毕业论文的撰写，要求详细而具体地阐述课程研究的全过程，通过各种方式或方法提炼主题内容，集中体现课题的科研方法。

3．创新意识的具体表现。毕业论文的写作，要求学生的选题具有实践性和应用性，能面向专业的技术实践选题，培养学生的创新意识。

三、毕业论文的选题

从论文的价值来看，选题的理论意义和现实意义是首要的，确立课题，可以从发展生产或学科领域亟待解决的问题等；但切不可凭自己的好恶、脱离实际去选题。因此，选题可以从以下几点来考虑。

1．从实习或实践中发现的问题进行选题。现实生活或生产实践、经济运行总有些必须解决但尚未解决的问题。有些甚至是客观的、深奥的；有些是微观的，普通的。但只要是有研究价值的，不管它的价值大与小，皆可入选。

2．从工作、业务强项或爱好、特长中进行选题。应当选择自己在专业学习中的专业性较强的问题；或自己特别感兴趣，有特长的问题作为自己确立课题的目标和方向。不过，有了目标和方向，并不等于有了恰当的课题，而应在调查、研究的基础上，确立适合自己有能力完成的课题。

3．从有必要进行补充或纠正的课题中进行选题。学术问题总在错误修正中或拓展应用领域中或其他知识相辅相成中发展和革新。只要有新的发现都可以作为选题进行研究。

四、资料的搜集

资料既可以通过直接调查的形式或实验数据的处理获得，也可以通过图书馆或档案材料查阅获得。直接调查或实验数据是获得资料的重要途径，调查形式是多种多样的，对于学生个人来说，主要还是通过直接观察、个别访谈、抽样问卷等方式进行，取得第一手材料，反映现实中准确、可靠的情况。

查阅资料也是获得课题知识的有效途径，通过图书馆或档案馆查阅已发表的论文或历史文献中具有大量的有用资料。我们为证明自己的观点去摘抄，援引一些基础资料，未尝不可，但要注意，对任何资料的引用都不能断章取义和撮合。

五、论文的撰写

初次撰写论文的人，在确定选题和搜集资料之后，还会碰到如何组织材料和安排结构等棘手问题。这也许是对问题的研究还不够深入、透彻，对材料缺少筛选和提炼造成的。面对众多材料，将如何取舍？怎样整合？

正确的做法是先分析手中已有资料，再依据分析结果整合主体结构，提炼文章主题。其程序大致如下。

1. 做好各种资料的细致分析和科学整合工作。对现成资料进行分门别类，总结、筛选适用的材料，形成自己的见解，合理取舍和配置资料。

2. 内容与结构的构建。根据拟定的论题分析各类资料的相关内容，进一步剖析资料的意义和相互之间的逻辑关系；分析总体结论，安排好合理的结构关系；依据初步研究结果，确立文章主题，完善论文的整体意识。

（1）进一步提炼论点。在不断研究材料的过程中，形成的论点或结论还需要结合全文的整体内容，进一步提炼，使之达到认识上升的新水平，使材料与观点的有机统一。

（2）注重语言文字的表达。做好论文语言、文字的润色与修饰，注意篇章、段落、层次的过渡和衔接，反对不加提炼地罗列材料或堆积案例。

六、论文的修改

事实上，论文的修改是整个论文制作不可或缺的部分，有人说"好文章是改出来的"，说的就是这个道理。因此，草稿完成之后，需要核查修改，使之完善。作者应当本着对社会、对读者负责的态度，把好论文的思想主题关、事实材料关、结构格式关、文字符号关等。核查修改的有关内容大略如下。

1. 核查写作目的、方向是否准确体现。在初稿完成后，首先要检查写作目的、方向能否准确体现出来。如果目的、方向未能如愿，就必须重新考虑，并对相关的内容作必要的补充或修正。

2. 核查事实依据，实验数据是否精确、翔实、可靠。论点无论如何，都要依赖事实，文章的主要内容要素如果不精确、不可靠，势必影响文章目的的实现和论文的质量。因此，应该耐心地对文章的每一个事实依据和实验数据逐一核对，达到准确无误。

3. 核查结构形式是否符合文体规范。论文草拟后，要检查全文结构层次是否符合文体规范，前后安排顺序是否合理，逻辑关系是否严密。

4. 核查语体语言是否得体、贴切。语体是文章在语言环境中的文体用语特征，它受写作目的、逻辑关系、文体习惯的影响，总的来说，论文要运用科技语体进行表述。论文语言运用及表达必须准确。

5. 核查标点符号、数据符号是否使用恰当。标点符号提示语言的停顿，表示特定的语气；数据符号有其专用意义，若出现使用不当或错用、漏写，将影响内容的表述。

七、毕业论文写作的基本要求

（一）观点要正确，力求有新意

观点正确，是毕业论文写作的最基本要求。论文的论点是在对材料的分析、研究中产生的，论点的形成，就是对材料进行整理、分析、概括、提炼的过程。毕业论文写作要确立一个明确的基本观点，而正确的观点，有理有据，是写好毕业论文的基本前提。

基本观点是指统帅全篇毕业论文的基本论点或总结。基本观点错了，其他一切论点、论据都不能成立，整篇论文也就站不住脚了。有些毕业论文的中心论点提炼不够，没有把问题的实质考虑清楚，抽象概括也不准确，形成观点含糊不清，似是而非，似有若无；有的毕业论文过多地叙述工作过程，或选材不严，众多的材料缺乏认真的整理、消化，使中心论点不明显，重点不突出。这些情况在毕业论文写作中比较常见。

（二）注重与生产实践的结合

撰写毕业论文必须注重与生产实践的结合。毕业论文在选题和观点上都必须注重联系社会生产和经济建设的实际，密切注视社会生活中出现的新情况、新问题。

要坚持理论研究的现实性，做到理论联系实际，就必须深入实际，进行毕业实习。这也是大学生正确认识社会的基本途径。

（三）论据要翔实，论证要严密

1. 论据要翔实。一篇优秀的毕业论文仅有一个好的主题和观点是不够的，它还必须要有充分、翔实的论据材料作为支持。旁征博引、多方佐证，是毕业论文有别于一般性议论文的明显特点。一般性议论文，作者要证明一个观点，有时只需对一两个论据进行分析就可以了，而毕业论文则必须以大量的论据材料作为自己观点形成的基础和确立的支柱。

毕业论文的论据要充分，还须运用得当。一篇论文中不可能也没有必要把全部研究工作所得、古今中外的事实事例、精辟的论述、所有的实践数据、观察结果、调查成果等全部引用进来。一般来说，要选择新颖性、典型性、代表性的论据，更重要的是考虑其能否有力地阐述观点。

毕业论文中引用的材料和数据，必须正确可靠，经得起推敲和验证，即论据的正确性。具体要求是，所引用的材料必须经过反复证实。第一手材料要客观，要反复核实，要去掉个人的好恶和主观臆测的推想，保留其客观的真实；第二手材料要刨根问底，查明原始出处；引用材料需要进行"去粗取精、去伪存真"的筛选，做到准确无误。

写作毕业论文，应尽量多引用自己的实验数据、调查结果等作为佐证。如果文章论证的内容，是作者自己亲身实践所得出的结果，那么就会增加文章的价值。当然，对于掌握知识有限、实践机会较少的大学生来讲，在初次进行科学研究中难免重复别人的劳动，在毕业论文写作中会出现较多地引用别人的实践结果、数据等，这是在所难免的。但如果全篇文章的内容均是间接得来的东西的组合，很少有自己亲自动手得到的东西，那也就完全失去了写作毕业论文的意义。

2. 论证要严密。论证是用论据证明论点的方法和过程。论证要严密、富有逻辑性，这样才能使文章具有说服力。从论文全局来说，作者提出问题、分析问题和解决问题，要符合客观事物的规律，符合人们对客观事物认识的程序，使人们的逻辑程序和认识程序统一起来，全篇形成一个逻辑整体。从局部来说，对于某一问题的分析，某一现象的解释，要体现出较为完整的概念、判断、推理的过程。

毕业论文是以逻辑思维为主的文章样式，它主要通过概念、判断、推理来反映事物的本质或规律，从已知推测未知，各种毕业论文都是采用这种思维形式。社会科学论文往往是用已知的事实，采取归纳推理的形式，求得对未知的认识。要使论证严密，富有逻辑性，必须做到：概念判断准确，这是逻辑推理的前提；要有层次、有条理的阐明对客观事物的认识过程；要以论为纲，虚实结合，反映出从"实"到"虚"，从"事"到"理"，即由感性认识上升到理性认识的飞跃过程。

例文 9-1

高职院校文秘专业毕业论文的问题与改革

何小海

（漳州职业技术学院人文社科与艺术系，福建　漳州　363000）

摘要： 高职院校文秘专业毕业论文质量日益低下，业已引起人们的普遍关注，而全国高职高专人才培养水平评估中已将毕业论文列入评估的关键指标。[1]P74 在这二难的困境下，深入分析和探讨毕业论文写作与质量的这一命题，具有现实的指导意义。

关键词： 高职院校；文秘专业；毕业论文；问题与改革

毕业论文是大学生综合运用已学知识表述理论创造或表述分析应用的应用文。[2]P110 毕业论文是高职院校文秘专业学生的必修课程，是实践性教学的重要环节。其目的主要在于检验学生掌握知识的程度以及分析问题和解决问题基本能力，它必须在教师指导下进行。

目前，高职院校把毕业论文写作环节安排在最后一个学期，这时学生都已在实习单位实习，指导教师无法与学生面对面地交流与指导，加上高职学生缺乏写作经验，对撰写论文的知识和技巧知之甚少，以上因素影响了学生毕业论文的写作，甚至出现抄袭拼凑的注水现象。因此，如何在困境中深入分析和探讨毕业论文写作中面临的问题并进行行之有效的改革，是高职文秘专业在教育教学改革中亟待解决的课题。

一、毕业论文存在的问题

高职文秘专业毕业论文质量低下已经是不争的事实，从毕业论文的文本看，主要存在以下问题：

（一）选题不当

选题得当与否直接影响论文的质量，关系论文的成败。在选题过程中，常见的问题有：

1. 只凭感觉、盲目选题。有些学生缺乏对选题目的性和重要性的认识，心中无谱、只选教师，选题随意性很大。或考虑哪个指导教师要求较宽，容易过关；或平时对这个教师有好感。这样，就违反了从实际出发的选题原则，也忽视了资料条件、个人专长、兴趣爱好等因素，致使论文写作困难重重。有的学生跟着感觉走，或受到网络文章影响，选一些调侃式的论题，如《浅析秘书人员成功的必备条件——以悟空三兄弟为个案分析》，以悟空三兄弟为事例来佐证秘书人员成功的必备条件，显然是牵强附会了。

2. 脱离实际，选题过偏。有些学生的选题没有结合实际，没有注意到自身专业的知识结构、资料方面的限制，选择的题目难度较大或过偏。如《高职院校人才培养模式研究》超出学生的研究范畴；而《儒家思想对秘书人员处理人际关系的影响》一题，因为学生在专业课程设置和知识结构方面很少学过儒家思想，因此，要想运用陌生的知识解决专业领域的问题，其结果是不言而喻的。

3. 眼高手低、选题过大。因题目过宽，难于把握材料，无从下笔。如《试论海峡两岸经济互补性》这一题目，显然，这个题目需要在许多人的共同协作并作较为全面、深入的调查研究才能完成。《谈中国传统文化对国家管理的影响》，对"国家管理"的研究范畴过大了，不是几千字能说明问题的。学生错误以为从宏观上选题，就能写出好论文，殊不知大题目缺乏必要材料的支撑，反而使论题徒有空架子，写不出有实质性的观点。

（二）选材不妥

论文中的材料，是用来阐明文章的中心思想的。论文写作讲究"从材料中来，到材料中去"，善于从各方面搜集丰富而复杂的材料，根据主题需要进行有选择性的运用材料，并不是悉数套到论文中。但学生在具体写作中经常无法驾驭材料，出现材料与观点不统一的原则性错误。有些毕业论文撇开中心论点，把收集来的一大堆材料不分主次，甚至与论点无关的材料都写进文章里，致使材料游离于观点之外，如写秘书口才却选用武警战士和美国某餐馆老板；有些论文材料空洞，言之无物；有些学生动笔前不认真搜集材料，忽视了材料的准备工作，没有准备量大而质优的材料，仅仅满足于对课本理论的重复论述，没有注重材料差异性，从而使论证乏力，难以令人信服；有些论文材料不新，用一些过时的陈旧的事例，摆出的材料是"陈腔老调"，缺乏现实指导意义。

（三）结构不密

论文的基本结构要在中心论点的统率和支配下，把各个论证部分严谨周密地组织起来，分清主次轻重，做到层次分明，详略疏密有致。但有些毕业论文缺乏整篇构思，动笔前不拟提纲，不注意划分逻辑层次，安排好层次序号或拟写段落标题，结果致使论文结构松散，毫无骨架可言。有些论文缺乏条理性，没有在中心论点的统领下，妥善地安排各分论点依次铺开，深入分析问题；而是想到哪里就写到哪里，造成论文上下缺乏逻辑联系，甚至是"牛唇对不上马嘴、油与水的分离"；也有一些论文结构残缺，缺头（绪）少尾（结论），缺乏必要的过渡段，使论述显得有些突兀、不连贯，不能形成一个完整的整体。

（四）文体不对

论文在表达方式、语言运用、标点符号的标注、格式方面是有严格要求的。有些学生写毕业论文，没有把握论文特点和写作要求，胡乱套用记叙、抒情等表达方式，致使论文"非驴非象"，完全走样；语言缺乏理论色彩，常用短语，语体不对。如有学生在《秘书人员如何处理人际关系》一文中通篇使用第二人称"你"，属于论述语言角度错误；也有学生在论文开头极尽夸张地进行心理、自然实物的描写，这也不符合论文的表达方式。

此外，从历年毕业论文指导看，毕业论文经常出现的两种极端——"两种不能修改"。即一类是抄袭，指导教师不敢改也根本不需要修改，这类文章多数是从各种杂志、学报、理论书和网络上分段抄袭组合、拼凑而成，或干脆整篇抄袭；另一类是自己写的，主旨模糊、论据缺失、文不通句不顺、缺乏条理性和论述性等，致使整篇文章错误百出，教师无从下手修改。

二、完善文秘专业毕业论文写作的几点看法

在尴尬与困境中，要完善高职文秘专业学生毕业论文写作，必须从扭转学生的写作观契入，注重平时写作训练与引导，从高职高专人才培养的固有规律出发，准确定位毕业论文写作的标准。

（一）树立正确的论文写作道德观

明冯时可说"文如其人哉"。[3]一篇优秀的毕业论文不仅承载大学生对知识的掌握与能力的培养，更在于对其人格的塑造。"毕业设计（论文）是实现培养目标的重要教学环节，它在培养大学生探求真理、强化社会意识、进行科学研究基本训练、提高综合实践能力与素质等方面，具有不可替代的作用。"[4]

针对目前毕业论文注水和抄袭现象，要站在大学生思想政治教育的高度，引导学生树立正确的道德观，让学生认识到"盖文章，经国之大业，不朽之盛事。"[2]P2明确论文"抄袭"是个严重的道德问题。"不佞半世操觚，不攘他人一字。空疏自愧者有之，诞妄贻讥者有之……而海内名贤亦尽知其不屑为也。"[5]P6由此观之，古往今来视抄袭为文章写作大忌。"要通过各种途径和方式加强对学生的学风教育，使学生理解毕业实习、毕业设计（论文）的目的和意义，充分认识到做好毕业设计（论文）对自身思想品德、业务水平、工作能力和综合素质的提高具有深远的影响。"[4]

（二）始于基础成于勤练

毕业论文写作有其固有的规律，倘若缺乏平时的训练，是不可能一蹴而就的。故之，从平时抓起，练好基本功，乃是一条行之有效的论文写作的先期之路。高职教育先知陶行知甚至把是否重视"做"作为衡量教育是否真实的标准，他明确指出："先生拿做来教，乃是真教；学生拿做来学，乃是实学"。要"做"必须源于最基本的字、词、句的训练，从基础写作发轫，最后聚力于议论文体。

首先，始于基础理论。在平时教学工作中不论是《大学语文》课程还是《基础写作》、《应用写作》课程，要始于对字、词、句的训练，提高学生驾驭语言的能力；注重基础写作理论的学习，掌握其理论框架，把握其中规律，并逐步固化为具体的写作能力。

其次，源于训练。写作能力是各种知识的综合体现，如果要将基础写作知识转化为具体的写作能力，必须源于训练。如从平时熟悉的记叙文体写作练起，布置"每周一文"，可叙、可议；可长、可短；或是心迹的独白或是景物的描写，由此及彼散发到各种应用文体的训练，以此把有意识地引导学生熟悉、掌握较为生疏的应用文体写作。或借鉴例文进行学习，在分析与借鉴中让典型的例文帮助学生开拓思维、掌握技法；以瑕疵的例文帮助学生辨析错误、厘清思路。

第三，聚力于议论文体。先从小文章做起，"先小后大，先易后难"。如作业尽量采用

写学习体会、评论性的文章；改进某些课程的期中或期末考核方式，直接采用写学期论文。囿于议论文文体的训练，必然为毕业论文写作打下一个前期性的基础。

（三）在实践中扩大学生的写作范围

高职院校的毕业论文写作需要重视实践性，把论文写作和专业的实践教学结合起来，"高职高专学生的毕业设计要充分体现其职业性和岗位性。"[4]因此，在具体教学中，除了注重实践技能训练外，安排"中期见习"、"社会采访实习周"、"公共关系活动周"等形式，让学生走到广阔的社会、深入基层、融入火热生活中去感受、去体验。

"问渠哪得清如许，为有源头活水来。"[6]在实践的熏染和积淀下，学生学会从生活的素材中提炼和归纳观点，在实践中锻炼分析问题的思维，在锻炼中提高解决问题的能力。论文选题如《ISO9000下企业秘书的能力结构》、《浅谈灿坤企业人力资源管理模式》等，让学生真切地在实践中发现问题，多选择生活中的个案分析或解决某一具体问题的题目。扩大学生的写作范围后，学生逐渐熟悉采访报告、调研性文章、策划方案等文体的写作技巧，掌握应用文体的写作规律，成为毕业论文写作的"演习"。

（四）引导学生养成修改论文的习惯

俗话说："好文章是改出来的"。论文修改犹如荀况在《荀子·大略》中所言"人之于文学也，犹玉之于琢磨也"。修改论文从某种意义上可以说是具有决定性作用的环节，特别是在草稿完成之后的反复修改。从文章的写作规律看，没有一篇文章能够一气呵成的，论文的写作亦然，一篇论文往往需要初稿、二稿、三稿直至最后定稿。

目前学生普遍认为：批改作文是教师的责任，其结果学生只看分数，往往忽视了对文章的再修改，这就造成教师批改作文的无效性。据此，在具体教学中，教师必须有意识地引导学生养成修改作文的好习惯，组织"作文修改兴趣小组"，让学生根据实际修改情况，就主题确立、材料选择、表达方式、综合写作的优缺点展开交流，然后进行原题的二次写作。这样的训练锻炼了学生作文修改的能力，促进了写作水平的提高，同时也锻炼学生归纳、思辨能力，学会从众多的材料中提炼观点，为日后毕业论文写作养成修改的习惯。

（五）源于写作规律校正论文体例

文秘专业毕业论文，虽然是毕业生总结性的独立作业，目的在于总结学生在校期间的学习成果，培养其具有综合运用所学知识去解决实际问题的能力。教师的悉心指导可以修正学生论文的偏颇，起到事半功倍的高效。因而，作为指导教师，应该按照论文文体的写作要求，把握写作规律，明确其指导职责，真正起到实质性的指导作用。

毕业论文既不同于一般议论文，也不同于评论、杂文，它具有自身文体特征。对于如何撰写论文，教师要具体指导学生。要指导学生根据自己专长、兴趣等实际情况进行选题，引导学生按照王力所言"小题目作大文章"[7]P278；指导学生严格按照写作程序，确定论题；指定参考文献和材料收集范围；审定论文提纲；指导学生撰写和修改论文初稿；撰写实事求是、恰如其分的评语；指导学生积极做好答辩准备。此前，指导教师还要熟悉文秘专业所开设的课程，选准、拟好课题供学生参改；了解、熟悉、掌握所指导学生的知识结构和写作能力。

（六）契合现代网络技术进行训练

随着网络技术的发展和普及，学生更乐意利用在线QQ聊天，通过网上论坛如博客、电子邮件等传递交流信息。毫不夸张地说，现在网络技术没有一样能像在线QQ具有如此强大的普及型和互动性，从QQ聊天、QQ空间网页的日志和心路历程看，它完全可以包容阅读和写作两方面，而阅读QQ空间的文章也是学生积累知识、熟悉写作的另一途径。

在QQ聊天、QQ空间里，大学生可以在自己的QQ空间中表达自己的思想、记录自己的经历和感悟，也可以在网页中发表自己的观点和意见。另外，这些网页空间上内容的时代性和材料的鲜活性更容易引起大学生的注意和兴趣。目前，绝大多数的学生有个人QQ，班级有QQ群，基此，教师在日常教学中不妨把QQ话题或某一博客的文章契入课堂，延伸到写作训练中，为写作提供一种网络虚拟环境下的真实训练场景，创造一个教师与学生互动交流的平台。

（七）把学术性论文的写作标准定位为应用性论文

从本质上看，毕业论文属于学术论文，其要求与学术论文大体相同，但在实践上是有区别的，它主要对学生具有考查作用，由于学历层次的不同，考查的程度也不同。如硕士和博士，其论文就是学术论文，要求具有独创性；而大专和本科的毕业论文主要考查已学理论的应用。[2]P110

反观高职学生的毕业论文写作之所以会陷入困境，一个重要原因是高职院校对论文写作的定位不当，直接把毕业论文放置在学术论文的层面上去框定写作标准，弱化了考查运用已学专业知识去分析问题、解决问题的能力，忽视了考查查询专业资料的能力，漠视了考查运用计算机分析和处理数据的能力，过分地强调论文的创见性。如果我们从高职教育培养高技能人才的这一层面出发，现行的毕业论文写作标准脱离了其目标和学生实际水平。针对上述情况，必须把学术性论文的写作标准定位为应用性论文，以学生能否运用所学专业知识去分析和解决现实问题的能力作为评定标准，弱化毕业论文的学术性与理论色彩。

（八）分阶段进行毕业论文写作

鉴于前述，写作时间短、写作时间与求职矛盾是制约毕业论文质量的瓶颈。《关于加强普通高校毕业生的设计（论文）工作的通知》也指出，高职高专学生的毕业设计要与所学专业及岗位需求紧密结合，可以采取岗前实践和毕业综合训练等形式。[4]本人认为有必要分阶段进行毕业论文写作，即提前和延长毕业论文的写作时间，把毕业论文写作时间安排在大三，具体做法是第五学期确定选题，进行材料的收集，完成论文框架的构建，撰写初稿，面对面接受教师的指导。第六学期结合专业实习，在实习中对照初稿观点与材料，在实践中亲身体验和验证观点与材料的一致性并最终完成定稿。

三、余言

高职学生毕业论文写作是一项复杂的创造性工作，它既反映高职院校教育质量，也是所培养学生能力的体现。而三年制秘书专业要在短时间、缺少写作经验的情况下按质按量地完成毕业论文写作是有一定难度的。换言之，如果削毕业论文写作标准的"足"适人才培养格次的"履"；反之，削人才培养格次的"足"适毕业论文写作现状的"履"，那么，求证这一命题的真伪，必须在人才培养质量的整体观照下，基于毕业论文的写作规律和文体的固有特征，通过改革与实践，在具体的教学中探讨和完善适于高职院校的毕业论文写作途径。

参考文献

[1] 教育部高等教育司．高职高专院校人才培养工作水平评估[M]．北京：人民邮电出版社，2004．
[2] 张德实．应用写作[M]．北京：高等教育出版社，2003（第二版）．
[3] 《雨航杂录》．卷上．影印文渊阁四库全书[Z]．台北：台湾商务印书馆，1986．
[4] 教育部办公厅．关于加强普通高等学校毕业设计（论文）工作的通知[S]．教高厅[2004]14号，2004年4月8日．
[5] 明·李渔．闲情偶寄[M]．北京：作家出版社，1995（第一版）．
[6] 宋·朱熹．观书有感二首．《晦庵集》卷二．影印文渊阁四库全书[Z]．台北：台湾商务印书馆，1986．
[7] 张衡、杜生渝．应用写作[M]．北京：北京经济学院出版社，1995．

　　这是一篇研究教学工作的论文。通过对高职文秘专业学生毕业论文存在问题的分析和改革措施的阐述，旨在引导学生对毕业论文写作的进一步认识和实践，这也是本文的选用的出发点，是基于对毕业论文写作理论的反向补充。

　　《高职院校文秘专业毕业论文的问题与改革》一文，虽然在选题上并不新颖，但却有现实意义，主要是务"实"，能注重理论联系实际，具有现实针对性，是为现实服务的。

　　整篇论文结构脉络清楚，全文分两个部分，从绪论部分的现象入手，直接切题，抓住问题的主要方面，进而在第二部分提出改革措施，按照客观事物的内在联系，并列式地展开"完善和改进文秘专业毕业论文写作"这一主题，使人读起来明白易懂。

　　这篇论文的作者能从一般性的现象发散出去，对实际教学工作进行研究，从中发现带有规律性的问题，提出比较切合实际、具体可操作性的建议和意见。

　　总体上，本文无论是从文章的选题，组织材料看，还是从具体的阐述和谋篇布局看，是一篇比较规范的论文。

【思考与练习】

一、简答题

1．毕业论文的选题需注意哪些方面的事项？请你谈谈为什么要结合自身实际进行选题？

2．例文中对引文进行标注，并在论文后面按序注释，为什么？

3．资料收集的途径有哪些？请你专业的角度出发，选取某一题目，然后到图书馆查阅相关的图书或论文集,并整理成小资料卡。

4. 你所学的专业有哪些期刊或社会哲学版的学报?请你到学校期刊阅览室进行查阅,并整理成小资料卡。

二、写作题

请你结合所学专业,选择一个自己感兴趣的课题,结合社会实践或见习,参照毕业论文的写法,拟写作提纲,并写成一篇短小的论文,要求对存在问题有比较可行的解决措施。

第三节 工科毕业设计

一、工科毕业设计

工科毕业设计是工科大学生综合运用已学理论知识表述其工程设计情况的应用文章。

为了切实把提高教育质量放在重中之重的位置,实现高等教育的持续健康发展,教育部办公厅于2004年4月8日发出《关于加强普通高等学校毕业设计(论文)工作的通知》,通知就工科毕业设计的选题、教学管理等方面作出了明确的要求,并把其列为确定评估结论的关键指标。

二、工科毕业设计的考查功用

毕业设计是实现培养目标的重要教学环节。毕业设计在培养大学生探求真理、强化社会意识、进行科学研究基本训练、提高综合实践能力与素质等方面,具有不可替代的作用,是教育与生产劳动和社会实践相结合的重要体现,是培养大学生的创新能力、实践能力和创业精神的重要实践环节。同时,毕业设计的质量也是衡量教学水平,是学生毕业的重要依据。

毕业设计可以进一步使学生加深对基础理论的理解,扩大专业知识面,完成教学计划规定的基本理论、基本方法和基本技能的综合训练,力求在收集资料、查阅文献、调查研究、方案制订、理论计算、设计绘图、实验探讨、模拟测试、计算机处理、撰文论证、口述表达等方面加强训练,实现所学知识向能力转化。

毕业设计本质上属于科技论文,它主要考查学生是否具备工程设计的初步能力。

1. 考查学生运用科学原理,如机械、电子、电力、数控、食品加工、计算机等方面的能力。

2. 考查学生查阅资料(工程手册、资料手册)的能力。

3. 考查分析模型、数据的能力。

4．考查绘制图纸的能力。
5．考查实验工作的能力。

三、毕业设计的选题

毕业设计选题要切实做到与科学研究、技术开发、经济建设和社会发展紧密结合，应选择满足专业培养目标要求，要有利于巩固、深化和扩大学生所学的知识，使学生在毕业设计工作过程中得到科学研究能力的基本训练。要把一人一题作为选题工作的重要原则，对于个别专业，如果采用同一个大题目，则要求每一个学生独立完成一个小专题；若选择老题，必须做到"老题新做"，要有新的内容和要求。

毕业设计题目一般由指导老师按照专业培养目标要求，结合生产实际、科学研究以及经济、社会发展的需要提出，也可以由学生提出，经专业教研室集体讨论确定，报系（院）审批。尽可能反映本专业的发展动向与水平，课题的分量与难度要适当，涉及的知识范围、理论深度要符合学生在校所学理论知识和实践技能的实际情况，使学生在规定的时间内，经过努力能够完成。对优秀学生可适当加大分量和难度。应积极创造条件宜早向学生公布毕业论文题目，实行"双向选择"。

四、毕业设计的要求

高职高专学生的毕业设计要充分体现其职业性和岗位性。其毕业设计要与所学专业及岗位需求紧密结合，可以采取岗前实践和毕业综合训练等形式，由学校教师与企业的专业技术人员共同指导，结合企业的生产实际选题，确定训练内容和任务要求。

学生应重视毕业设计工作，在毕业设计期间，尽可能多地阅读文献资料是很重要的，一方面是为毕业设计做技术准备，另一方面是学习论文的写作方法。只有通过努力学习、刻苦钻研、勤于实践、勇于创新，才能保质保量完成毕业设计的任务。在毕业设计过程中，要尊敬师长，团结协作，严格遵守各项规章制度，虚心接受教师和有关工程技术人员的指导和检查，同时，理工科类学生应在规定的场所进行毕业论文工作，以便教师检查和指导；要独立完成毕业论文工作，严禁抄袭、套用他人成果。

毕业设计时间应不少于半年。对高职高专学生要加强毕业设计环节的规范管理，加强过程监控，严格考核，采取评阅、答辩、实际操作等形式，检查和验收毕业设计成果。

毕业设计的内容要理论联系实际，应进行技术经济分析和方案比较、选择，综合地运用本专业所学的知识，解决设计中出现的问题；要做到数据资料准确，立论正确，论证严密，公式推导正确，逻辑推理力强。

毕业设计过程中要会灵活应用计算机，掌握必要的电脑绘图、图片制作、专业工具软件的应用技术。

五、毕业设计的表述方法

毕业设计的写法与学术论文大体相同。但值得注意的是，其种类较多，不同项目的实际情况也不尽相同。因此，有的工程设计由于项目大、工序复杂，往往需要几个学生组成一个小组，分别就某一方面的问题进行设计论证，其过程的综述也是一个非常重要的组成部分。

（一）设计原理的表述

1. 表述整体。无论哪种工程，哪种产品都必然涉及其工作原理和图纸说明，这种说明，多采用结构框架或流程图的方式进行，这样容易让人从整体上把握设计者的基本工作思路。

2. 关键问题的说明。指工程设计原理的关键技术问题或核心问题的具体说明。这往往需要采用图纸说明、模型或实验的验证的说明方式。

（1）图纸说明。图纸是产品生产的依据，也是生产原理的具体说明。因此，在设计时必须结合图纸阐述关键问题的设计原理，这样才能把问题说清楚。

（2）模型或实验的验证说明。对于某些产品或工程，为了确保设计的成功，经常采用类比模拟的方式，制作模型或运用实验手段来证明原理的可行性、技术的先进性，并把相关的模拟数据或实验数据、方法列举出来，以证明原理的正确性。

（二）工程的特点或产品的性能表述

对工程的科学性和产品的先进性的说明大体有两种：一是同类工程或产品的可比性。采用比较的方法，来说明设计的科学性和先进性，包括性能、质量、成本等方面的先进性。二是最新技术说明。采用何种最新技术，工程或产品的性能如何提高；产量、质量有何提高；效益有何提升；成本有何降低这都是需要充分说明的地方。

技术和质量标准的说明。技术和质量标准一般采用国家标准或国际标准。应当按照国家质量技术监督局颁发的各类标准进行说明；有的大型设计还要工艺分析等内容。

六、毕业设计的写作

毕业设计是毕业设计工作的总结和提高，和做科研开发工作一样，要有严谨求实的科学态度。毕业设计应有一定的实用价值，能反映出作者所具有的专业基础知识和分析解决问题的能力。

毕业设计的写作方法是多种多样的，并没有一个固定的格式，下面仅对论文中的几个主要部分的写作方法作介绍。

（一）前言部分

前言部分也常用"引论"、"概论"、"问题背景"等做标题，在这部分中，主要介绍论文的选题。

首先要阐明选题的背景和选题的意义。选题需强调实际背景，如例文 9-2 的前言部分对芦笋的食用、药用和芦笋皮中总黄酮的测定作了粗略的介绍，从选题的背景阐述，主要是要介绍此选题的实用价值和社会价值，确有研究或开发的必要性。

例文 9-2

芦笋皮黄酮类化合物浸提工艺优化研究

食品与生物工程系 04 食品工艺　涂宝莲

指导老师：朱国辉、谢建华

摘要：为充分利用芦笋皮资源，该文测定了芦笋皮中总黄酮的含量，通过五组单因子试验和四因素正交试验探讨了芦笋皮中总黄酮的最佳提取工艺。结果表明：乙醇提取法的最佳工艺条件为：乙醇浓度80%，提取温度75℃，料液比1：60，提取时间30min。

关键词：芦笋皮，黄酮类化合物，单因子试验，正交试验，浸提

0 前言

芦笋，学名石刁柏，别名龙须菜，为植物石刁柏底下茎抽出的嫩茎，是百合科天门冬属多年生宿根性草本植物，原产于欧洲地中海东岸及小亚细亚一带，鸦片战争后期，传教士把芦笋带入我国，芦笋的栽培品种传入我国大约是19世纪末或20世纪初，距今约有百余年历史[1]。

芦笋是世界十大名菜之一，以嫩茎供食用，质地鲜嫩、风味鲜美、柔嫩可口，在国际上享有"蔬菜之王"的美称。在欧洲，其消费量仅次于番茄、刀豆、蘑菇和豇豆[1]。芦笋具有良好的防止癌细胞扩散的功能，对于肝癌、膀胱癌、皮肤癌等癌症有特殊疗效[2]；芦笋汁能使机体耐缺氧存活时间有延长[3]；还能促进儿童生长发育。我国医学著作《本草纲目》对芦笋的药用作用作了详细阐述，并称之为"龙须草"，被列为上品之上，位置仅次于人参[4]。因此芦笋具有良好的抗衰老养颜、防癌抗癌、生津止渴、健脾益气的功能[5]。芦笋中含丰富的蛋白质、脂肪、碳水化合物、多种维生素、氨基酸，比一般蔬菜高达5倍以上，其中维生素A的含量是胡萝卜的1.5倍，B类维生素的含量为一般蔬菜和水果的几倍甚至几十倍[6]。

天然黄酮类化合物是植物光合作用产生的一大类化合物，已知的此类化合物约有2000多种。黄酮类化合物广泛分布在植物界中，在植物的叶子和果实中少部分以游离的形式存在，大部分与糖结合成苷类以糖配基的形式出现。黄酮类化合物的生理活性作用较为广泛，具有生物抗氧化性、清除自由基作用、抗衰老[7-8]、治疗心血管疾病、降血脂降血压作用、降血糖作用[9]、抗癌作用[10]、对消化性溃疡的保护作用等药用保健功能[11]。还可以作食品、化妆品的天然添加剂[12]。黄酮类化合物多为黄色结晶体，在紫外光下一般具有荧光。黄酮类化合物一般难溶于水，而溶于甲醇、乙醇、乙酸乙酯、乙醚等有机溶剂，因其分子中多具酚羟基，故显酸性，可溶于碱性水溶液、吡啶中[13]。芦笋在我省种植面积较广，其加工成的产品是出口创汇主要收入之一。芦笋在加工过程中，削下的笋皮和笋基部等废料占原料重的30%～40%左右[14]，既污染了环境，又造成浪费。本文以芦笋皮中总黄酮为测定目标，应用乙醇作为提取介质进行其最佳提取工艺的探讨，既实现了绿色环保工艺，又有效利用了芦笋农产资源。

1 材料和方法
1.1 材料的采集
芦笋皮烘干，粉碎，过100目筛备用。
1.2 主要机器设备
Fw100型粉碎机（天津市泰斯特仪器有限公司）；100目标准分样筛；托盘天平；HH.S-8型电热恒温水浴箱（上海跃进医疗器械厂）；SHB-Ⅲ循环式多用真空泵（郑州长城科工贸有限公司）；722-可见分光光度计等。
1.3 试剂
乙醇、亚硝酸钠、氢氧化钠等均为分析纯。
1.4 试验方法
1.4.1 材料的处理
芦笋皮洗净后于干燥箱中60℃～70℃烘干3h～4h，取出粉碎，过100目筛备用。
1.4.2 实验方法
先准确称取0.5g芦笋皮粉末，用提取剂按照一定的料液比溶解于50mL容量瓶中，再放入合适温度的水浴箱进行抽提，并在规定的时间内取出用蒸馏水定容至50mL，再用循环式多用真空泵抽滤得滤液，准确移取定溶液5.0mL于25mL比色管中加入5%亚硝酸钠0.3mL，混匀，放置5min后加入10%硝酸铝0.3mL，摇匀放置6min后加入4%氢氧化钠2mL，再用30%乙醇定容至25mL，摇匀，放置10min后于510nm处比色测定，得出吸光度值。

其流程如下：芦笋皮干燥样品→粉碎→过100目筛混合→浸提（依条件）→定容抽滤→取5mL上清液于50mL比色管→加0.3mL的5%$NaNO_2$混匀→静置5min后加入0.3mL的10%$Al(NO_3)_3$摇匀→静置6min后加入2mL的4%NaOH再用30%乙醇定容至25mL摇匀→静置10min后于510nm处测吸光度。

2 结果与讨论
2.1 单因子试验
2.1.1 乙醇法提取黄酮类化合物
黄酮类化合物是植物竟归光合作用产生的一类化合物，是以黄酮为母核的一类黄色素，一般难溶于水，而溶于甲醇、乙醇、乙酸乙酯、乙醚、丙酮等有机溶剂，因此本试验以乙醇为有机提取剂对黄酮类物质进行提取。
2.1.1.1 浓度对浸提效果的影响
黄酮类化合物的提取率与有机溶剂的浓度有很大关系，在本试验中乙醇采用1:40料液比，50℃，1h的条件分别进行20%、40%、60%、80%、100%的乙醇浓度的浸提，试验结果见图1：

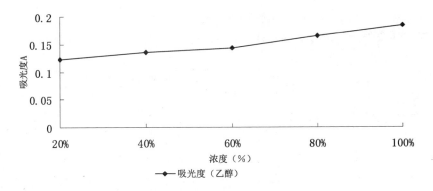

图1 浓度对浸提效果的影响

Fig1: Effects of concentration on the extraction rate of total flavonoids

试验表明：随着有机溶剂浓度的增大，黄酮类物质提取率明显随着上升。由数据可看出乙醇提取时乙醇浓度以100%为宜。

2.1.1.2 温度对浸提效果的影响

黄酮类化合物的提取率除了与乙醇浓度有关外，浸提温度对提取效果的影响也很大。本试验以100%乙醇浓度，1:40料液比，1h的条件分别进行40℃、50℃、60℃、70℃的提取试验，试验结果见图2：

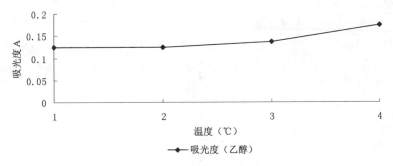

图2 温度对浸提效果的影响

Fig2: Effects of temperature on the extraction rate of total flavonoids

从图中可以看出黄酮类化合物在乙醇中的溶解度随着温度的升高而增加，开始呈缓慢上升趋势，到达60℃后明显上升。因为温度升高使得植物组织软化，促使膨胀，从而增加可溶性物质的溶解度和扩散速度，有利于物质浸出[14]。试验表明：乙醇提取时提取温度以70℃为宜。

2.1.1.3 提取时间对浸提效果的影响

以上试验确定了乙醇提取时的最佳浓度和最佳温度，此外，不同提取时间对黄酮类物质的提取率也有一定影响，所以本试验将对提取时间进行探讨：以100%乙醇浓度，1：40料液比，70℃的条件分别进行0.5h、1h、1.5h、2h的浸提，试验结果见图3：

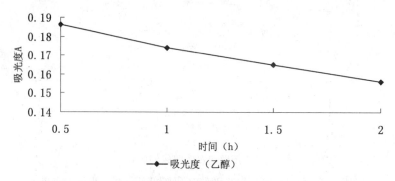

图3　提取时间对浸提效果的影响

Fig3: Effects of extracting time on the extraction rate of total flavonoids

根据以上数据可以看出乙醇提取时黄酮类化合物的提取率随时间的延长而呈下降趋势。因此，浸提时间不宜过长，因为时间过长会造成提取剂的挥发，在提取的过程中黄酮类物质与提取剂反应，形成一种互溶体系。随着提取剂的挥发，部分黄酮类物质也一起挥发掉，从而造成损失，且杂质的溶出率增加，影响产品的纯度以至影响吸光度值[15]。试验表明：乙醇提取的时间以0.5h为宜。

2.1.1.4　料液比对浸提效果的影响

黄酮类物质的提取除了受以上因素的影响外，料液比也直接影响提取效果，为此我们以100%乙醇浓度，70℃，0.5h的条件分别进行了1：20、1：40、1：60、1：80不同料液比的试验，试验结果见图4：

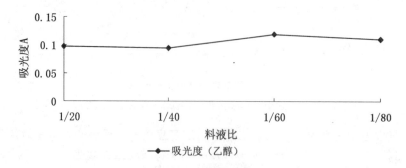

图4　料液比对浸提效果的影响

Fig4: Effects of ratio of material to solvent on the extraction rate of total flavonoids

从以上试验可看出随着料液比的增大，黄酮类化合物在乙醇中的溶解度在一定范围内也随着增加，但当料液比超过1:60时，在乙醇中的溶解度反而呈下降趋势。试验表明：乙醇提取时的料液比以1：60为宜。

2.1.1.5 提取次数对浸提效果的影响

提取的次数对浸提效果也有一定的影响，为此本试验以100%乙醇浓度，70℃，1：60料液比，0.5h的条件进行不同提取次数的试验，试验结果见图5：

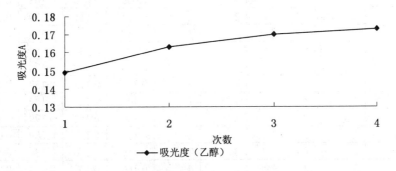

图5 提取次数对浸提效果的影响

Fig5: Effects of extracting frequency on the extraction rate of total flavonoids

试验结果表明：随着提取次数的增加，黄酮类物质的提取率增大，但考虑到生产成本问题，实验室一般采取两次提取法为宜。

2.2 正交试验

2.2.1 正交试验设计

以上试验通过五组单因子试验分别确定了乙醇提取方法的最佳单因素，可以发现乙醇浓度、提取温度、浸提时间、料液比，以及提取次数都不同程度地影响着黄酮类物质的提取效果。因此，本试验在以上单因子试验的基础上，安排了相关的适宜因素，乙醇提取法采用每个因素四水平的方法见表1，然后设计出试验方案，采用$L_{16}(4^5)$正交表并做该试验的重复试验，其试验方案及结果分析表见表2、表3。

表1 乙醇提取法的因素水平表

Tab1: Factors and levels of experiment

水平/因素	A 浓度（%）	B 温度（℃）	C 时间（min）	D 料液比
1	70	60	10	1：50
2	80	65	20	1：60
3	90	70	30	1：70
4	100	75	40	1：80

表2 乙醇提取正交试验及结果分析表 L16（4⁵）

Tab2: Design and results of orthogonal experiment L16（4⁵）

序号	浓度(%)A	温度(℃)B	时间(min) C	料液比 D	E	A510 I	II	III	IV	和
1	1	1	1	1	1	0.099	0.090	0.103	0.106	0.398
2	1	2	2	2	2	0.115	0.111	0.139	0.120	0.485
3	1	3	3	3	3	0.157	0.151	0.173	0.147	0.628
4	1	4	4	4	4	0.171	0.137	0.150	0.155	0.613
5	2	1	2	3	4	0.148	0.098	0.134	0.120	0.500
6	2	2	1	4	3	0.133	0.113	0.138	0.107	0.491
7	2	3	4	1	2	0.144	0.129	0.147	0.116	0.536
8	2	4	3	2	1	0.154	0.151	0.179	0.162	0.646
9	3	1	3	4	2	0.113	0.101	0.109	0.092	0.415
10	3	2	4	3	1	0.119	0.130	0.136	0.121	0.506
11	3	3	1	2	4	0.166	0.132	0.154	0.134	0.586
12	3	4	2	1	3	0.135	0.147	0.151	0.115	0.548
13	4	1	4	2	3	0.114	0.097	0.131	0.098	0.440
14	4	2	3	1	4	0.121	0.127	0.141	0.125	0.514
15	4	3	2	4	1	0.081	0.088	0.145	0.089	0.403
K_{1j}	2.124	1.753	1.917	1.996	1.953					
K_{2j}	2.173	1.996	1.936	2.157	1.878					
K_{3j}	2.055	2.153	2.203	2.076	2.107					
K_{4j}	1.779	2.249	2.095	1.922	2.213					
R	0.0985	0.1240	0.0715	0.0633	0.0838	T=8.151				
因素主次	B>A>C>D									
最优水平	$B_4A_2C_3D_2$									

表3 乙醇提取的方差分析表

Tab3: Analysis of variance for orthogonal experiment

方差来源	偏差平方和	自由度	方差	F 值	F_X	显著性
A	0.005194	3	0.001731	5.53	$F_{0.05}$（3, 51）=2.80	* *
B	0.00880	3	0.002933	9.37	$F_{0.01}$（3, 51）=4.22	* *
C	0.003475	3	0.001158	3.70		*
D	0.001931	3	0.0006437	2.06		
误差 E	0.01597	51	0.0003131			

由表2乙醇提取法的正交试验及结果分析表和表3的方差分析表表明，乙醇的四种因

素对浸提效果影响的主次顺序为 B>A>C>D，即因素 B（浓度）为最显著因素，A（浓度）次之，C（时间）较显著，D（料液比）不显著。并通过 K_{1j}、K_{2j}、K_{3j}、K_{4j} 的大小比较可得最佳浸提条件为 $B_4A_2C_3D_2$，即用乙醇为提取溶剂，以 80%浓度，料液比 1: 60，在 75℃的条件下浸提 30min。

3 结论

1. 黄酮类化合物多是多羟基化合物，其溶解度因结构及存在状态（苷元、单糖苷或三糖苷）不同而有很大差异。一般黄酮苷元难溶或不溶于水，易溶于甲醇、乙醇、氯仿、乙醚等有机溶剂及稀碱液中。本文采用乙醇提取法，从试验结果可以看出：黄酮类化合物在有机溶剂乙醇中的溶解度随着温度的升高而增加，因为温度升高使得植物组织软化，促使膨胀，使溶剂的黏度减小，从而增加可溶性物质的溶解度和扩散速度，有利于物质浸出[14]。由数据可看出乙醇提取时乙醇浓度以 100%为宜。

2. 乙醇提取时黄酮类化合物的提取率随时间的延长而呈下降趋势。因此，浸提时间不宜过长，因为时间过长会造成提取剂的挥发，黄酮类物质损失，且杂质的溶出率增加，影响产品的纯度以至影响吸光度值[15]。试验表明：乙醇提取时提取温度以 70℃为宜。

3. 随着提取次数的增加，黄酮类物质在乙醇中的提取率增大，但一般以两次提取为宜，因为从图中可以看出提取次数超过两次以后，效果增加不是很明显。

4. 芦笋皮中黄酮类化合物的主要成分为芦丁。芦丁又名芸香苷：槲皮素-3-0 芸香糖，为维生素 P（C 族维生素的一种）的重要成分，具有维持血管正常渗透压，减低血管脆性的作用，在临床上主要用于动脉硬化，高血压的辅助治疗。所以研究从芦笋皮中提取芦丁，为芦丁的生产提供一个新的途径。

5. 芦笋皮粉碎粒度也影响其提取效果：粉碎粒度越细，扩散、渗透、溶解等过程就越快，提取效率越高，但粉碎过细，粉末颗粒表面积太大，吸附作用增强，反而影响扩散速度，且影响其成分的提取，所以一般选用 80 或 100 目较好。

参考文献：

[1] 胡立勇，余德谦. 芦笋栽培与加工[M]. 北京：科学技术文献出版社，1998.

[2] 江苏新医学院. 中药大辞典（上册）[M]. 上海：上海科技出版社，1986.

[3] 拾景达. 芦笋香菇汁对高血脂血症的影响[J]. 天津：营养学报，1998，20（1）：63～67.

[4] 陈廷. 本草纲目通释[M]. 北京：学苑出版社，1992:811.

[5] 李凤琴. 芦笋提取物抗癌作用的研究[J]. 北京：癌变·畸变·突变，1993，12（3）:200～202.

[6] 刘一升. 芦笋中氨基酸和微量元素锌、铜、铁、锰、硒含量的测定[J]. 天津：营养学报，1990，12（3）:328.

[7] WeiHC,CaiQ Y,Rahn R O,et al Inhibition of U V light-and Fenton reaction induced oxidative DNA damage by the soybean isoflavone genistein[J]. Carcinogenesis 1996,17:73.

[8] Beretc A. Flavonoids are selective cyclic CM P phosphodiesterase inhibitors [J]. Biochem Pharmacol,1979,28:536.

[9] 焊锐. 抗癌药物研究与试验技术[M]. 北京:北京医科大学, 中国协和医科大学联合出版社, 1997:141.

[10] M atsuzaki Y ,Kurokaw a N , Terai S Y , et al Cell death induced by baicalein in human hepatocellular carcinoma a cell lines [J]. Jpn J Cancer Res ,1996,87（2）:170.

[11] Messina M J. Legum e and soybeans: overview of their nutritional profiles and heath effects [J].American Journal of Clinical Nutrition. 1999,70（3）:439-450.

[12] 杨红等. 中药化学实用技术[M] . 北京：化学工业出版社，2004.

[13] 徐珞珊，徐国钧等. 中国药材学（上）[M]. 北京：中国医学科技出版社，1996, 10:871～872.

[14] 王正云. 芦笋中黄酮类化合物的提取及纯化工艺的研究[J]. 北京：食品工业科技.2005-07-15.

[15] 张素华，王正云，杨土田等. 芦笋下脚料中黄酮类物质最佳提取工艺的探讨[J]. 北京：食品工业科技，2004.

（二）综述部分

任何一个课题的研究或开发都是有学科基础或技术基础的。综述部分主要阐述选题在相应学科领域中的发展进程和研究方向，特别是近年来的发展趋势和最新成果。通过与中外研究成果的比较和评论，说明自己的选题是符合当前的研究方向并有所进展，或采用了当前的最新技术并有所改进，目的是使读者进一步了解选题的意义。

综述部分能反映出毕业设计学生多方面的能力。主要有查阅文献资料的能力，了解同行的研究水平，在工作中和论文中有效地运用文献，这不仅能避免简单的重复研究，而且也能使研究开发工作有一个高起点，还反映出综合分析的能力。从大量的文献中找到可以借鉴和参考的，这不仅要有一定的专业知识水平，还要有一定的综合能力；对同行研究成果是否能抓住要点，优缺点的评述是否符合实际，恰到好处，这和一个人的分析理解能力是有关的。

（三）方案论证

在明确了所要解决的问题和文献综述后，很自然地就要提出自己解决问题的思路和方案。在写作方法上，一是要通过比较显示自己方案的价值，二是让读者了解方案的创新之处或有新意的思路、算法和关键技术。

在与文献资料中的方案进行比较时，首先要阐述自己的设计方案，说明为什么要选择或设计这样的方案，前面评述的优点在此方案中如何体现，不足之处又是如何得到了克服，最后完成的工作能达到什么性能水平，有什么创新之处（或有新意）。如果自己的题目是总方案的一部分，要明确说明自己承担的部分，及对整个任务的贡献。

（四）论文主体

前面三个部分的篇幅大约占论文的1/3，主体部分要占2/3左右。在这部分中，要将整个毕业设计的内容，包括理论分析、总体设计、模块划分、实现方法等进行详细的论述。主体部分的写法，视选题的不同可以多样。

1. 研究型的毕业设计。主体部分一般应包括：理论基础，数学模型，算法推导，形式化描述，求解方法，计算程序的编制及计算结果的分析和结论。要强调的是，研究型毕业设计绝不是从推理到推理的空洞文章，也应有实际背景，应有到企业和实际部门调研的过程，并在实际调查研究中获取信息，发现问题，收集数据和资料。在研究分析的基础上，提出解决实际问题的结论。

2．技术开发型的毕业设计。主体部分应包括：总体设计，模块划分，算法描述，编程模型，数据结构，实现技术，实例测试及性能分析。以上内容根据任务所处的阶段不同，可以有所侧重。在任务初期的毕业设计，可侧重于设计实现，在任务后期的毕业设计可侧重于应用。但作为一篇完整的毕业设计应让读者从课题的原理设计，问题的解决方法，关键技术以及性能测试都有全面的了解，以便能准确地评判毕业设计的质量。毕业设计主体部分的内容一般要分成几个小部分来描述。在写作上，除了用文字描述外，还要善于利用各种原理图、流程图、表格、曲线等来说明问题，一篇条理清晰，图文并茂的毕业设计才是一篇好的毕业设计。

（五）测试及性能分析

对工程技术专业的毕业设计，测试数据是不可缺少的。通过测试数据，毕业设计工作的成效就可一目了然。根据课题的要求，可以在实验室环境下测试，也可以在工作现场测试。在毕业设计中，要将测试时的环境和条件列出，因为任何测试数据都与测试环境和条件相关，不说明测试条件的数据是不可比的，因此也是无意义的。测试一般包括功能测试和性能测试。

1．功能测试。是将课题完成的计算机软硬件系统（子系统）或应用系统所要求达到的功能逐一进行测试。

2．性能测试。一般是在系统（子系统）的运行状态下，记录实例运行的数据，然后，归纳和计算这些数据，以此来分析系统运行的性能。

测试实例可以自己设计编写，也可以选择学科领域内公认的、有一定权威性的测试实例或测试集。原则是通过所选择（设计）的实例的运行，既能准确反映系统运行的功能和性能，与同类系统又有可比性。只有这样，毕业设计最后为自己工作所做的结论才有说服力。

（六）结束语

这一节篇幅不大，首先对整个毕业设计工作做一个简单小结，然后将自己在研究开发工作中所作的贡献，或独立研究的成果列举出来，再对自己工作的进展、水平做一个实事求是的评论。但在用"首次提出"、"重大突破"、"重要价值"等自我评语时要慎重。

（七）后记

在后记中，主要表达对导师和其他有关教师和同学的感谢之意。对此，仍要实事求是，过分的颂扬反而会带来消极影响。这一节也可用"致谢"做标题。

（八）参考文献

中外文的参考文献应按照规范列举在毕业设计最后。这一部分的编写反映作者的学术作风。编写参考文献要注意以下几个方面。

1．要严格按照规范编写，特别是外文文献，不要漏写、错写。

2．毕业设计内容和参考文献要前后对应，正文中凡引用参考文献的地方应加注。

3．列出的文献资料应与毕业设计课题相关。

4．选择的参考文献应主要是近期的。

该毕业设计选择芦笋皮黄酮类化合物浸提工艺优化进行研究，选题角度较为新颖，选题与专业基本相关，具有一定的理论水平和较好现实意义。全文采用了大量的背景资料和数据，有较好的理论依据。理论分析恰当，条理清楚，层次比较清楚，语言通顺。毕业设计结构与体例符合毕业设计的规范化要求，有一定的个人见解和学术性。

【思考与练习】

一、简答题

1．毕业设计主要考查高职学生的哪些能力？

2．作为一名高职学生，请你结合教育部的《关于加强普通高等学校毕业设计（毕业设计）工作的通知》，谈谈你对毕业设计的理解。

3．毕业设计的结构是多样的，请你从专业学术期刊（自然版学报）中选取与所学专业相关的毕业设计，细细体味其写作方法。

4．请你谈谈工科实验数据的整理过程，并把心得体会整理出来。

二、写作题

请你对实验项目的数据和实验方法进行总结归纳，并结合毕业设计的写法，拟写一篇工程技术类的设计小毕业设计。

第四节 产品说明书

一、产品说明书

（一）概念

产品说明书，也称为商品说明书，简称说明书。它是用平易、朴实、通俗易懂的语言对产品的性能规格、构造用途、使用和保养方法以及维修等事项进行的书面介绍说明，它是一种让人们了解产品特点，掌握其知识，以便正确使用或保养的一种应用广泛、实用性很强的文体。

一般来讲，产品说明书随着产品一并送给用户。由于产品不同，说明书的内容也就不同。简单的说明书可以只用几行文字来完成；而一些大型贵重的仪表、设备的说明书，则是按一定规格写作，并装订成册。

（二）特点

产品说明书具有科学性、实用性、条理性和简明性的特点。

1. 科学性。产品说明书的内容必须真实、客观、准确地反映产品的实际情况,经得起实践的检验。对有关知识、原理的介绍要恪守科学性,不能夸大其词,应遵守商业道德,向用户负责,维护消费者的合法权益。特别是药品说明,如果稍有不科学之处,就可能产生严重的后果。此外,还应该说清楚使用该产品应注意的事项或可能产生的问题,使产品更有效地发挥使用价值。

2. 实用性。产品说明书主要是以说明为主要表达方式,客观、真实、详细地向消费者介绍产品特点、性能、用途、使用维修方法等,使消费者能对照说明书会使用、会维修,从而全面地了解商品,认识商品。

3. 条理性。用户要按产品说明书去使用产品,因而,对产品的性能、用途、特点和内容应逐条予以说明,做到条理清楚,次序分明。产品说明书常常按照产品结构的空间顺序和使用产品时的操作顺序对商品的使用和保养方法进行详细介绍。

4. 简明性。产品说明书是以用户为主要说明对象的,因此,产品说明书的语言应通俗浅显、简洁明白,要少用和不用专业术语和生僻词语。对产品的构造、装配方法、操作技术、注意事项等说明,要配以图样、表格及照片,作具体形象的解说,使用户准确掌握,牢记不忘。

二、产品说明书的作用

无论何种说明书,其作用都不外乎是介绍商品,让消费者更好地了解和使用商品。其作用可从两个方面来做具体分析。

1. 已购商品的说明书。其目的是让消费者更好地了解商品的性能、特点,正确使用,合理保养。

2. 未销商品的说明书。它具有扩大销售的作用。这类说明书一般都使用简洁的文字、醒目多层次的颜色,让读者一目了然地了解该产品的突出特色,产生购买欲望。这种说明书具有广告的作用。但与广告有着明显差别。

总而言之,商品说明书的作用就是说明商品,指导消费者积极、正确地使用商品。

三、结构与写法

产品说明书因产品的不同、用途的不同,写法也是多样的,但基本都由标题、正文、落款三个部分组成。

(一)标题

常见的标题写法有三种形式:一种是直接用文种如《产品说明书》、《产品介绍》等作为标题;一种是用产品名称作标题,如《维 C 银翘片》;另一种由产品名称加上文种作标题,如《飞利浦剃须刀使用说明书》。如果产品属于国家有关部门批准许可生产的,还需要将批准部门的名称（简称）、文号、专利证号等写在标题的上方或下方。

（二）正文

正文是产品说明书的主要部分，一般应包括设计目的、原料配方、技术要求、工艺造型、性能特点、效率用途、注意事项及出厂价格等内容，但有些内容视产品具体情况可略写或不写。不同的产品，产品说明书写作中的内容侧重点不同，有的侧重说明产品的功能，有的侧重说明产品的用法，有的则侧重说明产品的技术指标。例如，家用电器重在说明其使用与保养，药物主要说明其主治功能与用法、用量；食品则重在说明其成分和食用方法。

从写作形式上来讲，有条款式、概述式和图表式。

1. 条款式。即采用分条逐项的说明方式，通常用于简单产品的说明。

例文 9-3

<h3 style="text-align:center">纽崔莱－倍立健片产品说明书</h3>

本品是以碳酸钙、紫花苜蓿提取物、磷酸三钙、氧化镁等为主要原料制成的保健食品，经功能试验证明，具有免疫调节、增加骨密度的保健功能。

【主要原料】 碳酸钙、紫花苜蓿提取物、磷酸三钙、氧化镁、抗坏血酸、硫酸锌、肌醇、d-α 琥珀酸生育酚、葡萄糖酸锰、针叶樱桃提取物、铬酵母、硒酵母、烟酰胺、泛酸钙、吡哆醇盐酸盐、欧芹浓缩物、富马酸亚铁、核黄素、硝酸硫胺、菠菜粉、葡萄糖酸铜、胡萝卜肉粉、β-胡萝卜素、维生素 A 醋酸酯、西洋菜浓缩物、维生素 D3、维生素 B12、微晶纤维素、玉米淀粉、羧甲基纤维素钠、硬脂酸镁、羟丙基甲基纤维素、麦芽糊精、二氧化硅、甘油、棕榈蜡

【功效成分及含量】 每份含：维生素 A　1250IU、维生素 C 225mg、维生素 D3　165IU、维生素 E　17.5IU、β-胡萝卜素 2250IU、维生素 B1 5.5mg、维生素 B2　5.5mg、维生素 B6 5.5mg、维生素 B12　3.75ug、叶酸 150ug、烟酸 12.5mg、泛酸 10mg、生物素 90ug、钙 323mg、镁 144mg、锰 2mg、铜 0.75mg、铁 2.15mg、硒 6.5ug、锌 7.5mg、铬 17.5ug、肌醇 20mg

【保健功能】　免疫调节、增加骨密度

【适宜人群】　免疫力低下者、中老年人

【食用方法及食用量】　12 岁以下儿童每日各 1 片；成人和青少年每日 2 次，每次各 1 片

【规格】　1.17g/片

【保质期】　24 个月

【贮藏方法】　保持瓶盖封闭，冷藏或贮存于 30℃以下阴凉干燥处

【注意事项】　本品不能代替药物；勿由儿童自行取食

2. 概述式。采用概括和叙述的方式对产品进行介绍和说明，一般用于书刊、资料、电影戏剧和部分产品的介绍。

例文 9-4

使用说明书
概 述

WK 系列染色机控制器是为国内外染色机配套而设计的通用型控制器，可满足纺织、印染行业对染色机自动控制、管理的要求。

WK 系列染色机控制器采用 8 位七段数码管作为人机操作界面，美观实用。让用户根据染色机工艺流程选择过程监控，或是工艺编程，工艺查看，自诊断等工作过程。操作方便，显示直观。在过程监控状态可以以数码方式显示控制性能，在工艺编程状态，可以根据实际要求编辑输入工艺曲线和实际流程。本控制器最多可以编辑和储存 29 条染色工艺曲线（每条工艺曲线可以写入 29 步）。WK 系列染色机控制器是实现准确的染色工艺控制和保证织物染色质量，降低能耗，减轻劳动强度，提高科学管理水平和经济效益的理想设备。

感谢您购买使用 WK—001 染色机控制器。

在安装本产品及使用前，我们建议您仔细阅读本手册，以便使您熟悉产品，使其发挥较为优越的性能。若您存有疑难问题，请登录我们的网站查找问题解答，或拨打我们的电话、传真与我们联系，真诚欢迎您提供宝贵的建议。

青岛华利达电器有限公司
服务电话：0532-3848656　8629721　　　传真：0532-3848656
公司网址：HTTP://WWW.WORLDA.CN　　　Email:info@worlda.cn

3．图表式。图表式说明书主要运用图表或线路图对其产品进行说明，这种说明方式能最直观、一目了然地让使用者了解产品的工作原理和使用方法。

例文 9-5

1.0　染色机控制器的安装（略）

1.1　控制器面板图

例文 9-6

附录3　输出接线图

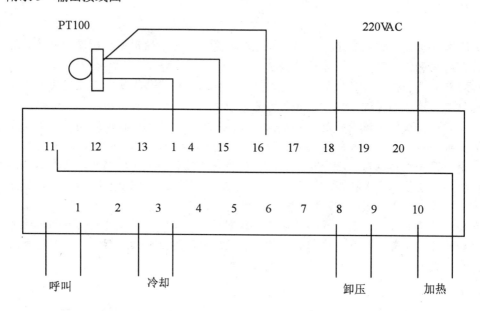

（三）落款

写明产品制造厂家的名称、地址、电话、电报、开户银行、账号、法人代表及产品批号、生产标准、专利号、质量级别、年号等。

某些结构复杂、需要向使用者全面详细说明的产品，由于要说明的事项过多，也可以将说明编成小册子，包括封面、标题、目录、概述、正文、封底等。如某些软件说明书，分章分节地指导消费者运用该软件。

四、写作要求

1. 要抓住产品的特点，针对用户的需要。要找出此产品与其他产品的不同之处、独到之处，选好角度、突出重点，抓住产品"不同凡响"的实用价值，将其说准、说深、说透。也可以针对用户可能产生的疑惑与顾虑来确定说明的基本内容，兼顾消费者的心理需求。使消费者能在纷繁复杂的产品中选出自己所需要的产品。

2. 要有认真负责的科学态度。写前要对其产品进行实际调查了解，查阅资料，掌握专门知识，在此基础上，以对用户负责的精神，写出准确有序的符合客观实际的产品说明书。不仅要写出产品的独到之处，操作方法，还应该将产品的不足，以及因操作不当可能产生的问题告诉消费者。这样，不会影响消费者的购买欲望，反而会增加消费者对产品的信任度。

3．语言要准确、简明、生动、通俗易懂。准确，即运用概念、判断要准确，不可含混不清；简明，即简洁明晰，没有多余的字句，不拖泥带水；生动，即要用富有生气与活力的语言来推介产品，可适当借助广告的写法，把产品明书写得富有吸引力，通俗易懂。

【思考与练习】

一、简答题

1．产品说明书的概念是什么？

2．产品说明书的说明形式有哪三种？

3．选择一篇产品说明书，分析其结构与写法（也可参考例文）。

二、写作题

下面说明书是某药厂生产的"感冒清胶囊"的使用说明书的主体部分，请指出不当之处并加以修改。

感冒初期轻症，俗称伤风，如喷嚏、鼻塞、流涕、咽痛、咳嗽等病情继续发展，而感染病毒引起呼吸道传染病。主要表现在上呼吸道局部的炎症病状为主，出现高热、剧烈头痛、全身疼痛、四肢关节痛、咽痛、咳嗽、痰多、声嘶等症。

上述的症状，因职业的影响，劳累过度，休息不同，年老体弱等，因而使整个人抵抗力减弱而感染发病。

虽然感冒都比较容易恢复，但也有人可能会继续发鼻窦炎、中耳炎、咽喉炎、支气管炎或肺炎等疾病，因而经久不愈。

感冒清是根据上述疾病，搜集民间验方，采用金盏银盆等中草药精制品与抗病毒新药药物。

按照中西医结合的原则制成的胶丸，感冒清是感冒特效良药，它有消炎退热的功效，特别对病毒性感冒有显著效果。

第十章 申 论

【知识与技能】
1. 了解申论和特点；能区别申论与作文、策论的差异。
2. 了解申论试卷的结构和测试的主要能力。
3. 掌握申论写作的要点、方法及规律。

第一节 申论概述

2000年以前，国家公务员录用考试对于应试者写作能力的考查体现在公文写作与处理，主要表现形式是要求应试者按照一定的要求写一份公文。但是，这种考试模式对于公务员考试中占相当大比例的在校学生很不公平，因为很多学校都很少开设公文写作课程，即使开设，也以"概论"居多。这样，相当多的学生要么缺少公文写作的基本常识，要么即使知道一点公文的基本格式，其答卷也往往会流于空泛。

基于这种情况，2000年以后的国家公务员录用考试便把公文写作改成申论考试。这种考试和传统的公务员写作是不一样的，传统的可能强调格式的要求，并不是立足于能力的测验，而现在的《申论》考试的试题，实际上是对公务员日常工作的一种模拟，是模拟了公务员日常工作。而它测试的核心就是发现和解决问题的能力，尤其是处理实际事务的能力，明显优于传统写作形式。

申论材料通常涉及某一个或某几个特定的社会问题或社会现象，要求报考者能够准确理解材料所反映的主要内容，全面分析问题所涉及的各个方面，并能在把握材料主旨和精神的基础上，形成并提出自己的观点、思路或解决方案，准确流畅地用文字形式表达出来。

一、什么是申论

申论，词义源自孔子的"申而论之"，取申述、申辩、论述、论证之意。它的基本要求是对给定的文字材料进行归纳整理，提炼概括。对材料、事件或问题有所说明、有所申述，在此基础上发表中肯见解、提出方略、进行论证。即要求准确把握住一定的客观事实或材料，作出必要的说明、申述。它属于"论说体"的一种。

在中国古代科举考试中，有一种八股文考试形式，要求就给定题目论证某项政策或对策，撰写论文，称之为"策论"。申论与策论和传统的作文有些类似，但又有很大的不同，在一定程度上说，它比作文的难度要大一些，它要求考生摒弃那些套话、闲话，分析、解决问题要更加透彻、全面、清晰，因此也更能让考生发挥自己的潜能。因此申论考试的内容、方法及其产生的测评功能，涵盖了作文和策论两种考试的基本方面。

策论作为一种选拔考试的方法始于西汉初年的汉文帝时期。当时称之为"策试"。刘勰在《文心雕龙》中将其专列为一种文种。策试分为两种："对策"和"射策"。对策是公开提问，当场应对；射策是密封若干问题，抽签作答。这两种方法都是要求被选拔者根据一定的问题在竹简上逐条应对，故又称"策问"或"对策"。

写作"对策"要求能够深刻反映政务需要，所论的事理要紧密联系时事，并反映出对政务管理的深刻理解；对策中要具有远见卓识，考虑时代的发展，能够提出匡时补弊的独到见解，同时针对现实提出的措施应切实可行，而不是脱离时代的高谈阔论；文辞要有表现力和气势，语言要准确、肯定，切忌模棱两可。由上可见，"对策"是根据国家实际需要所创造的选拔录用人才的测评方法。这种方法曾使许多历史上杰出的人才脱颖而出，如贾谊、晁错、董仲舒、公孙弘等著名的政治家均是采用这种方法选拔出来的。在今天这种方法对我们国家公务员的录用考试和公开选拔党政领导干部的考试仍然具有重要的借鉴意义。

申论考试吸收了"对策"考试按用人需要选拔和不拘泥于固定文体的合理内核的基础上发展起来的，它可以使应试者具有更加广阔的空间来充分发挥自身的学识，这种考试没有体式上的严格限定，考什么，怎么考，用什么文体写作，写什么的问题等诸方面都不再实行"一刀切"，而是模拟公务员日常工作内容和工作方法，充分考虑用人的实际需要，更容易测试出报考者的综合行政能力。

二、申论的特点

录用人才是一种社会现象，按什么标准进行考核录用，这是从古至今人们一直在探索却尚未解决问题。目前在国家公务员考试中，申论考试的内容、考试方法和测评功能都体现了人才考核的基本设计基础和设计思路。这种方法可以有效地测试考生的基本知识、专业知识、管理知识、相关知识以及综合分析能力、文字表述能力等素质及能力要素。

申论考试，是具有模拟公务员日常工作性质的能力测试。但它却在规定时间、规定地点内进行考试，在形式上无论如何是不可能与日常工作情景等同。因为在考场上，不可能从召开调查会开始着手调查研究，也不可能把大量原始信息全部摆在考生面前令其筛选。所以申论考试所面对的背景材料，是经过初步加工的"半成品"，这些"半成品"的材料往往头绪不清楚，前后的顺序也未必有条理，究竟反映了哪些问题也并不分明，有时甚至可能是次序紊乱的、主旨分散的材料——还有待考生阅读材料后进行筛选、加工、概括、提炼、论证等工作。借助这些工作主要侧重考查应试者对给定资料的阅读理解能力、分析归纳能力、提出和解决问题能力以及文字表达能力。

申论考试的以上目标决定了申论试题具有以下特点：

1. **材料的广泛性。** 申论考试所提供的背景材料范围广，内容多为人们所熟知，社会性、现实性较强，对政治、经济、法律、文化等诸多问题均可以涉及。申论考试的试题，一般也都是现实性问题。

（1）题材广泛：具有较强的社会性背景；国内外的地域范围比较宽广。

（2）内容广泛：具有现实性的政治、经济、文化、法律等问题均有所涉及。

（3）问题广泛：社会热点、传媒焦点、解决难点、争议疑点，定论的及未定论的。

因为公务员负责管理国家和社会各个方面的事务，因此，对社会生活的方方面面都应当关心，应当有所认识、有所思考，对社会热点或大众传媒关注的焦点也应有所了解，否则很难有较高的思想水平和较强的分析问题、解决问题的能力。例如目前人们普遍关注的房价高、看病难、股票热等多种问题都可以作为申论考试试题的选题。一般说来，选择"中观"的而不选择用"宏观"和"微观"的材料。

2. **内容的非专业性。** 申论考试是一种素质测试。要求考生具有比较丰富的常识，但不会对某种专业知识特别倾斜。这些常识来源于应试者日常的积累，不是说突击性地死记硬背某一专业知识可以圆满完成试卷的。除按类别进行申论考试的情况之外，申论考试试题一般不会向某种专业性知识特别倾斜。因为考生来自各个方面，所学专业或所从事的工作的内容和特点的很不相同，所以申论考试中让考生处理加工的材料必须具有普遍性、非专业性。如，2001年的试卷，看似医药卫生问题，其实问题的解答与医药卫生专业知识水平高低并无关系。

可见，申论考试的试题一般较为规范，试题的表述明确，涉及的内容和观点都不会有所偏颇或有太大争议。众说纷纭的难以定论的问题，尤其是争论激烈的前沿问题，一般是不会作为申论试题题目。应该尽量保证每个考生都能有论而发，这样对学不同专业或从事不同工作的考生才是公平的。

3. **题目的针对性。** 申论考试所给的材料，无论涉及面有多广，材料的文字有多长，内容有多么复杂，然而试题题目都显露出或隐含着较强的针对性、合理性。考生可以根据材料选择不同的角度去分析、论证问题，说明道理和措施，但是这种分析、论证和说明都不能离开材料而完全不着边际地驰骋个人的想象。这样，尽管看上去洋洋洒洒，长篇论道，却无法完成题目的要求。因此，考生应认真地阅读给定资料，在阅读过程中，要先理清资料的逻辑联系；仔细梳理出材料中预设的环境和条件，在充分把握资料本质内容的基础上，抓住重点，逐条分析，才能有针对性地、有的放矢地回答和论证问题，所提出的解决问题的方案才有可行性。

4. **解决问题的可行性。** 申论考试题目涉及的问题无论多么复杂，涉及面多广，人们的见解多么莫衷一是，都是可以解决也能够解决的。这种问题解决的可行性命题思路，是因为申论作为严格的公务员录用考试，试题一般不会出现偏差，试题表述标准明确，不论涉及哪方面的内容和观点基本上都无争议，让每个应试者均有话可说。因此，对于一些难以定论的问题，一般是不会考的。

针对性和可行性是申论考试中两个主要的基本要求。申论论述的重点在于理论与实际的结合，更重要的是理论如何与实际结合、并如何指导实际；既要有理论解决问题的依据，更要有实际解决问题的措施；不应理论空想，而是依据现实国家具体可行的路线、方针、政策、法律法规等。这些恰恰是"作文"、"策论"所不具备的方面。

5. 考试的国际标准性。选拔公务员的申论考试，一开始就借鉴了一些发达国家的先进经验，不仅注重对应试者能力和素质的考察，而且也注重对应试者将要从事行政机关工作和岗位职责所需要的能力素质的考察。在科目设置、考试形式上都是按国际标准设计的，在内容上体现出中国特色。

西方一些实行公务员制度时间较长的国家进行公务员考试，是分类分等、定时定期进行的，人员的选拔录用与职位紧密结合，采用不同的试卷，以满足不同岗位、不同职位对人员的不同需求。我国也将逐步在公共科目试卷中，体现出中央国家机关和垂直管理系统在用人上的不同要求，逐步做到分类、分等、定期考试。

6. 考试形式具有灵活多样性。相对于传统写作考试，申论考试形式就显得非常灵活。它由概括部分、方案部分、议论部分三部分组成。就文体而言，概括部分既可能属于记叙文、说明文、议论文中的某一种形式，也可能综合了多种文体形式，也可能是公文写作中的应用文写作。方案部分，则纯粹是应用文写作。议论部分就不必说了。因此，从这个意义上来说，申论既考查了普通文体的写作能力，也考查了公文写作能力，考试形式非常灵活、方便、实用，这样，就更能考查出考生的实际能力。

三、申论试题的结构

申论试题结构是比较规范的，总体上每年分三部分。

1. 第一部分是注意事项。

提出注意事项是给答卷提出重要的指导性建议。这些提示是应试者完成试卷必须知晓的，应试者拿到试卷首先要阅读这些提示，以便于答题过程中掌握时间、按要求依次回答问题。注意事项每年一般三句话。

（1）申论与传统写作不同。是对分析驾驭材料文字表达能力的测试。首先注意事项中提醒你申论考试和传统写作不同。

（2）给出参考时间。阅读材料的参考时间是40分钟。答题的时间110分钟。

（3）提醒考生要仔细阅读给定材料，严格按照申论要求答题。而且很多年，在"注意事项"里还是考生答题要答在指定位置上。所以主要包括三个方面的内容。"注意事项"在申论考试结构来说，这一方面每年变化不大，基本上都是这三方面的内容。

2. 第二部分是资料。

给定资料这一部分的字数越来越多，从最初的1 500字发展到3 000多字、4 500字，一直到 2006 年的 8 000 多字。

3．第三部分是申论要求。

提出申论要求是要求应试者在弄清给定资料的基础上完成若干题目。通常情况下，"申论要求"涉及三个主要方面。

1．概括给定材料反映的主要问题，字数要求 150 字。

2．就材料反映的问题提出相应的对策和方案，从政府调研员的身份，提出相应的对策和建议，字数要求 250 字。

3．选定一个角度对提出的对策进行论证，字数要求 1 200 字。

2000—2002 年申论要求主要是以上三段式，是传统的申论要求。2003—2004 年，"申论要求额"发生了一定的变化，2003 年没有要求概括这段文字反映的主要问题，而是直接让考生提出减少事故的对策，第二让考生选定一个情景进行论证。2004 年是没有提出对策这一个申论要求，第一个申论要求是"概括我国汽车工业发展的现状和发展趋势"，这是一个概括题，但是这一部分没有按照传统的三段论的方式，不是省略了对策，而是在出题形式上省略了对策，第二要求考生以某市负责人的身份，写一份交通拥堵报告。两段式的考试，省略了传统三段式的一部分。2005—2006 年考试，题型又发生了变化，2005 年申论要求又变成四部分：第一部分给了一个客观题，给了五个选项，也是解决扶贫问题的相应对策，采用了让考生对对策进行有效分析的出题方式，增加了考试的难度；第二部分要求考生概括解决农村农民问题的两种基本思路，然后从一些角度进行论证。2006 年也是一样，概括题目，要求考生概括讲话的主要内容，然后概括这个讲话与别的讲话不一致的观点，然后自选角度，对事件提出相应的对策和建议。

应该看到，"申论要求"部分每年都在逐步发生变化，出题形式更加灵活，也加大了考生的难度。

第二节 申论考试测试的主要能力

申论考试作为能力测试，针对给定材料主要测查应试者四种能力。2007 年《国家公务员录用考试公共科目考试大纲》中指出申论考试：主要通过报考者对给定材料的分析、概括、提炼、加工，测查报考者解决实际问题的能力，以及阅读理解能力、综合分析能力、提出和解决问题能力和文字表达能力。

一、阅读理解能力

阅读理解能力指分析事物及概括问题的敏捷性和准确程度，而不是简单地就事论事。

是对应试者最基本的考核，理解能力则是构成阅读能力的核心。应试者首先要读懂所给材料的意义，这是解决后面题目的基础。由于试卷中提供的材料在排列顺序和内容上往往是杂乱的，没有清晰的逻辑线条，所以要求应试者能够通过阅读理解，概括提炼出材料背后所反映的主旨；通常在回答试卷第三部分提出的第一个问题时这种能力将得到集中的体现。

这种能力测试主要基于公务员每天要接触和处理大量的文字材料，不仅应该掌握材料的主旨大意，甚至要了解能够反映主旨大意的具体事实与细节；既要理解具体事实，又要理解抽象概念；既理解材料的字面意思，也能理解材料的深层含义；既能理解句、段之义，又能把握全文脉络，理解句与句、段与段之间的外在联系与内在关系。理解过程就是思维过程，就是对整体材料的分析过程、也是对局部材料片断的综合过程；是从宏观到微观，再从微观到宏观的分析与综合的过程。

二、综合分析能力

在正确理解给定材料的基础之上，运用概念、判断、推理、分析、综合等逻辑思维的方法，进行分门别类地筛选、加工，理出逻辑思路提炼材料所反映的主题思想。这种能力是公务员完成日常管理工作必备的，通过试卷第一、第二部分设置的问题，可以比较成功地测试出应试者的这种能力。

公务员的基本素质之一就是"综合素质"，因此而决定公务员应具有全局观念和综合能力，具有全方位、多角度的思维方式，既善于把多种事物、多种因素联系起来综合地分析，又能将复杂事物、繁琐材料同中辨异、异中寻同，具有较强的分析归纳能力。

三、提出和解决问题能力

针对问题能够提出行之有效的措施、方法和方案，这是应试者能力测试的关键方面。公务员在管理活动中总会遇到各种各样的问题，而许多问题是没有现成的解决方法的，必须由管理人员针对随机出现的现实问题，及时快捷地解决问题。公务员的公务性质决定了公务员应该能够认识并掌握客观规律，对事物要具有一定的洞察力，要能透过纷繁的表面世界，看到世界的本质，善于从细微处入手，去发现挖掘重大问题，并能及时果断地作出正确判断的选择，在限定的时间内提出对策并出具行之有效的解决问题的方案和措施。因此，在申论考试中测试应试者提出问题和解决问题的能力就成为其核心的目标，通常在回答试卷第二部分提出对策和第三部分进行论证的过程中这种能力将得到集中全面的体现。

四、文字表达能力

文字表达能力是阅读理解能力、分析概括能力和提出问题、解决问题能力的综合表现，是借助语言文字将自己的思想、意见表达出来的能力。没有良好的文字表达能力，即使前面三种能力再强，也无法让阅卷者了解和知晓。所以，良好的文字表达能力能使应试者把自己的思维过程再现出来，做到逻辑清晰、层次分明、结构严谨、语言准确，深入浅出地说明问题，切实中肯地提出解决问题。这种能力始终贯穿在整个申论考试的答卷中。

第三节 申论应试的环节

申论的应试主要应从申论考核的能力点入手，针对申论考核的是考生的解决实际问题的能力，以及阅读理解能力、综合分析能力、提出问题能力和文字表达能力。申论考试的全部过程，可依次归纳为"阅读材料、概括内容、提出对策、进行论证"4个主要环节。一般情况下必须按照以上顺序进行答题，4个环节循序渐进，程序步骤是一个不可逆的过程。也就是说，后一个问题的解决必须在完成前一个问题的基础之上进行，如果前一个问题不解决，后一个问题就不可能完成。

一、阅读材料

第一个环节是阅读理解给定材料，这是申论考试的基础性环节。这个环节虽然不用文字在答卷上直接反映，却是完成其他三个环节的前提条件，而且在顺序上居于首位。应试者必须读通全部资料，才能把握事件全貌和内容实质，才能区分复杂事件中各方面的主次轻重地位，准确概括主要问题。

从给定材料这部分来说，实际上给定材料的内容越来越多，篇幅越大，对考生的阅读理解能力要求越来越高。从2000年第一次进行申论考试，我们给定的材料只有1500字左右；2006年的考试，给定的材料已经增加到8 000多字。这就更需要在此环节上舍得花时间，弄懂材料中反映的主要内容和主要问题，用最短的时间抓住最有效的信息。因此，阅读给定材料一定要给予充分的时间，如果考试时间为150分钟，在合理分配时间的前提下，阅读的时间一般不要少于40分钟。只有静下心来细读给定资料，真正掌握资料内容，才能保证接下来的各个环节的质量。

需要说明的是，申论考试所提供的材料不是什么文章作品，只是稍加整理的"半成品"。因此，应试者在阅读理解的过程中，需要不断完成由事实上升到观点，由具体问题上升到本质属性，把一堆材料进行分门别类，将分散的事物综合为具有一定内在联系的事物，从给定材料内的事物联系到以外的其他事物等多种活动。这种思考、分析、概括等各种逻辑思维活动，都不是一次性的简单行为，而是要经过多次反反复复的过程才能够准确概括提炼出主旨，为下一步提出解决问题的对策措施奠定良好的基础。

二、概括内容（问题）

第二个环节是概括内容，这是承上启下的重要环节。它要求概括一定数量文字的主要内容，一方面，它是阅读环节的小结；另一方面，又影响提出的对策是否更具有针对性，影响论证是否有扎实的立论基础。语言要准确、精练，紧扣题意，需要注意把握字数，因为字数有限制，因此应惜墨如金，简明扼要地表现出题目的要求。

考核这项能力的方法主要有两种：

1．概括内容。这里也包括概括观点、概括现象等，指的是概括出材料所反映的问题涵盖几个方面、几个层次。或者是材料反映的内容包括几方面意见、争议。

概括内容的关键，在于准确把握给定材料。有的材料较为复杂，问题纷呈，彼此交错；有的材料问题比较集中。前者，要分析出主要症结所在；后者，要具体问题具体分析。但不管哪一类材料，都要进行归纳、整理及分析、比较，阐明给定材料反映的主题或者主要观点、主要内容等，否则，解决问题就难以把握适当的分寸、尺度。

如2007年国家公务员考试申论第一道题，这个题目延续了历来申论考试的传统，第一题就是概括主要内容。但是2007年的这个题有一定难度，表现在两个方面：一是没有明确说概括什么；二是要求供负责同志参阅。实际上，这只是形式上的变化而已，这道题其实和06年的第一题一样，就是让你写一个情况综述，概括材料1、2的主要内容，并且要在开头明确点名"供领导参阅"的字眼。

2．概括主要问题。这是比概括内容更深入的层次，需要在分析内容的基础上，挖掘内容反映的主旨。

概括主要问题的目的在于准确把握住给定资料，以便进一步着手解决问题。通常采用对材料分门别类进行分析概括的方法。对情况复杂、问题纷呈、彼此交错的情况，应具体问题具体分析，尽力分析出主要症结所在，以便更好地解决问题。

例文 10-1

2006年国家公务员申论考试【华图例卷第1题】作答A

D部长的讲话内容涉及的问题较多。就关系到经济社会稳定、安全、健康发展的突发公共事件问题，D部长有深刻而独到的见解，概括来说，主要有以下几个方面：

1．突发公共事件，原因及应对的必要性。突发公共事件并不是一般事件，如果应对及时，一般性事故就不会变成突发事件，其诱因有社会领域存在的各种矛盾，如失业、社会保障和福利问题没有很好解决；社会各阶级利益冲突及政府各部门没有明确的协调机制等等。此类事件导致巨大的人员伤亡和财产损失，积极应对十分必要。

2．如何应对突发公共事件。首先政府要有应对突发事件预案，能及时调动社会各部门应对；二是要有足够的物质储备来应对突发事件；三是提高社会各界的危机意识，加大科技预防力度。

3. 政府是应对突发公共事件的主导。政府注重协调社会各方的利益关系，减少诱因，积极行使政府公共服务职能，同时经济手段并不能直接用于突发公共事件中，并不是所有的政府公共服务职能都可以市场化。

我国现处于社会突发公共事件的高峰期，虽然我国快速反应机制先进，但相关体制问题仍需要改进。

这份试卷比较完整地概括了 D 部长的讲话内容，而且层次清晰，格式规范，内容全面，语言简洁，是一篇在内容概括方面较优秀的答卷。

三、提出对策

第三个环节是提出对策，这是申论的关键环节，它是针对前面概括出的问题而言的。前面概括出几个方面或几个层次的问题，本部分就提出几个方面或几个层次的对策方案。

这部分重点考查应试者思维的开阔程度以及探索创新意识、应变能力和解决问题的能力。它给应试者提供了充分发挥主观能动性的空间，应试者可根据各自的知识阅历，对同一问题各抒己见、见仁见智。需要注意的是，对策部分必须结合给定材料所涉及的范围和条件，才可能提出有针对性的切实可行的方案。

应该注意的是，对策要具有针对性，应针对背景材料所反映的主要问题，不能超出材料给定的范围和条件；对策要具有科学性，方案必须合理和切实可行，要符合我国国情、民情、政策、法律等，还要符合道德规范；对策要具有可行性，措施要切合实际，抓住要害，切忌面面俱到或不提出主要措施而提次要措施，而且要有针对性和易于操作。

例文 10-2

2002 年国家公务员申论考试第二题所提出的方案。

关于加强我国网络建设的问题，提出如下三个方案：

1. 建设网上的马克思主义阵地。鉴于网上是欧美的"信息霸权"，国内政治与国际政治的界线趋于模糊，国家政治安全特别是意识形态的安全在很大程度上受到西方国家敌对势力通过网络对我意识形态渗透。因此，建设马克思主义的网络阵地就很有必要了。

2. 发挥网络的舆论宣传与引导作用。政府可以利用网络对外宣传自己的意识形态，对内起社会舆论的监督和引导作用，以加大对人民群众的思想政治道德教育，提高其识辨能力，抵制西方网络对我国的消极影响。

3. 加强网络法规建设。我国是后起的网络用户大国，近几年已初步建立了我国的网络法规，但还很不完善。应加大网络立法的力度。一是应加快立法速度，以对政府、企业和个人信息数据实行保护；二是应强调采用法制手段制裁处罚网络犯罪；三是应大力培养网络执法人员，及时发现与打击网络犯罪；四是应通过技术手段提高人民群众利用信息的能力，包括技术加密防范措施，信息获取方式技术和抵御信息防御能力等。

这份试卷的答案从"政府"身份的角度，第一句话十分精当，"关于加强我国网络建设的问题"，为后面的对策圈定了范围。三个方案既有意识形态的阵地建设，又能直面网络现状，措施积极不回避，针对性强，切实可行，对策建议有条理，语言简练，字数符合要求。

四、进行论证

申论考试的最后一个环节是进行论证，它检测应试者"理论思维"能力。这部分内容要求应试者充分利用给定材料，紧扣主要问题，全面阐明、论证自己的见解和观点，写出一篇完整的文章。

从申论写作的全过程来看，论证是前三个环节的理论升华，前面三个环节则是论证的铺垫。论证环节，需要浓墨重彩、淋漓尽致，一是因为它所占字数最多、分值相对较高（占总分的60%以上），是申论的核心部分；二是这一环节能更全面、充分地展示考生的知识基础、理论水准、思维水平及文字表达等方面的能力。

需要注意的是，一些应试者在对提出的对策进行论证时，平均分配笔墨，不是对最为熟悉的某项对策进行重点论证，而是把其他的几项对策也放到同等重要的位置，"半斤八两"，均衡对待。这样的处理，在千字左右的论述中是非常不当的，无法突出重点。因此，论证部分最好集中笔墨分析论证某一个方面。因为考试既有时间的限制，写作也有字数的限制，在有限的时间和有限的篇幅内，论证角度选择上要尽量取得小，从小处着眼，只谈一个方面，就可以思考得比较深入，在解决问题的对策和处理意见方面可以谈得比较具体一点，而涉及面大而范围广，蜻蜓点水，面面俱到，是无法使论证精辟入理，内容空泛，导致对策不易操作。

另外，进行论述时要注意试题的要求，字数要达标（±10%）；要抓住要害的对策，做到重点突出；行文要流畅，详略得当，先列提纲后写作。

第四节 申论应试的注意事项

一、题目出好文成半

有人说："题目出好文成半"。许多申论试题都提出了这样的要求：自拟题目，就……展开论述，写一篇文章。这就需要考生尽心尽力地拟一个很好的题目。题目是一篇文章的

"窗口"，起着画龙点睛的作用。一个好的题目会给整篇文章增色不少；反之，如果题目拟不好，就会落入俗套，别扭异常，使阅卷人陡生反感，分数自然会受到很大的影响，无形中削弱了竞争力。因此，考生要想得高分，就要想方设法拟出个好题目，即使没有好的构思，也要尽力避免俗套的题目。另外，即使申论试题没有要求自己拟制题目或试题没有预设题目，考生要尽可能地拟一个题目上去，这不会有画蛇添足的嫌疑。

如"用红头文件管住那些'馋嘴'的官"。题目一针见血地指出了"吃喝风"的防范机制，初看十分醒目，细想又十分深刻，读完全文令人回味无穷。这个题目的确是一个好题目。

二、考生身份的"虚拟性"

答题时的角色定位。考生的具体身份是什么？很多考生对这个问题不注意，拿到题以后就答。如果考生的角色定位错了，那么，答题肯定是偏离方向。也就是说，考生在答题时，他的身份不是一个学生，而是以政府公务员的身份甚至是政府公务员中领导的身份去答题。因此，在申论考试中，考生要注意身份的"虚拟性"，符合背景材料中为应试者设定的虚拟身份。如2006年中央和国家公务员的申论考题，要求考生假定为"新录用的国家公务员，概述丁部长谈话的主要内容，以供领导审阅"。

三、结构层次要分明

申论写作的篇幅不算小，要求考生在150分钟时间内阅读完近万字的给定资料并且严格按照题目的要求写成一篇文章，难度的确不小。所以申论写作的结构与层次的好坏，主要取决于以下几个因素。

1. 吃透题目。题目的要求是难度指数的物化。考生答题的前提是要搞清楚题目的要求，没有搞清楚这个问题，坚决不要动笔。

2. 充分利用给定资料的组织结构。申论给定资料的组织结构往往是为考题铺设的，带有很强的针对性和目的性。考生在阅读长篇的申论给定资料的时候，要准确地把握好给定资料的脉络和组织方式，这样就可以为接下来的作答提供科学的参照依据，从而使得申论写作更有针对性和条理性，也可以大大提高考生的准确性和得分率。

3. 抓住最主要问题。考生的分析和解读的思路科学与否对申论写作的成败具有关键作用，考生对申论试题的分析必须从最主要的问题着手，切实提高分析和解读的有效性和科学性。思路首先解决的是常规性的问题，对于常规性的问题，最好参照历年真题的解题思路作答。然而每年考题都有新意，都有其自身的特点和创新的难点，对于这部分的发挥是决定分数高下的重要环节。考生分析和解读的思路必须清晰，对于最新的问题不要一味求全，只要能够抓住问题的某个方面或者环节，有针对性地分析几个要点就行，这样能得到一个很不错的分数。

4. 草拟提纲。要在草稿纸上拟定申论的提纲。写作提纲不能简单地包括每一段应该写什么主要内容，包括什么主要因素，还应该把每一段之间的相互关系以及每一段在申论全文中所占的地位和分量要了然于心。进而，在写作中有计划按照既定的草稿上的大纲来组织材料，才能使申论的结构层次分明。

四、合理分配时间

申论应试一般阅读材料的时间不少于 40 分钟，答题的时间是 110 分钟。在考试过程中，要认真阅读资料，抓住中心，不要盲目下笔，急于写作。有的应试者对申论考试答题的 5 个环节的时间没能掌握好，担心文字作答时间不够用，特别是舍不得在第一个环节即"阅读资料"上下工夫，在阅读材料的时候囫囵吞枣，马马虎虎，赶紧去答其他的题。这实际上就在时间分配上是一个错误的。

其实 40 分钟阅读材料的时间实际上并不多，因为应试者需要通过阅读材料找出材料里反映的主要问题、中心议题，然后各方面材料里面都说明什么问题。要把这些材料都搞清楚，40 分钟不多，俗话说："磨刀不误砍柴工"。因此，在阅读材料上的时间不要吝啬，基本上按照参考的 40 分钟阅读材料。

1. 浏览材料。先用两到三分钟时间浏览一下材料。浏览材料的目的是看看这个材料的主要议题是什么，这个材料有多少结构，由多少部分组成。从总体上把握一下这个材料大致说明什么问题。

2. 看申论的要求。这样才能在阅读材料的时候有的放矢，把申论要求掌握了，通过"申论要求"也能发现这部分考试的主要议题是什么，这种申论要求和往年的申论要求有什么区别，要求做哪几方面的工作。这是加强阅读材料的目的和针对性，然后去阅读材料。

五、注意表达方式和语体的运用

申论的表达方式应以说明、叙述、议论等为主；以充分表达自己概括、分析的能力和提出问题解决问题的能力，文风力求质朴。抒情、描写的表达方式在申论写作中应少用或不用，不能抛却"材料"和题目要求将论证性的议论文写成抒情散文或者记叙文。

因此，申论写作的遣词造句要按照事务语体的要求，应当准确、简明、规范，戒除一切套话、空话。文章应当条理清晰，理据相谐，时间、地点、人员、范围、性质、程度等数据项目必须表达明确，范围应限定；用语肯定，避免歧义，剔除一切冗余信息；使用的词语符合身份，语出有据，做到庄重得体；语句、段落和篇章结构都要体现合理的逻辑关系。

六、字数要符合要求

这是对应试者归纳概括能力和文字表述能力的要求。一般情况下，申论题目要求中规定：概括问题不超过150字，解决方案不超过350字，论证分析1200字左右。前两部分字数以不少于规定字数的10%为宜。字数再减少则不容易讲清问题。议论部分的字数应在规定字数的上下10%之间。字数少于10%要扣分，超过10%，增加写作量，必然占用有限的时间，肯定会影响写作的质量。

此外，卷面书写要工整，无错别字。这两种情况在阅卷中都是要酌情扣分的。书写质量直接影响到应试者思想意图的表达，即使在答卷中有精炼的概括、中肯的对策、精彩的论述，潦草的字迹也无法让人了解文中的内容，让阅卷人进行艰苦的"考订"工作，会造成阅卷人视觉和心理上的疲劳，从而产生"质量较差"的先入为主的印象。而错别字更容易使应试者思想表达变异，甚至与原意相反。因此，字迹工整、规范用字是申论写作的一个重要条件。

例文 10-3

2007年中央机关及其直属机构考试录用公务员公共科目《申论》试题（卷）

满分：100分　　时限：150分钟

题号	1	2	3（1）	3（2）	4（1）	4（2）	5	总分	核分人
得分									

一、注意事项

1. 本试卷由给定资料与作答要求两部分组成，考试时限为150分钟。其中，阅读给定资料参考时限为40分钟，作答参考时限为110分钟。满分100分。

2. 第一题、第二题、第五题，所有考生都必须作答。第三题仅限考行政执法类、市（地）以下综合管理类职位的考生作答。第四题仅限考省级（含副省级）以上综合管理类职位的考生作答。

3. 请在答题卡上指定位置填写自己的姓名、报考部门，填写准考证号。考生应在答题卡指定的位置作答，未在指定位置作答的，不得分。

4. 监考人员宣布考试结束时，考生应该立即停止作答，将试卷、答题卡和草稿纸都留在桌上，待监考人员允许离开后，方可离开。

严禁折叠答题卡！

二、资料

1. 河北省会石家庄市西北的北焦村，是市二环路内45个城中村之一，1200多户、3000多人，一些外地人在村里租房做生意，多数村民靠收房租生活。

1968年2月，河北省会从保定迁至石家庄，市区迅猛扩张，近郊土地被征用的速度急剧加快，修铁路、盖生活区、建机关、厂矿、医院、学校，都要征地。71岁的原村支书陈某说：当时土地征用，政府不给钱，但一亩地拨2~3个名额给村民，身份由农民转为工人，改革开放以后，国家征地越来越多。省政府的外贸、内贸、轻工业和化工等七个厅局级机关先后来到北焦村扎寨。村中布满机关宿舍。北焦村因此号称七局宿舍。

1975年，陈某还是生产大队长。他记得70年代开始国家征地有了补贴。这些补贴主要归生产大队，用于发展集体企业，村民进企业做工，北焦村靠土地补贴盖起了旅馆、商店，办起了塑料厂、鞋厂等20多家企业。

当时国家规定土地按征用前三年平均产值来补偿，补偿费分为土地补贴，劳动力补贴和青苗补贴三种，1971年，1亩地补贴240元；1976年，每年1亩补贴1000元。陈某说，补贴增加是因为村民改种粮食为种蔬菜，土地产值增加了。

1986年陈卸任时，北焦村还剩下三四百亩地。之后，北焦村剩余农地陆续被征用，目前只有30多亩自留地，供村民种点蔬菜，但多半荒草丛生。

《财经时报》2004年报道，中国过去10年间转让土地达一亿亩。《中国改革》杂志2004年引用一项调查表明，被征土地的收益分配大致是：地方政府占20%~30%，企业40%~50%，村级组织25%~30%，农民仅占5%~10%。地方政府采取强制性土地征用政策，低价征地，高价出售，从中获取巨额土地资本增值收益；同时，城市化进程又是地方政府的政绩，被媒体大力地宣传。在商业利益和政治双重利益的驱动下，城郊农民大量失地，而不法之徒也由此以权利寻租的方式。

从北焦村乘车行驶不到半小时，可到达西营村。西营村处在石家庄市城市地下水源一级保护区内。工厂不让进，企业也不让进。但2002年8月经省里特批河北政法职业学院准备在石家庄市北郊征用土地新建校区。

西营村村委会主任杨某说，当时为了争夺学校进村，其他村都相互压价，贱卖土地。最后，学院倾向于在西营村征地920亩。2003年西营村党支部和村委会决定对学院征地一事进行民意测验，89%的村民同意征地，11%的村民不同意征地。村党支部和村委会据此成立谈判小组，与学院正式谈判。双方达成的结果是，学院为每亩地支付征地补偿费7万元，还有其他补偿。

但在2004年4月一份集体上访的材料上，至少有360多名村民签字画押反对上述征地方案。西营村现有村民2000人左右，反对者占18%以上。按《村委会组织法》的规定，涉及村民利益的重大事项，村委会必须提请村民会议讨论决定，方可办理；有十分之一以上的村民提议，也应当召集村民会议。

该建设被确定为河北省2004年重点建设项目。3月，省国土资源厅和石家庄市政府同意该项目进行工程用地的前期准备工作。但为平整土地，学院和村委会跟村民多次发生冲突。结果是，学院派施工人员用履带拖拉机将土地推平，村委会派人把耕地下面用来灌溉的地下水道挖断，致使大部分耕地闲置至今。学院原定2004年9月新生入住新校区，而到了11月，还未破土动工。

眼瞅着十几亩的果树一颗一颗干死，村民高某很心疼。100多亩蔬菜大棚，菜秧都长出一寸了，他们说拆就拆。村民傅某说，一家5口共有5亩地，其中2.7亩被征用。他说，2.7亩地若种小麦和玉米，年收入有两千来元，种蔬菜年收入也有两三千元。5亩地一年收入一万来元，勉强够全家一年的开销。他说家里的粮食，两个小孩上学，日常花费，都是从地里出。村里的一个企业也没着落。

据村委会主任杨某介绍，到10月，学院仅付款2350万元，只占总额的三分之一多。其中，2000万元平均分给2000多个村民，每人1万元，剩下300万元先由村委会保管。杨说，等省国土厅发布公告，征地款才能全部到账，到账后也将全部分给村民。现在村里欠每个村民2万元。

1998年修订的《土地管理法》规定，征用耕地的补偿费用包括土地的补偿费、安置补助费以及地上附着物和青苗的补偿费。土地补偿费，为该耕地被征用前3年平均年产值的6至10倍。安置补助费，按照需要安置的农业人口数计算，每人的补助标准为该耕地被征用前3年平均年产值的4至6倍。按照这个标准的最高倍数乘以2000元的亩产值，西营村村民每亩地最多获得土地补偿费2万元，安置补偿费1.2万元，总计3.2万元。

《土地管理法》还规定，依照上述规定支付土地补偿费和安置补助费，尚不能使需要安置的农民保持原有生活水平的，经省、自治区、直辖市人民政府批准，可以增加安置补助费。但是，土地补偿费和安置补助费的总和不得超过土地被征用前三年平均产值的30倍，则西营村村民每亩地最多可获得6万元补偿费。

如此计算，政法职业技术学院向西营村支付征地补偿费每亩7万元，似乎村民已经占了便宜。2003年4月，石家庄市政府公布了市区土地基准地价，将商业用地分为八级，1级每平方米为4723元，折合每亩94万多元；8级每平方米为497元，折合每亩9.9万多元。这意味着，西营村被征用土地所获得的补偿，比用于商业开发，每亩最低少2.9万元，最高少87万元。西营村部分村民一直想按照商业用地的市场价出让土地。但政法职业学院建新校区不属于商业用途，村民的愿望在现行法律和法规中找不到依据。事实上，村民没有权利为自己的土地定价。

西营村的情形在中国农村非常普遍。据社科院农村发展研究所提供的数据，从1990年到2002年，全国占用耕地4736万亩用于非农建设，今后每年非农建设用地仍需要250万—300万亩。这些非农建设用地主要集中在城郊农村，那里一般人均耕地不足0.7亩。每占用一亩耕地就会造成1.4人失去土地，依此推算，13年来至少有6630万农民失去了土地。

专家认为，由于征地补偿标准低，失地农民所获得的补偿不足以创业，政府又没有为他们建立合理的安置和社会保障制度。这些失地农民大都成了无地可种、无正式工作岗位、无社会保障的流民。而中国历史上的社会动荡，流民都成为隐患。

2. 北焦村的土地所剩无几，村办企业在20世纪90年代中期也相继破产。从2000年起，北焦村就陆续有村民上访，开始六七人，到现在已有几百人集体上访，累计上访1000多人次。石家庄长安区南高营镇西古城村，有关部门为搞土地开发，造成380亩耕地、菜地无法耕种，至今垃圾成堆，杂草丛生，已闲置了四年。村民上访无效后，自发组织起来，在耕种地旁搭了间瓦房，日夜轮流看守，反对圈占。

《土地管理法》规定，国家为了公共利益的需要，可以依法对集体土地实行征用。但大量营利性商业项目，都以公共利益的名义强制征用土地，从而引发农民的群体性上访和干群冲突。调查显示，农村土地纠纷已经取代税费争议而成为目前农民维权的焦点，严重影响农村的社会稳定和发展。一家长期研究农村问题的学术机构收集到 2004 年来发生的 130 起农村群体性突发事件，其中 87 起因土地问题引发，造成数百农民受伤，3 人死亡。专家认为，土地是农民生存保障，土地涉及巨额的经济利益，这就决定了土地争议具有对抗性和持久性的特征。

某研究农村经济问题的专家提出，农村城市化进程可以有两种选择，一种是将原有的集体经济组织全部解散，农民以独立的家庭组织个体进入城市经商、打工，但前提是必须实现公平分配，另一种保留原有的农村社区组织，并对产权制度和组织形式进行彻底改造，以适应城市化的进程。

2004 年 10 月底，国务院下发了《关于深化改革严格土地管理的决定》，强调农用地转用和土地征收的审批权在国务院和省、自治区、直辖市政府，各省、自治区、直辖市政府不得违反法律和行政法规的规定下放土地审批权。该《决定》对农民最关注的征地补偿作了新承诺；土地补偿费和安置补助费的总和达到法定上限，尚不足以使被征地农民保持原有生活水平的，当地政府可以用国有土地有偿使用收入予以补贴。县级以上政府应当使被征地农民的长远生计有保障。这意味着各级政府要将土地出让金部分转移给被征地的农民。

部分媒体称这个决定是"土地新政"，并给予较高评价。但部分上访农民则有更高的期待。福建厦门市海沧区霞阳村的许说，村里的 3 000 多亩地都被征光了，他希望中央政府真正给农民土地所有权和使用权。政府要保障农民的经济权利，为农村经济发展服务，不要与农民争利，更不能把农民的土地抢走给开发商，他期望征地制度改革能让农民拿自己的土地直接进入市场交易，有的专家，倾向于根据土地使用性质，把土地转让市场区分为两大类进行交易，以保障农民得到应有的补偿。这位专家还指出，目前存在两级市场，政府对一级市场具有垄断权，土地交易先由国家或集体收回，再进入二级市场交易转让，这导致转让利益分配严重不均。

3. 以占江苏不足 4.0%的面积，承载了江苏 6.2%的人口，产出了占江苏 14.8%的经济总量，以保护土地资源来保障发展，以保障经济发展促进资源保护，成为写在无锡大地上的辩证法，据统计，江苏全省 GDP 每增一个百分点，用地量为 2.4 万亩。2003 年，无锡 GDP 实现 1 901.22 亿元，增幅达 15.4%，而用地增加仅 15.6 万亩，土地资源消耗量仅相当于全省平均水平的一半。

在无锡 4 787.6 平方公里的总面积中，山丘与水域占 47.7%，人均耕地仅 0.55 亩，为江苏地级市中最少的城市。但随着经济社会的迅猛发展，无锡对土地的需求量很大。无锡市政府用严格的制度保护耕地，耕地占一补一的工作列入各级政府年度考核目标，每年以

"市长令"形式下发土地复垦方法,全面开展土地开发整理,明确"谁开垦谁受益"。连续多年来,无锡每年都召开土地复垦流动现场会,极大激发了基层热情。宜兴原茗岭镇增加耕地3400多亩,这里实施的国家级"丘陵山区万亩土地综合开发整理项目",被联合国列为在我国的11个示范区之一。2001年至今,无锡关闭了沿太湖地区200多家矿山企业,通过土地开发整理,共新增耕地4.3万亩,相当于10余个中心商务区。目前,正在建造28层高的农民公寓。据测算,原来农民散居时户均占地超过0.5亩,住进户公寓后户均占地不足0.15亩。

4. 首钢矿业公司在各级政府部门的指导下,加大投入,加强管理,技术创新,先后完成了大石河铁矿尾矿库,新水选矿厂尾矿库,裴庄土场,羊崖山土场等一大批复垦项目,使矿山的生态环境得到了初步的改善。经多年覆土植被,大石河铁矿尾矿库,如今处处郁郁葱葱,长满了紫穗槐,三四年前还是一座沙山的新水尾矿库,如今1200余亩沙棘长势旺盛,已结出沙棘果;裴庄土场覆土种植的刺槐已经成长为一片参天大树,好像一座森林公园。

首钢矿业公司在生产过程中破坏土地,主要是采矿中形成排土场和在选矿中形成尾矿库,针对不同的条件,公司组织工程技术人员进行攻关,采取不同方式开展土地复垦工作。

排土场是采矿过程中排出的岩石,堆存场所,是人工堆积起来的废石山,岩石裸露,陡坡较陡。公司对排土场采取了平整、覆土、绿化的办法。一是在采矿过程中,将采矿剥离后表土单独存放,以备复垦利用。二是待排土场停用后,用推土机平整,为减少工作量,做到小平大不平,平台四周做出0.5米的土挡,防止水土流失。三是将存放的表土覆在上部,厚度0.5米,栽种以刺槐,紫穗槐为主的水土保持林。首钢采用此方法先后使2 950亩排土场披上了绿装。

首钢公司目前有尾矿库3座,尹庄尾矿库是1996年投入使用的新库,不具备复垦条件,另外2座尾矿均已进行了复垦。为防止水土流失,首钢公司每年投入大量资金沿坝面堆成10~15米平台,砌有排水沟,保证了汛期雨水沿排水沟排走,从而防止了水土流失。在平台和平台后斜坡上覆盖20厘米厚的土,种植以紫穗槐为主的坝面水土保持林。经过几年的实践,已完成尾矿坝绿化600余亩,给库区周围的群众建起一条绿色防护带,有效地控制了二次扬尘污染,也为我国固体废物治理探索出一条新的路子。

5. 从2004年起,河南省开展了整治了"空心村"、砖瓦窑场和工矿废弃地的工作,计划用5年整治出土地150万亩,用于县城经济发展用地或重新恢复为耕地。截至目前,整治出土地46万亩,净增耕地总量26万亩。全省已连续6年实现耕地占补平衡。不久前,郸城县王拱集村的李老汉得到了一份"大礼",他家从村里多分了两亩地。"空心村"整治后,该县许多农民都像李老汉一样享受着这份喜悦。目前,郸城县已完成了19个"空心村"的整理,新增耕地7 801.7亩。河南省国土资源部门有关负责人介绍,该省人均耕地只有1.23亩,低于全国平均水平。而全省从"空心村"、砖瓦窑场和工矿废弃地整治中可挖掘出土地223.4亩,可复垦耕地183.3万亩。

6. 现实的土地供应中到底存在不存在"地荒"？某专家的回答是否定的。他认为，在城市特别是大型城市，仍要提供土地，支持中小户型、中低价位商品住房的建设用地需求，要严格控制大户型和低密度的住房建设，坚决停止别墅建设。

记者了解到，"长三角"地区的用地虽然非常紧张，但是仍然有很大的潜力。这种潜力主要来自于城乡之间的统筹，来自于土地的再利用和再调整。通过存量土地的调整和再调整，旧城旧村，老工业区和老企业改造，可以在已有土地中腾出新的用地空间，能在不占或少占耕地，控制新增建设用地总量的前提下，实现经济和社会持续健康发展。

据悉，近几年来，我国房地产业用地占了全国供地总量的30%左右。一边是建设用地的追加，一边是开发商叫喊"地荒"。问题在哪里？闲置问题实在是"地荒"的一个顽疾。2001年以来。江苏省苏州市区依法取消了184个项目，收回土地达6 760亩。仅2005年，苏州市盘活存量土地2 505宗，占建设用地面积的35.7%。

一位业内人士说，大量的土地闲置，主要是因为一些地方不按经济规律办事，盲目铺摊子、上项目、大面积占用土地。同时土地管理措施不力，为一些地方变相非法批地、盲目征用或出让土地带来了可乘之机。当然，城乡规划之中的粗放用地也"消耗了"大量建设用地指标。

按照国家关于城市规划建设用地的最高定额，一般城市人均用地面积最高标准是100平方米，首都和特区城市最多是120平方米。但有关部门统计，我国664个城市中，城镇居民人均用地已达到133平方米，而世界上发达国家人均城市用地是82.4平方米，发展中国家人均城市用地是83.3平方米。

有关部门负责人认为，必须严格控制建设用地的规模，今后土地利用必须保证60%以下是存量土地。据了解60%的提法是新的表述，以前的表述是要求地方充分利用现有建设用地，不占或少占农民用地，而没有量化标准。

7. 在许多国家或者说在全球范围内，如何有效地利用和保护土地资源对正在增长的千千万万人民来说，是生死攸关的问题。更大数目的下代人正处在更严重的危险境地，即目前的生产正在毁坏将来农业赖以生存的土地资源。为了满足日益增长的需求，全球的农业生产必须大幅度地增长，而对具体的每一地方来说，当务之急是保护农业生产的基础———土地资源。因为，全球所有类型的食物的98%是在陆地上生产的，海洋和陆地水域的产量不到2%。植物产品构成了人类膳食的92%，占全世界膳食供给量的8%的动物产品也间接地来自于生长在陆地上的植物。也就是说，要保持农业产品或农业生产的持续增长，必须保持土地利用的持续性，防止资源退化和不断提高土地质量或生产潜力。土地利用方式和农业生产措施在很大程度上控制着土地退化过程也决定着上地利用的持续性。

农业生产是一个开放系统，受到各种各样的自然环境条件的影响和限制。将集约农业方式转移到贫穷的农民所居住的边际，和近边际地区，经常导致土地退化和生态灾难。因此，不能无限制地开发利用土地，有些土地必须保护起来。

施肥、灌溉和其他投入，可以继续获得可观的成功，但生态环境成本将越来越高。如目前化肥投入区，一经发现了地下水硝酸盐富集现象，长期使用农药，使病虫产生了抗性，也污染了环境。如进一步加大化肥和农药的投入，不但经济效益下降，而且会造成土壤和地下水的污染。因此人们正在探讨既能继续增产，又不破坏水土资源环境的持续土地利用管理方法，防止土壤与水质退化就是维护土地资源的质量和生产能力。因此，有必要就持续土地利用管理制定评价标准，用来检验和检测土地开发、利用是否是持续的。

三、申论要求

1. 根据"给定材料1、2"的内容，整理一份供有关负责同志参阅的材料。（30分）

要求：概述全面，观点鲜明。条理清楚，语言流畅，不超过500字。

2. "给定材料7"提出了"持续土地利用管理"的问题。请结合"给定材料3~7"，谈谈对"持续土地利用管理"应从哪些方面评价。（15分）

要求：分条作答，简明扼要，不超过200字。

3. 本题仅限报考行政执法类、市（地）以下综合管理类职位的考生作答。

（1）给定资料中谈到排土场、尾矿库的绿化，"空心村"、砖瓦窑场和工矿废弃地的整治，请概括说明这些做法的目的和意义。不超过200字。（10分）

（2）根据"给定资料6"，试分别解释"存量土地"和"地荒"的含义。（15分）

4. 本题仅限报考省级（含副省级）以上综合管理类职位的考生作答。（共2小题，25分）（从略）

5. 请以"命脉"为题，写一篇关于土地问题的文章。（30分）

要求：（1）参考给定资料，自选角度，提出问题，解决问题。

（2）观点明确，联系实际，分析具体，条理清楚，语言流畅。

（3）全文不少于800字。

例文 10-4

2007年中央机关及其直属机构考试录用公务员公共科目《申论》试题点评及参考例文提纲

一、总体情况

材料所反映的特定事实是近年来我国土地资源的征用流转和可持续利用问题。与2006年国家公务员申论考试相比，2007年的申论考试材料难度降低，但题目难度提高。

1. 材料之间的逻辑构成及其基本内容

我们一直强调，战胜申论考试最大的技巧就是吃透材料，用材料说话。根据申论考试的特点，我们认为考生只有在阅读材料的基础上，通过勾画关键词和关键句（例如首尾句、关联词、常见词），概括段落大意，分门别类等步骤系统地把握材料的基本内容和材料与材料之间的逻辑关系，才能从整体上应对试题，从而有可能实现申论考试的高分突破。这是因为，历年的申论材料都在命题专家的精心设计下，具有相对清晰的逻辑层次，而今年的申论材料的逻辑层次尤其清晰。

泛泛地讲是关于我国土地资源的流转和利用问题，但是具体来说，通过仔细地阅读材料，我们应当看到，所有的材料实际上可以清楚地分为两部分：材料1、2介绍的是我国土地资源，尤其是农村的土地资源在征用流转过程中存在的问题；材料3～7讲到是我国土地资源的可持续利用，即循环利用的问题。

这两个部分之间是并列关系，实际上关于我国土地资源如何妥善地使用和保护现有土地存量和如何通过循环利用有效扩大土地增量两个问题。

与第一个大问题——农村土地的征用流转问题相关的材料1、2，我们又可以按照社会现象的问题表现、问题原因和解决问题的对策的逻辑关系对材料进行概括和归纳。

不难发现，在这一部分，特定的社会事实就是农村土地的征用流转问题。

问题主要表现：近年来，随着我国城市化进程加快，大量农民集体用地被国家征用，城郊耕地被占用面积过大，造成耕地荒废。同时，农民利益得不到满足，引发了农民上访，甚至对抗事件。该问题能否妥善解决直接影响到农民生活、农村发展、农业稳定。土地征用过程中可能产生寻租，导致腐败。

造成这些问题的原因：政府低价征收、高价出售，从中获利；村委会贱卖土地，农民没有权利为自己的土地定价；补偿不足以农民创业、政府没有为他们建立合理的就业安置和社会保障制度。

有学者针对这个问题提出了相关的对策建议：

要区分两种市场。这是因为，我国目前土地征用存在一个重要的问题，土地征用过程中存在两级市场，首先是政府征用，然后转给其他企业，导致社会分配不公的重要原因。

与第二个大问题——我国土地资源的可持续利用相关的材料3～7，我们也可以按照社会现象的问题表现、问题原因和解决问题的对策的逻辑关系对材料进行概括和归纳。

很明确这一部分的特定事实就是土地资源的可持续利用问题。

问题表现：土地重复利用率低，"地荒"假象，土地资源可持续利用的力度不足。

原因：土地的大量闲置；建设用地的不断扩大，圈地现象严重；农药、化肥、灌溉的过度投入破坏了土地的质量和利用率。

对策措施：无锡、首钢和河南在土地复垦中取得的成绩和经验。以排土场、尾矿库的绿化，"空心村"、砖瓦窑场和工矿废弃地的整治为例。控制土地建设总体规模，积极复垦土地，提高土地利用率。制定和完善"土地持续利用管理"评价标准

2．试题的难度分析

紧扣大纲出题，突出了2007年考试大纲新增加内容的考查。考试大纲新增加的内容主要是"申论材料通常涉及某一个或某几个特定的社会问题或社会现象，要求报考者能够准确理解材料所反映的主要内容，全面分析问题所涉及的各个方面，并能在把握材料主旨和精神的基础上，形成并提出自己的观点、思路或解决方案，准确流畅地用文字形式表达出来。"

（1）关于把握材料主旨和精神的能力——要明确意识到是在考查科学发展观

在2007年的考试中,对"把握材料主旨和精神"的能力要求有明显提高。把握材料主旨和精神的能力实际上就是透过现象看本质的能力。通过上面我们对申论材料的分析可以看出,2007年申论考试的材料延续了历年国家公务员考试申论材料的一贯风格——密切联系热点理论,以点带面,反映复杂而又长期存在的社会现象和社会问题。

材料尽管从表面看起来是反映了土地资源的征用流转和可持续利用的问题,但实际上考查的是科学发展观的相关理论和实际问题。

第一,农村土地征用过程中出现问题的一个重要原因在于地方政府在地方利益的驱动和扭曲政绩观的指导下对农民土地的低征高售。我们都知道树立正确的政绩观是落实科学发展观的关键,因此这个问题与科学发展观密切相关,并且处于科学发展观的政治维度。

第二,征地过程中出现的上访、群体性事件是影响社会和谐的重要因素,因此,这个问题又和和谐社会密切相关,涉及科学发展观的社会维度。同时,材料中提到失地农民得到的补偿不足以创业、政府也没有为他们建立合理的就业安置和社会保障制度,这涉及了农民的民生问题,也与和谐社会的理论密切相关。

第三,材料3~7中关于可持续利用土地的问题,实际上是通过减少污染等措施对土地资源进行高效和循环利用,这就是发展循环经济的基本思路。大力发展循环经济作为落实科学发展观的重要举措,自然和科学发展观密切相关。这实际上科学发展观的经济维度。

因此,从这个角度上来说,2007年的申论命题是近几年来最为经典的一次,今年的申论命题紧跟中央,关注现实,但又含而不露,很有味道。

不言而喻,通过上面的分析,我们可以看出,通过土地征用流转和可持续利用问题揭示落实科学发展观的主旨和精神是突破2007年申论考试最后一个题"命脉"的关键所在。

(2)关于全面分析问题的能力——关键是"从材料中来,到材料中去"

我们一直强调,"材料是根。根基不牢,地动山摇。夯实基础,稳如泰山。"这句话在2007年的申论考试中体现得淋漓尽致。

无论是第二题的"评价"、第三题的"目的、意义",还是"名词解释"都需要考生具备极强的根据材料,分析问题的能力。看起来,这些题目有些无从下手,实际上,这些问题的答案都隐藏在材料里,解题的关键是"从材料中来,到材料中去"。

第二题,要求结合"给定资料3~7",谈谈对"持续土地利用管理"应从哪些方面评价。实际上,这里的"评价"可以理解为"认知"或"观察"的意思,因为问题问的是"从哪些方面"进行评价而不是如何评价。因此,这里完全可以做这样的置换。那么理解了这一条,问题就迎刃而解了。那么这个题的答案都能够在材料中找到,实际上也就是对材料3~7的概括。材料3讲的是江苏省经验,主要采取的办法是土地复耕的问题,控制大户采取低密度,坚决制止别墅,实际上还是采取复耕的办法,控制土地的量;材料4强调土地的再利用和再调整;材料5讲控制土地闲置;材料6强调建设用地的控制问题。

在回答这个问题时,我们平常训练的寻找关键句的本事在这里就大有用武之地了。

答案提纲：
第一，有效利用方面：（1）农村土地资源消耗量；（2）土地复垦成效；（3）商品住房建设用地是否做到"控制大户型、低密度住房，坚决停止别墅建设"；（4）土地的再利用和再调整；（5）土地闲置情况；（6）量化建设用地的规模。
第二，保护土地资源方面：（1）防止土地资源退化；（2）不断提高土地质量；（3）保持土地利用的连续性，这一点主要可以从土地利用方式、企业生产措施来评价；（4）有限开发土地；（5）施肥、灌溉和其他保护生态环境的措施。

第三题，让你谈"目的和意义"，实际上就是让你谈"排土场、尾矿库的绿化，'空心村'、砖瓦窑场和工矿废弃地的整治"的原因，也就是谈"排土场、尾矿库的绿化，'空心村'、砖瓦窑场和工矿废弃地的整治"的好处。这个从材料当中也很容易概括。解释"土地存量"和"地荒"其实也不难，关键还是在阅读分析材料。

答案提纲：
（1）目的：①加快复垦速度，提高废弃用地的使用率；②在保护和改善生态环境的前提下，适度开发宜耕土地后备资源，绿化整治可以防止水土流失，改善生态环境；③整治"排土场、空心村"等工作是贯彻土地管理法的关键内容之一；④保护土地的可持续发展能力。

意义：通过这些措施促进了土地的合理使用，有利于环境保护，同时也改善了周边农民的生活（讲到意义，从国家政策谈，可以涉及可持续发展、和谐社会中的人与自然及人与人之间的和谐、同时也符合经济学的要求，使土地发挥了最大的效用，而且降低了其他相关社会问题的治理成本）。

（2）存量用地：城市建设"存量土地"是指现有城市建设用地，是政府经营城市、土地储备工作中出来的名词，特指现有城市建设用地中的低效利用的、破产企业闲置的建设土地、需要调整的不符合城市规划的其他建设土地，通过收购、收回方式将这部分土地储备起来，而后依照规划进行招拍挂方式出让。

地荒：是指城市建设用地的供应量不能满足实际需求的问题。

（3）关于解决问题的能力——更加具体和务实，关键是找到问题的根源
提出对策解决问题的能力向来是申论考试的重点，也是难点。2007年申论考试在这方面的考查既不是就某个宏观问题或中观问题提出对策，也不是对既有对策的有效性分析，而是对某个非常具体的微观问题提出对策。这个题目是比较难的，一是因为题目非常具体，而是因为涉及相关的经济学和管理学常识。回答这个问题不但需要考生具有较强的分析和解决问题的能力，而且需要一定的经济学和管理学的知识积累，需要养成关注热点问题，分析热点问题，善于读书看报的能力。

……（第四题的分析从略）

二、**解题思路分析**
基于上面的分析，大部分的题目都已经解决了，下面重点分析"第一题和最后一题"。

（一）关于第一题

这个题目延续了历来申论考试的传统，第一题就是概括主要内容。但是2007年的这个题有一定难度，表现在两个方面：一是没有明确说概括什么；二是要求供负责同志参阅。实际上，这只是形式上的变化而已，这道题其实和2006年的第一题一样，就是让你写一个情况综述，概括材料1、2的主要内容，并且要在开头明确点名"供领导参阅"的字眼。

答案提纲：

现将农民集体用地被国家征用过程中存在的相关问题整理如下，供领导参阅。

材料反映了改革开放以来，我国农村土地征用问题虽取得了很大的进步，但仍存在很多问题。近年来，随着我国城市化进程加快，大量农民集体用地被国家征用，农民利益得不到满足，引发了农民上访，甚至对抗事件。河北北焦村和西营村土地征用情况比较有代表性。

河北北焦村土地征用基本情况为：第一，几乎所有耕地都已被占用，目前仅余30多亩耕地；第二，农民获得补偿费用过低，无法满足农民的损失。

西营村土地征用基本情况为：第一，补偿费用低；第二，目前为止职业技术学校只付给西营村补偿费用总额的1/3；第三，村委会违反《农村委员会组织法》，贱卖土地；第四，上访。

有专家认为造成农村土地征用问题的原因主要是：政府低价征收、高价出售，从中获利；村委会贱卖土地，农民没有权利为自己的土地定价；土地补偿不足以农民创业、政府没有为他们建立合理的安置和社会保障制度。

这些问题的存在，使无地无业农民增多，直接影响到农民生活、农村发展、农业稳定，严重影响了社会稳定和发展。针对这些问题，我们正在或即将采取多种措施进行应对。我国政府已下发《关于深化改革严格土地管理的决定》，规范审批权，并对补偿作了新的承诺：补偿已达到法定上限仍不足以使用权农民保持原有生活水平的，政府可以用国有土地有偿使用收入予以补贴。也有专家认为将土地转让市场区分为两面大类进行交易，可以得到农民得到应有补偿。

（二）关于第五题

这个题出的非常有意思，从题目的要求上充分体现了申论文章既严肃，又活泼的风格。以"命脉"为题非常艺术，从形式强调了申论文章的活泼性。但是我们应当看到，题目的具体要求还是要求你写一篇特殊的、官样的议论文——申论文章。如果你看到题目"命脉"，就把它发挥为一篇洋洋洒洒、个性飞扬的杂文评论，那就大错特错了。不管它的题目如何，这个文章还是要按照要求来写的。

答案提纲：

命　脉

第一部分：提出问题

首先指出土地是人类，尤其是农民的命脉。

近年来，随着我国城市化进程加快，大量农民集体用地被国家征用，农民利益得不到满足，引发了农民上访，甚至对抗事件。与此同时，大量的农村土地没有得到可持续利用，出现了地荒的假象。因此，我们必须要在科学发展观的指导下，切实地规范土地的征用流转，有效地开发和保护土地资源刻不容缓。

第二部分：分析问题出现的原因，论证采取措施的必要性

原因：（1）土地资源不能得到合理有效的利用，土地价值难以有效发挥。（2）土地征用补偿标准不合理，单纯从短期来考虑农民以后的生活保障问题。（3）农地征用程序不规范，将农民置之度外。

必要性：该问题能否妥善解决直接影响到农民生活、农村发展、农业稳定。

第三部分：提出对策

各级政府要在科学发展观的指导下，树立正确的政绩观，规范政府行为，注重土地资源的可持续利用，采取切实有效措施，真正开发好、利用好和保护好我们的命脉——土地资源。

（1）地方政府要树立正确的政绩观，切实从人民的根本利益出发，维护好广大的农民的在土地问题上的切身利益，规范土地征用行为。

（2）建立健全土地征用方面的法律法规，用法律手段规范农地征用用途，以市场为导向完善农地征用补偿政策，完善土地征用程序，建立一套完备的农地征用体系是眼前的当务之急。

（3）对失地失业农民要为其就业和创业提供各种便利条件，健全各类相关的社会保障制度和体系。

（4）坚持可持续利用土地的方针，加大投入、加强管理、提高创新，采用多种技术手段促进土地资源的循环利用。

第四部分：结尾

总之，不断吸取教训，总结经验，采取多种措施切实保护好土地这一关系国家民生的命脉，对推动我国经济社会发展转入科学发展轨道、走上社会和谐之路，推进全面建设小康社会，意义重大而深远。

（摘自 http://www.zggwy.net/HTML/200611/1216.html）

【思考与练习】

一、简答题

1．什么是申论？申论测试的主要能力有哪些？

2．试说明申论与作文、策论的差异？

3．请结合例文谈谈申论测试的主要环节？

二、写作题

请根据以下提供的目前社会热点的内容，进行申论练习。

科学发展观；	构建和谐社会；	社会主义荣辱观（道德观、价值观）；
看病难、看病贵；	社会公平（收入差距扩大）；	建设社会主义新农村；
资源、环境；	房　价；	社会保障；
上学难，上学贵；	农民工；	消费安全（食品安全、药品安全）；
自主创新；	就　业；	新形势下人民内部矛盾；
互联网（"博客"）；	虚假广告；	文化建设；
政府诚信；	政绩观；	宏观调控（产能过剩）；
土地违法行为；	防止腐败（治理商业贿赂）；	社会平安建设；
转变政府职能，加强执政能力建设（问责制度）；		

附录一：国家行政机关公文处理办法

（2000年8月24日国务院发布）

第一章 总 则

第一条 为使国家行政机关（以下简称行政机关）的公文处理工作规范化、制度化、科学化，制定本办法。

第二条 行政机关的公文（包括电报，下同），是行政机关在行政管理过程中形成的具有法定效力和规范体式的文书，是依法行政和进行公务活动的重要工具。

第三条 公文处理指公文的办理、管理、整理（立卷）、归档等一系列相互关联、衔接有序的工作。

第四条 公文处理应当坚持实事求是、精简、高效的原则，做到及时、准确、安全。

第五条 公文处理必须严格执行国家保密法律、法规和其他有关规定，确保国家秘密的安全。

第六条 各级行政机关的负责人应当高度重视公文处理工作，模范遵守本办法并加强对本机关公文处理工作的领导和检查。

第七条 各级行政机关的办公厅（室）是公文处理的管理机构，主管本机关的公文处理工作并指导下级机关的公文处理工作。

第八条 各级行政机关的办公厅（室）应当设立文秘部门或者配备专职人员负责公文处理工作。

第二章 公文种类

第九条 行政机关的公文种类主要有：

（一）命令（令）。适用于依照有关法律公布行政法规和规章；宣布施行重大强制性行政措施；嘉奖有关单位及人员。

（二）决定。适用于对重要事项或者重大行动做出安排，奖惩有关单位及人员，变更或者撤销下级机关不适当的决定事项。

（三）公告。适用于向国内外宣布重要事项或者法定事项。

（四）通告。适用于公布社会各有关方面应当遵守或者周知的事项。

（五）通知。适用于批转下级机关的公文，转发上级机关和不相隶属机关的公文，传达要求下级机关办理和需要有关单位周知或者执行的事项，任免人员。

（六）通报。适用于表彰先进，批评错误，传达重要精神或者情况。

（七）议案。适用于各级人民政府按照法律程序向同级人民代表大会或人民代表大会常务委员会提请审议事项。

（八）报告。适用于向上级机关汇报工作，反映情况，答复上级机关的询问。

（九）请示。适用于向上级机关请求指示、批准。

（十）批复。适用于答复下级机关的请示事项。

（十一）意见。适用于对重要问题提出见解和处理办法。

（十二）函。适用于不相隶属机关之间商洽工作，询问和答复问题，请求批准和答复审批事项。

（十三）会议纪要。适用于记载、传达会议情况和议定事项。

第三章　公文格式

第十条　公文一般由秘密等级和保密期限、紧急程度、发文机关标识、发文字号、签发人、标题、主送机关、正文、附件说明、成文日期、印章、附注、附件、主题词、抄送机关、印发机关和印发日期等部分组成。

（一）涉及国家秘密的公文应当标明密级和保密期限，其中，"绝密"、"机密"级公文还应当标明份数序号。

（二）紧急公文应当根据紧急程序分别标明"特急"、"急件"。其中电报应当分别标明"特提"、"特急"、"加急"、"平急"。

（三）发文机关标识应当使用发文机关全称或者规范化简称；联合行文，主办机关排列在前。

（四）发文字号应当包括机关代字、年份、序号。联合行文，只标明主办机关发文字号。

（五）上行文应当注明签发人、会签人姓名。其中，"请示"应当在附注处注明联系人的姓名和电话。

（六）公文标题应当准确简要地概括公文的主要内容并标明公文种类，一般应当标明发文机关。公文标题中除法规、规章名称加书名号外，一般不用标点符号。

（七）主送机关指公文的主要受理机关，应当使用全称或者规范化简称、统称。

（八）公文如有附件，应当注明附件顺序和名称。

（九）公文除"会议纪要"和以电报形式发出的以外，应当加盖印章。联合上报的公文，由主办机关加盖印章；联合下发的公文，发文机关都应当加盖印章。

（十）成文日期以负责人签发的日期为准，联合行文以最后签发机关负责人的签发日期为准。电报以发出日期为准。

（十一）公文如有附注（需要说明的其他事项），应当加括号标注。

（十二）公文应当标注主题词。上行文按照上级机关的要求标注主题词。

（十三）抄送机关指除主送机关外需要执行或知晓公文的其他机关，应当使用全称或者规范化简称、统称。

（十四）文字从左至右横写、横排。在民族自治地方，可以并用汉字和通用的少数民族文字（按其习惯书写、排版）。

第十一条　公文中各组成部分的标识规则，参照《国家行政机关公文格式》国家标准执行。

第十二条　公文用纸一般采用国际标准 A4 型（210mm×297mm），左侧装订。张贴的公文用纸大小，根据实际需要确定。

第四章　行文规则

第十三条　行文应当确有必要，注重效用。

第十四条　行文关系根据隶属关系和职权范围确定，一般不得越级请示和报告。

第十五条　政府各部门依据部门职权可以相互行文和向下一级政府的相关业务部门行文；除以函的形式商洽工作、询问和答复问题、审批事项外，一般不得向下一级政府正式行文。

部门内设机构除办公厅（室）外不得对外正式行文。

第十六条　同级政府、同级政府各部门、上级政府部门与下一级政府可以联合行文；政府与同级党委和军队机关可以联合行文；政府部门与相应的党组织和军队机关可以联合行文；政府部门与同级人民团体和具有行政职能的事业单位也可以联合行文。

第十七条　属于部门职权范围内的事务，应当由部门自行行文或联合行文。联合行文应当明确主办部门。须经政府审批的事项，经政府同意也可以由部门行文，文中应当注明经政府同意。

第十八条　属于主管部门职务范围内的具体问题，应当直接报送主管部门处理。

第十九条　部门之间对有关问题未经协商一致，不得各自向下行文。如擅自行文，上级机关应当责令纠正或撤销。

第二十条　向下级机关或者本系统的重要行文，应当同时抄送直接上级机关。

第二十一条　"请示"应当一文一事；一般只写一个主送机关，需要同时送其他机关的，应当用抄送形式，但不得抄送其下级机关。

"报告"不得夹带请示事项。

第二十二条　除上级机关负责人直接交办的事项外，不得以机关名义向上级机关负责人报送"请示"、"意见"和"报告"。

第二十三条　受双重领导的机关向上级机关行文，应当写明主送机关和抄送机关。上级机关向受双重领导的下级机关行文，必要时应当抄送其另一上级机关。

第五章　发文办理

第二十四条　发文办理指以本机关名义制发公文的过程，包括草拟、审核、签发、复核、缮印、用印、登记、分发等程序。

第二十五条　草拟公文应当做到：

（一）符合国家的法律、法规及其他有关规定。如提出新的政策、规定等，要切实可行并加以说明。

（二）情况确实，观点明确，表述准确，结构严谨，条理清楚，直述不曲，字词规范，标点正确，篇幅力求简短。

（三）公文的文种应根据行文目的、发文机关的职权和与主送机关的行文关系确定。

（四）拟制紧急公文，应当体现紧急的原因，并根据实际需要确定紧急程度。

（五）人名、地名、数字、引文准确。引用公文应当先引标题，后引发文字号。引用外文应当注明中文含义。日期应当写明具体的年、月、日。

（六）结构层次序数，第一层为"一、"，第二层为"（一）"，第三层为"1."，第四层为"（1）"。

（七）应当使用国家法定计量单位。

（八）文内使用非规范化简称，应当先用全称并注明简称。使用国际组织外文名称或其缩写形式，应当在第一次出现时注明准确的中文译名。

（九）公文中的数字，除成文日期、部分结构层次序数和在词、词组、惯用语、缩略语、具有修辞色彩语句中作为词素的数字必须使用汉字外，应当使用阿拉伯数字。

第二十六条　拟制公文，对涉及其他部门职权范围内的事项，主办部门应当主动与有关部门协商，取得一致意见后方可行文；如有分歧，主办部门的主要负责人应当出面协调，仍不能取得一致时，主办部门可以列明各方理据，提出建设性意见，并与有关部门会签后报请上级机关协调或裁定。

第二十七条　公文送负责人签发前，应当由办公厅（室）进行审核，审核的重点是：是否确需行文，行文方式是否妥当，是否符合行文规则和拟制公文的有关要求，公文格式是否符合本办法的规定等。

第二十八条　以本机关名义制发的上行文，由主要负责人或者主持工作的负责人签发；以本机关名义制发的下行文或平行文，由主要负责人或者由主要负责人授权的其他负责人签发。

第二十九条　公文正式印制前，文秘部门应当进行复核，重点是：审批、签发手续是否完备，附件材料是否齐全，格式是否统一、规范等。

经复核需要对文稿进行实质性修改的，应按程序复审。

第六章　收文办理

第三十条　收文办理指对收到公文的办理过程，包括签收、登记、审核、拟办、承办、催办等程序。

第三十一条　收到下级机关上报的需要办理的公文，文秘部门应当进行审核。审核的重点是：是否应由本机关办理；是否符合行文规则；内容是否符合国家法律、法规及其他有关规定；涉及其他部门或地区职权的事项是否已协商、会签；文种使用、公文格式是否规范。

第三十二条　经审核，对符合本办法规定的公文，文秘部门应当及时提出拟办意见送负责人批示或者交有关部门办理，需要两个以上部门办理的应当明确主办部门。紧急公文，应当明确办理时限。对不符合本办法规定的公文，经办公厅（室）负责人批准后，可以退回呈报单位并说明理由。

第三十三条　承办部门收到交办的公文后应当及时办理，不得延误、推诿。紧急公文应当按时限要求办理，确有困难的，应当及时予以说明。对不属于本单位职权范围或者不宜由本单位办理的，应当及时退回交办的文秘部门并说明理由。

第三十四条　收到上级机关下发或交办的公文，由文秘部门提出拟办意见，送负责人批示后办理。

第三十五条　公文办理中遇有涉及其他部门职权的事项，主办部门应当主动与有关部门协商；如有分歧，主办部门主要负责人要出面协调，如仍不能取得一致，可以报请上级机关协调或裁定。

第三十六条　审批公文时，对有具体请示事项的，主批人应当明确签署意见、姓名和审批日期，其他审批人圈阅视为同意；没有请示事项的，圈阅表示已阅知。

第三十七条　送负责人批示或者交有关部门办理的公文，文秘部门要负责催办，做到紧急公文跟踪催办，重要公文重点催办，一般公文定期催办。

第七章　公文归档

第三十八条　公文办理完毕后，应当根据《中华人民共和国档案法》和其他有关规定，及时整理（立卷）、归档。

个人不得保存应当归档的公文。

第三十九条　归档范围内的公文，应当根据其相互联系、特征和保存价值等整理（立卷），要保证归档公文齐全、完整，能正确反映本机关的主要工作情况，便于保管和利用。

第四十条　联合办理的公文，原件由主办机关整理（立卷）、归档，其他机关保存复制件或其他形式的公文副本。

第四十一条　本机关负责人兼任其他机关职务，在履行所兼职务职责过程中形成的公文，由其兼职机关整理（立卷）、归档。

第四十二条　归档范围内的公文应当确定保管期限，按照有关规定定期向档案部门移交。

第四十三条　拟制、修改和签批公文，书写及所用纸张和字迹材料必须符合存档要求。

第八章 公文管理

第四十四条 公文由文秘部门或专职人员统一收发、审核、用印、归档和销毁。

第四十五条 文秘部门应当建立健全本机关公文处理的有关制度。

第四十六条 上级机关的公文，除绝密级和注明不准翻印的以外，下一级机关经负责人或者办公厅（室）主任批准，可以翻印。翻印时，应当注明翻印的机关、日期、份数和印发范围。

第四十七条 公开发布行政机关公文，必须经发文机关批准。经批准公开发布的公文，同发文机关正式印发的公文具有同等效力。

第四十八条 公文复印件作为正式公文使用时，应当加盖复印机关证明章。

第四十九条 公文被撤销，视作自始不产生效力；公文被废止，视作自废止之日起不产生效力。

第五十条 不具备归档和存查价值的公文，经过鉴别并经办公厅（室）负责人批准，可以销毁。

第五十一条 销毁秘密公文应当到指定场所由二人以上监销，保证不丢失、不漏销。其中，销毁绝密公文（含密码电报）应当进行登记。

第五十二条 机关合并时，全部公文应当随之合并管理。机关撤销时，需要归档的公文整理（立卷）后按有关规定移交档案部门。

工作人员调离工作岗位时，应当将本人暂存、借用的公文按照有关规定移交、清退。

第五十三条 密码电报的使用和管理，按照有关规定执行。

第九章 附 则

第五十四条 行政法规、规章方面的公文，依照有关规定处理。外事方面的公文，按照外交部的有关规定处理。

第五十五条 公文处理中涉及电子文件的有关规定另行制定。统一规定发布之前，各级行政机关可以制定本机关或者本地区、本系统的试行规定。

第五十六条 各级行政机关的办公厅（室）对上级机关和本机关下发公文的贯彻落实情况应当进行督促检查并建立督察制度。有关规定另行制定。

第五十七条 本办法自 2001 年 1 月 1 日起施行。1993 年 11 月 21 日国务院办公厅发布，1994 年 1 月 1 日起施行的《国家行政机关公文处理办法》同时废止。

附录二：国家行政机关公文格式

GB/T9704-1999
1　范围
本标准规定了国家行政机关公文通用的纸张要求、印刷要求、公文中各要素排列顺序和标识规则。
本标准适用于国家各级行政机关制发的公文。其他机关可参照执行。
使用少数民族文字印制的公文，其格式可参照本标准按有关规定执行。
2　引用标准
下列标准所包含的条文，通过在本标准中引用面成为本标准的条文。本标准出版时，所标版本均为有效。所有标准都会被修订，使用本标准的各方应探讨使用下列标准最新版本的可能性。
GB/T148－1997　印制、书写和绘图纸幅面尺寸。
3　定义
本标准采用下列定义
3.1　字 word
标识公文中横向距离的长度单位。一个字指一个汉字所占空间。
3.2　行 line
标识公文中纵向距离的长度单位。本标准以 3 号字高度加 3 号字高度 7/8 倍的距离为一基准行。
4　公文用纸主要技术指标
公文用纸一般使用的纸张定量为 60g/m2~80g/ m2 的胶版印刷纸或复印纸。纸张白度为 85％～90％，横向折度≥15 次，不透明度≥85％，PH 值为 7.5~9.5。
5　公文用纸幅面及版面尺寸
5.1　公文用纸幅面尺寸
公文用纸采用 GB/T148 中规定的 A4 型纸，其成品幅面尺寸为 210mm×297mm，尺寸允许偏差见 GB/T148。
5.2　公文页边与版心尺寸
公文用纸天头（上白边）为：37mm±1mm
公文用纸订口（左白边）为：28mm±1mm
版心尺寸为：156mm×225mm（不含页码）

6 文中图文的颜色

未作特殊说明公文中图文颜色均为黑色。

7 排版规格与印刷装订要求

7.1 排版规格

正文用 3 号仿宋体字，一般每面排 22 行，每行 28 个字。

7.2 制版要求

版面干净无底灰，字迹清楚无断划，尺寸标准，版心不斜，误差不超过 1mm。

7.3 印制要求

双面印刷；页码套正，两面误差不得超过 2mm。黑色油墨应达到色谱所标 BL100%，红色油墨应达到色谱所标 Y80%，M80%。印品着墨实，均匀；字面不花、不白、无断划。

7.4 装订要求

公文应左侧装订，不掉页。包本公文的封面与书芯不脱落，后背平整、不空。两页页码之间误差不超过 4mm。骑马订或平订的订位为两钉钉锯处订眼距书芯上下各 1/4 处，允许误差±4mm。平订钉锯与书脊间的距离为 3mm～5mm；无坏钉、漏钉、重钉，钉脚平伏牢固；后背不可散页明订。裁切成品尺寸误差±1mm，四角成 90º，无毛茬或缺损。

8 公文中各要素标识规则

本标准将组成公文的各要素划分为眉首、主体、版记三部分。置于公文首页红色反线（宽度同版芯，即 156mm）以上的各要素统称训眉首；置于红色反线（不含）以下至主题词（不含）之间的各要素统称主体；置于主题词以下的各要素统称版记。

8.1 眉首

8.1.1 公文份数序号

公文份数序号是将同一文稿印制若干份时每份公文的顺序编号。用阿拉伯数码顶格标识在版心左上角第 1 行。

8.1.2 秘密等级和保密期限

如需标识秘密等级，用 3 号黑体字，顶格标识在版心右上角第 1 行，两字之间空 1 字；如需同时标识秘密等级和保密期限，用 3 号黑体字，顶格标识在版心右上角第 1 行，秘密等级各保密期限之间用"★"隔开。

8.1.3 紧急程度

如需标识紧急程度，用 3 号黑体字，顶格标识在版心右上角第 1 行，两字之间空 1 字；如需同时标识秘密等级与紧急程度，秘密等级顶格标识在版心右上角第 1 行，紧急程度顶格标识在版心右上角第 2 行。

8.1.4 发文机关标识

由发文机关全称或规范化简称后加"文件"组成；对一些特定的公文可只标识发文机关全称或规范化简称。发文机关标识上边缘至版心上边缘为 25mm。对于上报的公文，发文机关标识上边缘至版心上边缘为 80mm。

发文机关标识推荐使用小标宋体字，用红色标识。字号由发文机关以醒目美观为原则酌定，但是最大不能等于或大于 22mm×15mm。

联合行文时应使用主办机关名称在前，"文件"二字置于发文机关名称右侧，上下居中排布；如联合行文机关过多，保证公文首页显示正文。

8.1.5 发文字号

发文字号由发文机关代字、年份和序号组成。发文机关标识下空 2 行，用 3 号仿宋体字，居中排布；年份、序号用阿拉伯数码标识；年份应标全称，用六角括号"〔〕"括入；序号不编虚位（即 1 不编为 001），不加"第"字。

发文字号之下 4mm 处印一条与版心等宽的红色反线。

8.1.6 签发人

上报的公文需标识签发人姓名，平行排列于发文字号右侧。发文字号居左空 1 字，签发人姓名居右空 1 字；签发人后标全角冒号，冒号后用 2 号楷体字标识签发人姓名。

如有多个签发人，主办单位签发人姓名置于第 1 行，其他签发人姓名从第 2 行起在主办单位签发人姓名之下按发文机关顺序依次顺排，下移红色反线，应使发文字号与最后一个签发人姓名处在同一行并使红反线与之的距离为 4mm。

8.2 主体

8.2.1 公文标题

红色反线下空 2 行，用 2 号小标宋体字，可分一行或多行居中排布；回行时，要做到词意完整，排列对称，间距恰当。

8.2.2 主送机关

标题下空 1 行，左侧顶格用 3 号仿宋体字标识，回行时仍顶格；最后一个主送机关名称后标全角冒号。如主送机关名称过多而使公文首页不能显示正文时，应将主送机关名称移至版记中的主题词之下、抄送之上，标识方法同抄送。

8.2.3 公文正文

主送机关名称下一行，每自然段左空 2 字，回行顶格。数字、年份不能回行。

8.2.4 附件

公文如有附件，在正文下空 1 行左空 2 字用 3 号仿宋体字标识"附件"，后标全角冒号和名称。附件如有序号使用阿拉伯数码（如："附件：1.××××"）；附件名称后不加标点符号。附件应与公文正文一起装订，并在附件左上角第 1 行顶格标识"附件"，有序号时标识序号；附件的序号和名称前后标识应一致。如附件与公文正文不能一起装订，就在附件左上角第 1 行顶格标识公文的发文字号并在其后标识附件（或带序号）。

8.2.5 成文时间

用汉字将年、月、日标全；"零"写为"〇"；成文时间的标识位置见 8.2.6。

8.2.6 公文生效标识

8.2.6.1 单一发文印章

单一机关制发的公文在落款处不署发文机关的名称，只标识成文时间。成文时间右空4字；加盖印章应上距正文2mm～4mm，端正、居中下压成文时间，印章用红色。

当印章下弧无文字时，采用下套方式，即仅以下弧压在成文时间上；

当印章下弧有文字时，采用中套方式，即印章中心线压在成文时间上。

8.2.6.2 联合行文印章

当联合行文需加盖两个印章时，应将成文时间拉开，左右各空7字；主办机关印章在前；两个印章均压成文时间，印章用红色。只能采用同种加盖印章方式，以保证印章排列整齐。两印章间互不相交或相切，相距不超过3mm。

当联合行文需加盖3个以上印章时，为防止出现空白印章，应将各发文机关名称（可用简称）排在发文时间和正文之间。主办机关印章在前，每排最多3个印章，两端不得超过版心；最后一排如余一个或两个印章，均居中排布；印章之间互不相交或相切；在最后一排印章之下右空2字标识成文时间。

8.2.6.3 特殊情况说明

当公文排版后所剩空白处不能容下印章位置时，应采取调整行距、字距的措施加以解决，务使印章与正文同处一面，不得采取标识"此页无正文"的方法解决。

8.2.7 附注

公文如有附注，用3号仿宋体字，居左空2字加圆括号标识在成文时间下一行。

8.3 版记

8.3.1 主题词

"主题词"用3号黑体字，居左顶格标识，后标全角冒号；词目用3号小标宋体字；词目之间空一字。

8.3.2 抄送

公文如有抄送，在主题词下1行；左空一字用3号仿宋体字标识"抄送"，后标全角冒号；抄送机关间用顿号隔开，回行时与冒号后的抄送机关对齐；在最后一个抄送机关标句号。如主送机关移至主题词之下，标识方法同抄送机关。

8.3.3 印发机关和印发时间

位于抄送机关之下（无抄送机关在主题词之下）占1行位置；用3号仿宋体字。印发机关左空1字，印发时间右空1字。印发时间以公文付印的日期为准，用阿拉伯数码标识。

8.3.4 版记中的反线

版记中各要素下均加一条反线，宽度同版心。

8.3.5 版记的位置

版记应置于公文最后一页（封四），版记的最后一个要素置于最后一行。

9 页码

用4号半角白体阿拉伯数码标识，置于版心下边缘之下一行，数码左右各放一条4号一字线，一字线距版心下边缘7mm。单页码居右空1字，双页码居左空1字。空白页和空白以后的页不标识页码。

10 公文中的表格

公文如需附表，对横排 A4 纸型表格，应将页码放在横表的左侧，单页码置于表的左下角，双页码置于表的左上角，单页码表头在订口一边，双贾码表头在切口一边。

公文如需附 A3 纸型表格，且当最后一页为 A3 纸型表格时，封三、封四（可放分送，不放页码）应为空白，将 A3 纸型表格贴在封三前，不应贴在文件最后一页（封四）上。

11 公文的特定格式

11.1 信函式格式

发文机关名称上边缘距上页边的距离为 30mm，推荐使用小标宋体字，字号由发文机关酌定；发文机关全称下 4mm 处为一条武文线（上粗下细），距下页边 20mm 处为一条武文线（上细下粗），两条线长均为 170mm。每行距中排 28 个字。发文机关名称及双线均印红色。两线之间各要素的标识方法从本标准相应要素说明。

11.2 命令格式

命令标识由发文机关名称加"命令"或"令"组成，用红色小标宋体字，字号由发文机关酌定。命令标识上边缘距版心上边缘 20mm，下边缘空 2 行居中标识令号；令号下空 2 行标识正文；正文下一行右空 4 字标识签发人名章，签名章左空 2 字标识签发人职务；联合发布的命令或令的签发人职务应标识全称。在签发人名章下一行右空 2 字标识成文时间。分送机关标识方法同抄送机关。其他从本标准相关要素说明。

11.3 会议纪要格式

会议纪要标识由"××××会议纪要"组成。其标识位置同 8.1.4，用红色小标宋体字，字号由发文机关酌定。会议纪要不加盖印章。其他要素从本标准规定。

12 式样

A4 型公文用纸页边及版心尺寸见图 1；公文首页版式见图 2；上报公文首页版式见图 3；公文末页版式见图 4；联合行文公文末页版式见图 5；联合行文公文末页版式见图 6。

（图略）

参 考 文 献

[1] 张德实. 应用写作. 北京：高等教育出版社，2001 年第二版.
[2] 张衡，杜生渝. 应用写作. 北京：北京经济学院出版社，1995.
[3] 陈子典，李硕豪. 应用写作教程. 广州：暨南大学出版社，2003 年.
[4] 欧阳周等. 实用文秘写作教程. 长沙：中南大学出版社，2006.
[5] 郗仲平. 新编应用写作教程. 北京：北京经济学院出版社，1997 年第一版.
[6] 郭恩吉，叶黔达，周介均. 行政管理应用写作（修订本）. 北京：中国人民大学出版社，1997.
[7] 杨文丰. 高职应用写作. 北京：高等教育出版社，2006 年.
[8] 向国敏. 会展文案. 上海：立信会计出版社，2006.
[9] 毕业设计论文写作指导. http://www.lunwennet.com/thesis/2004/10071.html.
[10] 华晓晨. 申论. 北京：中国致公出版社，2004 年.
[11] 北努斗. 申论写作高分速成实战教程. 北京：中国建材工业出版社，2006.
[12] 程连昌. 申论教程. 北京：中国林业出版社，2001.
[13] 祁嘉正. 申论例文 500 篇. 北京：中央文献出版社，2006.